『三情三美』教学

沈群英

·北京·

内 容 提 要

“三情三美”教学，就是通过创设情境、激发情趣、升华情感来培养学生的审美情趣和审美能力的简称。本书以美学理论为依据，将人的发展与美学结合起来，将美育心理学融入教学实践，以美启真，以美储善，做到创设情境发现美、激发情趣陶冶美、升华情感追求美，使教学达到“立美于教”和“施教于美”的和谐统一。

图书在版编目（CIP）数据

“三情三美”教学 / 沈群英著. -- 北京 : 中国水利水电出版社, 2021.5
ISBN 978-7-5170-9575-0

Ⅰ. ①三… Ⅱ. ①沈… Ⅲ. ①美育－教学研究－中学 Ⅳ. ①G633.950.2

中国版本图书馆CIP数据核字(2021)第086739号

书　　名	“三情三美”教学 “SANQING SANMEI” JIAOXUE
作　　者	沈群英　著
出版发行	中国水利水电出版社 （北京市海淀区玉渊潭南路1号D座　100038） 网址：www.waterpub.com.cn E-mail：sales@waterpub.com.cn 电话：（010）68367658（营销中心）
经　　售	北京科水图书销售中心（零售） 电话：（010）88383994、63202643、68545874 全国各地新华书店和相关出版物销售网点
排　　版	北京水利万物传媒有限公司
印　　刷	天津旭非印刷有限公司
规　　格	170mm×240mm　16开本　23.75印张　331千字
版　　次	2021年5月第1版　2021年5月第1次印刷
定　　价	59.80元

序 言

美育作为学生品格锤炼的突破点，它不仅是一种审美教育，也是一种情感教育。“养成健康的审美情趣和生活方式”是基础教育课程改革的目标之一，“更加注重以德为先，更加注重全面发展，更加注重终身学习，更加注重知行合一”是《中国教育现代化2035》提出的理念。全面加强和改进学校美育，坚持以美育人、以文化人，对于学生的全面发展和终身发展具有一定的指导意义和实践价值，有助于提升学生的核心素养和综合素养。对此，沈群英老师在美学理论学习的基础上，结合教学实践，探索“三情三美”教学模式、教学策略、教学外延，通过创设情境、激发情趣、升华情感来培养学生的审美情趣和审美能力，是非常富有意义的。

在情境创设上，一线教师要结合发生在学生身上的事件创设情境，贴近学生的生活实际，引起学生的情感共鸣；在教学方式的选择上，让学生结合情境和教材知识开展探究学习，有助于学生提高学习能力，也有助于学生理解和接受所要学习的知识。情境的创设要体现教学内容的思辨性，要创设蕴含问题的情境，设置具有两难性的话题，留给学生充分的讨论、辩论、交流时间，鼓励学生组织合乎逻辑的表达。沈群英老师从人的发展规律出发，将人的认知发展、人格发展和社会性发展与美结合起来，关注学生思维过程和活动参与性，组织有针对性的教学，在创设冲突性的审美化道德情境和提升道德判断能力方面做出了有益的尝试与实践。

在情趣激发上，教学要以学生兴趣为基础，借助教材内容、社会热点和地方资源，激发学生对美好生活的追求，培养他们乐观的生活态度、健康心理和高雅情趣，引领学生看见学习、生活中的美好。对此，沈群英老师率先垂范，加强人文积淀，保持生活热情，将生活大美学理念融于教学之中，追寻教学的生活真谛，让教学变得更有意义。

在情感升华上，教学要重视培养学生的价值选择能力，要不断创造条件，促进学生的道德践行，在实践中涵养德行，丰富学生的情感体验。然而在实际的教学中，多数学生仅止于“知”，没能把“知”转化为“行”。“择其善者而从之”，在实际教学中，教师要处理好认知与实践的关系，选择真善美的事件，引导学生在知中行、在行中知，在美中学、在做中学，促进学生道德认知的内化和道德行为的转化。在这一点上，沈群英老师独创性地利用自己的摄影爱好，与文字创作结合起来，运用于教学之中，升华师生的情感。

“教而不研则浅，研而不教则空。”作为基础教育的一线教师，平时有大量而繁琐的教育教学工作，研究教材、编写练习、组织教学、课后辅导、实践活动等。庆幸的是，虽然工作32年，沈群英老师依然不忘初心，扎根教育，坚持教、学、研三结合，在“三情三美”教学实践中，将美育心理学融入其中，以美启真，以美储善，实现教学活动向审美活动的转化，使教学达到“立美于教”和“施教于美”的和谐统一。通过研究和实践，在知识教学、美学渗透、精神引领、教学实践之间做好衔接工作，唯其如此，才有了这本书的面世。阅读本书时，我们既要关注“三情三美”教学的理论基础、实施策略，以及教学审美化的设计条件、原则与内容，更要关注沈群英老师的研究过程和研究方法，如此才能从整体上把握全书。

[签名]

2021年3月于南京

（江苏省中小学教学研究室政治教研员，

正高级教师，江苏省特级教师）

自 序

我一直想要做些想做的事，却一直没做，因为想做的太多、太杂。

老师说："你要舍弃些想法，专注做一件事，才能成功。"

同伴说："你可以的，赶紧做起来。"

于是，我开始动起笔来，发现是那么难。

我喜欢慢生活，崇尚慢教育，"慢慢来，不急啊"，我对自己说。

时间过得那么慢，享受工作，享受生活，状态挺好。

时间过得又是那么快，想做的还是没做。

2019年暑假，已满30年教龄的我，问了问自己：这些年，我做了什么？恍惚之间，猛然意识到，我心中还有热望，最需要的是马上行动。

于是，我经历了一番激烈的自我斗争，真正开启了一段别样的旅程。我把自己平时觉察到的、感悟到的、反思过的想法写进了这本书里，把我多年爱好——摄影的点滴体会以及长期家庭教育指导过程中的心理因素也融进了文字里，结合30多年的教育教学实践，为书取名《"三情三美"教学》，希望自己能以朴实的文字书写一段"创设情境发现美，激发情趣陶冶美，升华情感追求美"的教育人生与思考。

此为自序，实为心路。

目 录

第六章 “三情三美”教学的情感升华

第七章 “三情三美”教学的审美化设计

第一章 “三情三美”教学概述

内容摘要

“凡是学校所有的课程，都没有与美育无关的。”“三情三美”教学就是通过创设情境、激发情趣、升华情感来培养学生的审美情趣和审美能力的教学简称。只要教师在情境、情趣、情感三个层面保持审美的敏感性，便能找到教材的突破口、学生的生长点，做到创设情境发现美、激发情趣陶冶美、升华情感追求美，促进学生的全面发展。“三情三美”教学是顺应世界各国美育研究趋势的需要，指向我国核心素养理念的需要，促进教学理论与实践体验相结合的需要，以及着力知识教学与精神引领相结合的需要。“三情三美”教学旨在通过加强理论知识、跨界知识与生活知识的学习，探索“三情三美”教学模式、教学策略和教学外延。它强调以西方美学发展、马克思主义美学思想和中国美学发展的认识论美学、实践论美学和价值论美学为理论依据，指出了对学生全面发展、教师丰富内涵、学科知识延伸、学校教育教学改革以及家庭和谐共处的实践意义。

一、什么是“三情三美”教学

“三情三美”教学就是通过创设情境、激发情趣、升华情感来培养学生的审美情趣和审美能力的教学简称。近代教育家蔡元培说过：“凡是学校所有的课程，都没有与美育无关的。”“三情三美”教学，实质也是一种审美教学，它涉及了情境、情趣、情感三个层面，这三个层面彼此联系，又各不相同。但不管是情境、情趣还是情感，都带有一个“情”字，只要教师抓住这一点，用情用心，在情境、情趣、情感三个层面保持审美的敏感性，便能找到教材的突破口、学生的生长点，促进学生的全面发展。

创设情境发现美。情境是指在一定时间内各种情况相对的或结合的境况。不同时间、情况、环境、主体组合在一起，可以创设不同的情境，如教学情境、学习情境等。情境与情境教学不同，情境教学与审美教学也不相同，但它们之间还是有联系的。我国著名小学语文特级教师李吉林发表过“运用情境教学，进行审美教育”的论述：“一是引入情境，感知美的表象；二是分析情境，理解美的实质；三是再现情境，表达美的感受；四是驾驭情境，诱发审美动因。”在实际教学中，教师可以通过创设不同的情境，让学生从中觉察美的思想和思维。

激发情趣陶冶美。情趣是指性情志趣，亦指意境、情致。情趣有高雅、低俗之分，它以兴趣为基础，又升华于兴趣，是持久的，也是稳定的。一个具备高雅情趣的人往往有着对美好生活的追求，有着乐观的生活态度和健康的心理，而这些恰恰是教育双方最需要的，也是教学所要达到的重要目标。庄子与惠子游于濠梁之上，有过一段精彩的对话。庄子曰：“鲦鱼出游从容，是鱼之乐也。”惠子曰：“子非鱼，安知鱼之乐？”庄子曰：“子非我，安知我不知鱼之乐？”这段对话体现了庄子对美好生活的一种觉悟，反映了对事物的一种审美情趣。中国中国台湾著名作家林清玄说过：“并非生命中缺乏美的事物，而是我们的心不美了。”心美，一切皆美。教师可以通过激发情趣，陶冶学生美的态度和心理。

升华情感追求美。情感是指人对客观事物所抱持的态度体验，包括道德感和价值感，具体表现为幸福、厌恶、美感等。从这一层面来说，“三情三美”教学也是一种情感教育，它注重师生之间的情感交流，增强师生的积极情感体验，丰富情感，升华美感，追求美的生命意义和行为。明代著名思想家王阳明提出了“知行合一”的观点，强调要知，更要行。“三情三美”教学就是要通过创设情境、激发情趣、升华情感的方式，挖掘教学内容本身的内在美和运用教学形式艺术化的外在美，增强学生的审美情趣和审美能力，最终达到“行”的目标——追求美的生命意义和行为。

二、研究的背景、内容及思路

“三情三美”教学的提出，是依据世界各国美育研究趋势和我国学生核心素养的理念，是教学理论与实践体验相结合、知识教学与精神引领相结合的需要，它以教学模式、教学策略和教学外延为研究内容，以“一二三四五六”为研究思路和方法，从情境创设、情趣激发、情感升华三个层面，解读发现美、陶冶美、追求美的模式和策略，寓美于教，育美于学。

(一)“三情三美”教学提出的背景

“三情三美”教学的提出，主要基于四个原因：世界各国相继确立的“21世纪素养”框架，都有提及美育教育的相关内容；中共中央、国务院、教育部分别就学生核心素养、审美能力培养提出了细化的要求；教学理论与教学实践的碰撞、反思与合一；知识教学与精神引领的相辅相成。

1. 顺应世界各国美育研究趋势的需要

世界各国相继确立了自身的“21世纪素养”框架，如美国以核心学科为载体，确立了学习与创新技能，信息、媒体与技术技能，生活与职业技能三项技能领域，每项技能领域下包含若干素养要求；新加坡的学生核心素养框架包含了核心价值观，社交与情绪管理技能，公民素养、全球意识和跨文化交流技能，批判性、创新性思维，交流、合作和信息技能；英国通过立法的形式建立以核心素养为重要构成的国家课程；澳大利亚将核心素养细化至各个学科；芬兰的核心素养与整体的课程设计一体化等，其中都有提及美育教育的相关内容。

2. 指向我国学生核心素养理念的需要

2014年3月30日，教育部研制印发了《关于全面深化课程改革落实立德树人根本任务的意见》，该《意见》提出“教育部将组织研究提出各学段学生发展核心素养体系，明确学生应具备的适应终身发展和社会发展需要的必备品格和关键能力”。依据这一《意见》，历经三年，《中国学生发展核心素养》框架出台，这是全面贯彻党的教育方针的需要，也是落实立德树人根本任务的需要；是适应世界教育改革发展趋势的需要，也是提升我国教育国际竞争力的需要；是全面推进素质教育的需要，也是深化教育领域综合改革的需要。而审美情趣是核心素养的基本要点，是“立什么德、树什么人”的具体细化。

2001年《基础教育课程改革纲要（试行）》的印发，引起了新一轮基础教育课程改革，“养成健康的审美情趣和生活方式”是其中课程改革的目标之一。为进一步加强美育教育，2015年国务院办公厅印发了《关于全面加强和改进学校美育工作的意见》，在构建科学的美育课程体系、大力改进美育教育教学以及统筹整合学校与社会美育资源等方面明确了具体的要求，阐明了美育不仅是一种审美教育，也是一种情感教育和心灵教育。实施美育教育，不仅能提升审美情趣与审美能力，还能影响人的情感和精神面貌，温润人的心灵。实施美育教育，不仅是音乐、美术等学科的任务，也是其他学科要做的、能做的，因为它能加强学科之间的渗透和融合，增强学科的美感性，提高学生审美与人文素养，促进学生全面发展。

2019年2月23日，中共中央、国务院正式印发《中国教育现代化2035》，提出了要“更加注重以德为先，更加注重全面发展，更加注重终身学习，更加注重知行合一”等理念，强调了要从薄弱处着手，全面加强和改进学校美育，坚持以美育人，以文化人。“三情三美”教学契合了上述理念，把培养“全面发展的人”作为核心和目标，以学生为出发点，立足创新；以审美为落脚点，立足发展；以生活为着力点，立足实践，对于学生的终身发展具有一定的指导意义和实践价值。

3. 促进教学理论与实践体验相结合的需要

人们对“理论”的解释有很多种，普遍的解释认为“理论是一种系统化的理性认识”，这种认识主要来自对客观世界规律的理解和论述，马克思将其定义为“能动地改造现实世界的一切客观物质活动”。理论与实践密不可分，理论来自实践，实践又依赖于理论，只有将两者紧密结合起来，才能真正发挥理论指导实践、实践丰富理论的作用；否则，容易造成“两张皮”现象，相互脱节，处于孤立无援的境地。

教学理论的论述最早见于《学记》，教学理论与理论不同，有其自身的特殊性。教学理论既是一门理论科学，也是一门应用科学，以教学中的活动、现象、问题为研究对象，揭示的是教学中的一般规律。然而，教学因课程内容、环境、教育者、受教育者以及彼此间关系的不同，随时随地发生着改变。捷克教育家夸美纽斯将“教学论”解释为“教学的艺术”，反映在教学实践中，就是要依据教学理论中揭示的一般规律，遵循“明了”“联合”“系统”“运用”四个历程，解决教学中的实际问题，研究出相应的方法、策略和技术。同时，教育者要增强责任感和使命感，放下架子，放下时间和空间，给教学留白，甚至可以开设“第二小课堂”，激励学生对教学提出质疑，产生思维碰撞，在思辨中提升，在知行合一中成长，促进教学理论与实践体悟的结合。

4. 着力知识教学与精神引领相结合的需要

知识教学首先要弄清知识究竟是什么。“知识”到底是什么，在不同人、不同时代看来，有多种解释，但至今没有一个统一而明确的界定。古希腊哲学家柏拉图认为，一条陈述能称得上是知识必须满足三个条件：一是被验证过的；二是正确的；三是被人们相信的。现代认知心理学认为，知识是个体通过与环境相互作用后获得的信息。不论是符合“三个条件”的知识，还是心理学层面的知识，若与教学结合在一起，必须是符合明文要求的，能对教育者和受教育者双方的物质世界与精神世界产生积极的影响。知识有显性知识和隐性知识之分，“择善而从之”，明辨是非，选择真善美的，将知识指向行动，指向动态过程，指向精神引领，指向生命意义。曾被评为世界百位最顶尖思想家之一的雅克·阿塔利，在《未来简史》中有一句话：“知识如果不能改变行为，就没有用处；但是知识一旦改变了行为，知识本身就立刻失去意义。”将知识教学与精神引领相结合，才能真正发挥知识的功效，丰富知识的精神内涵。

（二）研究内容

从总体上看，美育仍是整个教育事业中的薄弱环节，个别学校和教师，对美育育人功能认识不到位，重应试轻素养、重少数轻全体、重比赛轻普及，应付、挤占、停上美育课的现象仍然存在，在语文、数学、英语、物理、化学、道德与法治、历史等学科中渗透美育教育的观念更是有待进一步加强。

1. 加强理论知识学习，探索“三情三美”教学模式

理论知识涉及面很广，有教育学的布鲁纳结构课程理论、布鲁姆掌握学习理论，有心理学的动机理论、内驱力理论、归因理论，还有美育心理学、情境教育、情感教育等方面的相关理论。通过学习这些理论，不断提升理论水平，将审美情趣和能力的培养与先进的教育学、心理学、美学理论相结合，与学校实际、学生实际相结合，与学科特点、内容相结合，探索具有学科特色的“三情三美”教学模式，以及不同教学模式给予不同学生的不同效果。教学模式是在一定教学思想或教学理论指导下建立起来的较为稳定的教学活动结构框架和活动程序。既要从宏观上把握“三情三美”教学活动整体及各要素内部之间的关系和功能，又要突出“三情三美”教学模式的有序性和可操作性。

2. 加强跨界知识学习，研究“三情三美”教学策略

加强摄影、书法、音乐、诗歌等跨界知识的学习，修炼教师自身的内在涵养，提升自己的审美情趣和能力，在教学中影响和引领学生；探索“三情三美”教学策略，在知识教学的同时引领学生的精神成长，调整学生的心态，在课堂教学中引领学生发现美、鉴赏美、感悟美和执行美，丰富学生的精神内涵，激发学生的积极性和主动性，提高学习效率和学习质量，促进学生个性的全面发展。教学策略实质是在教学中采取的决策与谋略，是在清楚地了解做什么的前提下，主要解决怎么做的问题。它包括教的策略和学的策略，其中教的策略是指在特定教学情境中为完成教学目标和适应学生认知规律和心理特点而制订的“三情三美”教学程序计划和采取的教学措施。学的策略涉及知、情、意、行四个方面的相关内容。通过研究，做到在教学目标、教学重难点、教学方法与教学过程等各个环节与“三情三美”进行结合。

3. 加强生活知识学习，拓展“三情三美”教学外延

生活教育，是教育家陶行知教育思想的核心。“生活即教育”“社会即学校”“教学做合一”是陶行知生活教育理论的精髓，是对杜威教育生活理论的吸收和改进。在丰富“三情三美”教学内涵的基础上，拓展“三情三美”教学外延，将教学成果从课堂延伸、辐射至生活，知行合一，优化学生的生活状态，学会在分享中成长，在思辨中提升，在调查中反思。被誉为美国“民族教育家”的威廉·霍尔姆斯·麦加菲在《给孩子最美的教育》一书中提到，要顺应孩子的天性，从温暖的家庭、美丽的世界、可爱的大自然、美好的品德中感悟爱，感悟美，培养孩子正确的审美情趣。

（三）研究思路和结构

“一二三四五六”的研究思路和方法，旨在通过创设情境、激发情趣、升华情感来发现美、陶冶美和追求美，寓美于教，育美于学。笔者从宏观到微观、从系统到局部，剖析了“三情三美”教学的多个层面，既有教学理论，也有实践探索，希望达成所愿，能够帮助同行们从工作与生活中看见美好，实现师生共同进步。

1. 研究思路

“一坚持”：坚持以培养全面发展的人为核心。

“二侧重”：侧重美的发现与行动，侧重学生的精神引领。

“三阅读”：阅读学生核心素养、审美情趣培养方面的国内外最新资讯；阅读美学、教育学、心理学的经典理论书籍；学习摄影、诗歌、散文、书法等跨界知识。

“四结合”：理论与实践相结合；知识教学与精神引领相结合；自主学习与外出观摩相结合；理性与感性相结合。

“五形式”：通过理论学习、同课异构、观摩讨论、专家指导、不断反思等形式进行研究。

“六方法”：文献法、访谈法、案例法、调查法、比较法、经验总结法。其中，文献法是最基础、用途最广泛的研究方法，教师可以针对某一个问题，通过阅读、分析、整理有关文献资料，进行全面、正确的研究，古老又富有生命力，继承与创造性并存。访谈法更多适用于个性和个别化研究，具有较好的灵活性和适应性，可以通过访员和受访人面对面交流来完成，便于及时了解受访人的心理和行为。案例法是最行之有效的，可以依据他人或自己亲身经历的案例，融入自己的分析、感受和评价，需要注意的是案例必须具备三个要素，一是真实而复杂的情境，有着情景交融的故事性；二是典型的事件，有着矛盾、冲突的戏剧性；三是多个问题的呈现，有着未尽的意义，能够产生某种共鸣。调查法常用于科学研究，通过制订计划、收集材料、分析综合，最后得出结论，它的优点是时间短、对象多，省时，又能获取大量一手资料，同时要尽量避免不真实的回答。比较法是对几种同类事物的异同、高下的对比，可以根据实际情况，依据一定标准，进行横向或纵向的比较。经验总结法依赖于经验的产生，经验是结合实践活动中的具体情况、经过归纳与分析产生的、系统化、理论化的观点，它既有先进性、科学性，又有代表性和普遍意义，否则容易带有偶然性和特殊性，影响其正确性。

2. 本书结构

本书共分为七章。第一章从宏观层面对“三情三美”教学提出的概念、背景、研究内容与思路，以及理论依据和实践意义进行了论述；第二章从教育教学目标——人的发展入手，阐述了人的发展阶段、全人教育、慢教育的相关理论与内容；第三章从美育心理学角度分析了其定义、学校美育系统和美育心理学对学科教学的作用与融合；第四、五、六章着眼微观与局部，分别从情境创设、情趣激发、情感升华三个方面，从理性到感性，从理论解读到美的相关表现形式、特征，以及发现美、陶冶美、追求美的策略，进行较为详尽的描述；第七章从具体方法入手，对“三情三美”教学审美化设计的条件、原则和内容进行叙述，期盼教师们能重塑自己和学生的精神内核，从工作与生活中看见美好，这也是出版本书的一个落脚点和愿望。

三、理论依据及实践意义

"三情三美"教学实质是一种审美教学，它的研究离不开美学的相关理论。所以，在这一部分内容中，笔者将从美学与美育两个层面，从西方到中国、从理论到实践谈开去，走进西方美学思想的发展，走近当代中国美学，撷取其中的几朵浪花，留下一些思索，为后文的实践奠定理论基石。

（一）西方美学思想的发展

西方美学思想可谓源远流长，流派众多。在它的发展历程中，有柏拉图论美的对话，有亚里士多德的《诗学》和《修辞学》，有文艺复兴时期的达·芬奇《手记》，有法国启蒙运动卢梭的"美和美德"理论，有英国经验主义、德国理性主义和古典美学，有根据文艺创作实践作出的结论，有实践到认识又从认识到实践的美学规律，有哲学、自然科学、生物学、人类学对美学的影响，有马克思主义深刻的美学理论。马克思主义的出现，使美学一跃成为一门重要的社会科学，它不仅帮助人们认识世界和解释世界，而且在改造人和世界方面发挥了极为重要的作用，影响深远。

1. 古希腊时期的美学思想

希腊最早的美学思想产生于公元前六世纪的奴隶社会，是在对美和艺术进行哲学思辨性的反省和思考过程中逐步形成的。希腊美学理论以丰富的文艺实践为基础，希腊神话、荷马史诗、希腊戏剧，以及音乐、建筑、绘画、雕刻的繁荣，充分地说明了这一点。公元前五世纪，希腊文艺迎来了它的黄金时代，由传统思想统治转变到自由批判，由文艺时代转变到哲学时代。其原因有三：一是生产的发展带动了哲学的研究；二是工商业的发展引起了民主力量的上升；三是受外来文化思想的影响。

公元前六世纪，希腊出现了毕达哥拉斯学派，提出了节奏、对称、和谐等形式概念，奠定了希腊美学思想的理论基础。在他们看来，“美就是和谐”。此后，赫拉克利特的“和谐是从斗争中产生”、德谟克利特的“灵感与模仿”，以及苏格拉底的“美和效用”，都是在毕达哥拉斯学派的理论基础上发展起来的。虽然毕达哥拉斯学派和赫拉克利特都提出了“和谐”，但两者有所不同，前者是“对立的和谐”，后者是“斗争的和谐”。德谟克利特除了提出“灵感和模仿”，他还在认识论上提出了物质第一性、意识第二性的原则，指出了感性认识与理性认识的正确关系，这为美学奠定了唯物主义的认识论基调。苏格拉底的美学观点不同于前人，主要表现为：他从社会科学的观点去看美学问题，认为衡量美的标准就是效用，并且从效用出发，提出了“美的相对性”。但这些理论都是比较零碎的，还不能构成一个系统。

直到柏拉图和亚里士多德时代，师徒两人对美和艺术进行了真正的系统的哲学思考。柏拉图的贡献主要在于：一是认为世界的根本是“理式”，美的理式是“美本身”；二是把美学研究从现象引向本质，从个别事物的美引向美的普遍规律；三是比较系统地提出了“艺术是模仿”的理论。在柏拉图的心中，有三个世界：理式世界、感性的现实世界和艺术世界。他认为现实世界是对理式世界的模仿，艺术是对现实世界的模仿，所以，艺术是“模仿的模仿”。对于美感教育，柏拉图认为要先从某一个美形体开始，到其他形体美，再进一步到“心灵的美”“行为和制度的美”“各种学问知识的美”，最后达到理式世界的最高美。这一看法，实际上是把从个别事物得到的概念绝对化，使之成为永恒不变的“理式”，即一般规律，从而忽视了“一般之中有特殊，特殊之中有一般”的辩证原则。对此，柏拉图的学生——亚里士多德并不这样认为，他肯定了我们生活的世界是真实世界，认为不存在脱离现实世界的理式世界，从而推翻了柏拉图永恒的“理式”以及整个客观唯心主义哲学的基础。他用严谨的逻辑方法，把研究的对象和其他相关对象分开，寻找它们的异同，然后进行分类，找规律，下定义；他把其他学科的观点和方法应用到文艺理论领域里，并从生物学中提出了“有机整体”的概念；他不仅探讨了艺术中的哲学问题，而且探讨了艺术中的心理学问题；他还认识到了普遍与特殊的辩证统一，认为“理”在“事”中，离“事”无“理”，达到了自然科学观点和社会科学观点的统一。可以这样说，柏拉图和亚里士多德通过对美和艺术的研究，建立起了完整的体系，成为西方美学思想的奠基者。

2. 欧洲文艺复兴时期的美学思想

文艺复兴时期是欧洲文化和思想发展的变化期，是希腊罗马古典文艺的再生期。文艺复兴体现在精神文化方面，不仅涉及文艺，还涉及了自然科学。这一时期，唯物主义渐占优势，无神论开始登上历史舞台，改变了神学长期统治的局面，人们把个性自由、理性至上和人性的全面发展作为自己的生活理想。学校除了开设神学科外，新增了“人文学科”，此时的美学思想最根本的一点是开始从人与神的对立中发现了人，并将艺术引向人，注重现实，注重人的世俗的美和欢乐。如达·芬奇在《手记》中所说，画家不仅是用眼睛看自然，更要“思考他所看到的一切”。在对待古典的态度方面，出现了批判与继承两种倾向；在文艺对现实的关系方面，坚信“艺术模仿自然”，对“艺术家就是第二自然”有了初步认识。“第二自然”这个概念来自达·芬奇的话语，“画家应该研究普遍的自然，就眼睛所看到的东西多加思索，要运用组成每一事物的类型的那些优美的部分，用这种方法，他的心就会像一面镜子，真实地反映面前的一切，就会变成好像是第二自然”。“第二自然”强调了艺术创造的重要性。在艺术技巧的追求方面，艺术家们寻求的是“最美的线形”“最美的比例”，可见，当时衡量美的标准开始从“绝对美”转向“美的相对性”。在文艺复兴时期，一个新颖和进步的提法是“文艺的对象是人民大众”，同时，整个时代对文艺、美的探讨和争辩非常活跃，虽然观点分歧明显，但在一定程度上推动了当时的文艺理论和美学思想，成了古代美学思想和近代美学思想的重要桥梁。

3. 英国经验主义美学

英国经验主义美学强调的是感性经验的重要性，它把经验事实作为研究美学问题的出发点，认为感性经验是一切知识的来源。其代表人物爱迪森认为美是直观的，无须思考，美的事物能引起想象乐趣，新奇的事物最打动人的是美。哈奇生在《论美和德行两种观念的根源》中提出美感和道德感是相通的，而且是天生的，认为美感和道德感要保持一致性，但他没有看出美感与感官快感在性质上的分别，把审美的内在感官和“审美趣味”混为一谈，认为它是天生的，也就用不着教育和训练。阿里生强调联想的作用，认为要使某种实物成为审美对象，必须使主体的心灵气质与审美对象相适应。休谟认为美不在事物本身而在主体心中，他在《论人性》中这样来说明“美的本质”：美不是对象的一种属性，是某种形状在人心上所产生的效果。造成这种效果的原因，他归结为“人心的特殊构造”。他在《论审美趣味标准》中说：“美不是事物本身的属性，它只存在于观赏者的心里。每个人心见出一种不同的美。这个人觉得丑，另一个人可能觉得美。”在休谟看来，美和价值包含在愉快的情感之中，但他片面地把美感与快感等同起来，将美的根源很大一部分归于效用。博克是英国著名的政治家和政论家，他对美学最大的贡献在于对崇高与美的界线的划分，认为崇高感由痛感转化而来，恐怖或惊惧是崇高感的主要心理内容，美感由快感转化而来，爱是一般美感的主要心理内容，两者具有完全不同的心理根源。他认为文艺欣赏主要基于同情，还有模仿和竞争心。“竞争心”是推动社会进步的一种力量，是“自己在人类公认有价值的东西方面要比旁人优越”的要求。综合来看，英国经验主义美学家们注重运用生理学和心理学的观点来研究情感和美感，过分重视审美的感性，却忽略了审美活动的理性。

4. 法国启蒙运动美学

法国启蒙运动开始于十八世纪，是文艺复兴运动在法国的继续，也是法国资产阶级革命的思想准备，通过宣扬理性和近代自然科学技术，“照亮”人们的头脑，从思想战线上打垮法国封建统治和它的精神支柱——天主教会。在这段时期，出现最著名的美学代表人物和思想是伏尔泰的“理性主义”、狄德罗的“美在于关系”的观点和卢梭的“美和美德”理论，他们三人被称为启蒙运动的三大领袖。

伏尔泰说过：“我所指的规律就是自然在一切时代向一切人显示出来，以便维护正义的。”他认为人性中有理性，自然中也有理性，顺着这个理性，人类社会和自然就有无穷的“可完善性”，可见，这种乐观是建立在唯心基础上的，也可以说明，理性主义虽然是伏尔泰的艺术准则，但其自身存在着局限性和矛盾性。在艺术创作过程中，伏尔泰一方面反对古典主义的古板倾向，另一方面总是用古典形式来写史诗和悲剧，将新的思想装进旧的形式中。

狄德罗是一个文艺兴趣极广泛的人，他在戏剧、造型艺术、美学方面都有自己的风格和观点。如在戏剧表演方面，他认为“最伟大的演员就是最善于按照塑造得最好的理想范本，把这些外在标志最完善地扮演出来的演员”。提出了“理想范本”和“外在标志”的概念。在美学思想方面，狄德罗在《论美》中提出了“美在于关系”的观点，认为只有“关系”才能使事物成为美的事物，这里的“关系”包括三个方面：一是指同一事物各组成部分之间的关系，如比例、对称；二是指此事物和彼事物之间的关系，如花与其他植物；三是指对象与人（客体与主体）之间的关系。他认为事物有“实在的美”和“相对的美”之分，前者指独立于人之外的客观美，后者指关系到审美者个人的主观美。狄德罗从现实主义的观点出发，找到了“情境”“关系”或事物的内在联系，认为“相对美”是由对外关系或情境决定的美，认为通过揭示“情境”“关系”或事物的内在联系，文艺才能逼真；而揭示事物的内在联系，就要通过思索。他还用辩证的观点揭示了自然与艺术的关系，将美分为“现实美”与“理想美”，认为艺术美是一种理想美，是艺术家在自然上加工的结果。

卢梭厌恶当时的社会制度，认为近代人出路在于“回到自然”，回到原始的自然状态，而不是向未来寻找出路，这种思想在卢梭小说体教育名著《爱弥儿》中可以得到反映，一方面可以认为是精神解放，另一方面也可以看成是逃避现实。在美学思想方面，卢梭提出了“美和美德”理论，他认为美和美德是分不开的，艺术的美必须反映美德的内容。

5. 德国理性主义和古典美学

鲍姆嘉通是德国理性主义美学的典型代表，他在《美学》中界定了美学的对象：美学的对象就是感性认识的完善，这就是美；与此相反的就是感性认识的不完善，这就是丑。从而将莱布尼茨的感性认识和沃尔夫的"完满性"概念统一起来，提出了"美是感性认识的完满"的观点，认为美的认识是从感性到理性再到和谐而有秩序的整体。

学习德国古典美学，康德、席勒和黑格尔是绕不开的代表人物。康德在哲学、伦理学、美学三方面对经验主义和理性主义进行了调和，提出了"先验综合"的看法；而在《判断力批判》中又提出"判断力"的概念，认为"判断力"就是指给特殊的感性事物寻求普遍规律的反思判断力，他着重研究审美判断，着重探讨"共同感觉力"。他从质、量、关系、方式等多个方面来说明审美判断。就质来说，美的特点在于不涉及利害计较，因而不涉及欲念和概念。就量来说，审美对象都是个别事物或个别现象呈现，所以审美判断在量上都是单称判断。就关系来看，审美判断意味着对象和它的"目的"之间的关系，提出了著名的"纯粹美"与"依存美"的分别。"纯粹美"也称"自由的美"，是指不涉及概念和利害计较，有符合目的性而无目的的纯然形式的美；反之，如果涉及概念、利害计较和目的之类的内容意义的美就是"依存美"了。就方式来看，侧重在崇高与美的异同以及审美意象的研究上。康德认为美是单纯的快感，观赏者心灵处在平静的状态，崇高是由痛感转化而来，观赏者的心灵处在动荡状态。在审美意象的研究上，康德认为审美意象是由想象力形成的，只有创造的想象力造成的形象显现才是审美的意象，审美意象能引人从有限到无限，从感性世界到超感性世界，能使人感觉到超越自然限制的自由。

席勒的思想始终徘徊在诗与哲学之间。美学思想方面，他在《审美教育书简》中对当时现实提出了改良主义的看法，对自由与审美教育也提出了自己的观点，"自由不是政治经济权利的自由行使和享受，而是精神上的解放和完美人格的形成；因此达到自由的路径不是政治经济的革命而是审美的教育，至少是须先有审美教育，才有政治经济改革的条件。""因为通过美，人们才可以走到自由。"他还提出了审美观照与艺术创造的"游戏冲动"，以及"感性冲动"与"形式冲动”的统一与和谐的观点，一方面要求使理性形式获得感性内容，使潜能变为实在，使人成为一种“物质存在”，即“感性冲动”；另一方面要求感性内容或物质世界获得理性形式，使千变万化的客观世界现象见出和谐和法则，即“形式冲动”，从而达到两者的融合。

“凡是现实的都是理性的，凡是理性的都是现实的。”此话体现了黑格尔的辩证思想，肯定了理性世界与感性世界的统一，也可以看出他是比较关心现实问题的。在美学方面，黑格尔《美学讲演录》中提出了“美是理念的感性呈现”的著名论断。在黑格尔看来，理念是“无限的”“绝对的”“自由的”，也就是说，理念是不受外来事物的限定，不与外来事物对立，而且是自由自在的。他认为整个真实界是一个绝对理念，是抽象的理念和自然由对立而统一的结果，“心灵”是绝对理念的最高真实，可以看出这一理论是从唯心观点出发得出的，它首先肯定的是理念的第一性，然后由理念“生发”了自然，以及社会等。与之不同的是，马克思主义者从唯物观点出发，提出了自然和社会存在是第一性的结论。但是，不管怎么说，黑格尔强调了美学领域中感性与理性、个别与一般、客观与主观、内容与形式的高度统一，这是有进步意义的。同时，黑格尔美学思想中有了实践观点的萌芽，他认为外在现实世界是人的认识和实践的对象，另一方面，人作为心灵，就是他的认识活动和实践活动的总和，也就是和外在世界由矛盾对立而转化的统一体，所以他认为人在改造世界的同时也改造着自己。

6. 西方近现代美学

（1）俄国革命民主主义美学思想。俄国革命民主主义美学思想是在唯物主义哲学基础上产生和形成的，它反对唯心主义美学理论，主张艺术应当为社会服务。俄国革命民主主义美学思想的代表——车尔尼雪夫斯基认为美就是生活，一切美的事物都包括在活生生的现实里，认为要从现实事实出发去归纳出结论，要从分析事实去求得新概念。在美学对象方面，他认为"任何事物，凡是我们在那里面看得见依照我们的理解应当如此的生活，那就是美的。""任何东西，凡是显示出生活或使我们想起生活的，那就是美的。"从中可以看出，车尔尼雪夫斯基不仅肯定了现实本身是具有美的，而且点出了"生活"还包括了"生命"的意义。但是他又认为"艺术是低于现实中的美的事物"，这就导致了无法正确解释生活美与艺术美之间的辩证关系。

（2）马克思主义美学。马克思主义美学是人类美学思想史上最先进、最深刻的美学理论，是阐述人类审美意识、美与艺术的本质以及历史发展的科学，提出了"劳动创造美""美的规律理论"等观点，论述了艺术的本质问题、文艺的社会功能问题与真实性问题等方面。马克思主义创始人吸收了黑格尔美学理论的"合理内核"，从唯物主义观点出发，肯定了自然与社会存在的第一性，提出了实践论，从实践观点出发，把文艺创作看成一种生产劳动。

在观点"劳动创造美"方面，恩格斯在《劳动在从猿到人转变过程中的作用》对劳动作了科学叙述，认为"劳动和自然界一起才是一切财富的源泉，自然界为劳动提供材料，劳动把材料变为财富。但是劳动还远不止如此。它是整个人类生活的第一个基本条件，而且达到这样的程度，以致我们在某种意义上不得不说：劳动创造了人本身。"马克思在《经济学——哲学手稿》研究了劳动与分工对人的影响，研究了"人化"和"对象化"的问题。所谓"人化"就是说人在改造自然时打下的烙印，"对象化"是指人在改造自然时也认识和改造了自己，还特别阐明了在人与自然的交往和交互作用的过程中，交往愈丰富，人的感官愈敏锐。此外，马克思在《资本论》中也对劳动作出了描述，他认为"劳动首先是在人与自然之间所进行的一种过程，在这个过程中，人凭他自己的活动来作为媒介，调节和控制他跟自然的物质交换。人自身作为一种自然力与自然物质相对立。”“劳动过程结束时所取得的成果已经在劳动开始时存在于劳动者的观念中，已经以观念（或理想）的形式存在了。他不仅造成自然物的一种形态改变，同时还在自然中实现了他所意识到的目的。”运用马克思主义美学于学科教学中，有助于对学生审美观施加积极影响，增强美感体验；有助于唤醒学生自我意识，实现自我价值；有助于提升教师审美修养，丰富教学形式和内容。

（二）当代中国美学的三种形态

当代中国美学旨在建立中国的、科学的、马克思主义文艺、美学思想体系，建立一种“新美学”。1978年，中国实行了改革开放，加强了与其他国家的经济、文化交流，社会注重人文精神的重建，一股“美学热”随之出现，成了哲学及全部人文学科变革的中心，整个文化领域呈现出一派活跃的局面，当时及随后时间里，涌现出了大量与美学相关的教材、专著、译本和刊物，分别涉及中国美学、西方美学、美的本质、美育以及美感等不同层面，涌现了《美学》《美育》《美学论丛》《美学译本》等美学刊物。美学专著和教材有朱光潜《西方美学史》《谈美书简》、蒋孔阳《美的规律》、李泽厚《美的历程》《美学四讲》等，尤其是朱光潜的《谈美书简》和李泽厚的《美的历程》，专著出版后一直受到读者的追捧，多次再版。另外，各种如“形象思维”“人道主义”“美的本质”的论争纷纷涌现，各路美学者们从历史与现实等不同角度加强了对审美文化和“审美现代性”的研究。陶国山在《西方马克思主义与中国当代美学》一书中认为，国内“审美现代性”研究开始于80年代末90年代初”，其研究思路有两条：“一是以审美形式求取族群、阶级、国家之生存发展，重建文化精神的同一性；二是以审美为个体精神的解放或解脱。”1988年，叶朗主编在《现代美学体系》中，将审美文化概念提升到美学理论研究的理论层面，将现代美学体系分为审美形态学、审美艺术学、审美心理学、审美社会学、审美教育学、审美设计、审美发展学和审美哲学八个方面。可见当时的美学研究已经进入了一个高潮，综合各方看法与观点，中国当代美学主要分为三种形态：认识论美学、实践论美学、价值论美学。

1. 认识论美学

认识论美学是当代中国美学重要的美学理论形态，曾是当代中国美学研究的重要研究范式，是中国美学者们把马克思主义的基本原理运用于美学研究的第一次尝试。

认识论美学是一种哲学，认识论是美学的哲学理论基础。它认为美学是在哲学的怀抱里成长起来的，是对审美经验的理论概括，在人类文化中具有独特的地位。恩格斯说过，哲学的基本问题是思维与存在的关系问题，也是唯物与唯心之争的问题，是认识论美学探讨的主要问题。

认识论美学认为审美活动是一种认识活动。"美在于物还是在于心，抑或既在于物也在于心"的争论开始于二十世纪五六十年代，各派学者亮出自己的观点，一是以蔡仪为代表的客观论美学；二是以吕荧、高尔太为代表的主观论美学；三是以朱光潜为代表的主客观统一论美学；四是以李泽厚为代表的客观社会论美学。其中，蔡仪客观论美学形成了完备的认识论美学体系，他强调艺术是一种认识的表现，是对现象的本质反映，是对现实的典型化。他以辩证唯物主义和历史唯物主义哲学为基础，为构建具有中国特色社会主义马克思主义美学和文艺学作出了突出贡献。在美学理论研究中，他最先提出了"社会美"的概念，认为"社会美是美的重要的一个范畴"，认为研究社会美要研究人，要研究人的本质。他还认为社会美主要是一种精神美，要体现于行为。蔡仪最重要的美学思想是"美是典型"说，认为"美的东西就是典型的东西，就是个别之中显现着一般的东西；美的本质就是事物的典型性，就是个别之中显现着种类的一般。""美是客观事物显现其本质真理的典型"。此外，蔡仪在美学上还有一个重要贡献就是提出美感论，他从美是客观存在的原理出发，提出了"美的观念"，认为美感本质上应理解为美的认识，而美的认识必须从实践开始，经过感觉、表象、概念、判断、推理而形成美的观念。但因为他热衷于运用马克思主义认识论来演绎美学观点，结果忽略了审美主体以及审美主客体之间的"关系"。

朱光潜从认识论到实践论的美学转向。朱光潜是我国现代美学的开拓者和奠基者之一，根据其不同的美学倾向和观点，朱光潜美学历程可以分前期和后期两个阶段，前期受西方近现代美学影响，形成了认识论倾向，此时出版的专著有《文艺心理学》《谈美》《诗论》；后期逐渐接受马克思主义，形成了精神实践论美学，提出了"美是主客观的辩证统一"的观点。如我们看待一个茶壶，从单纯的认识论来看，会问：它是否美？如果是美的，美在哪里？人对它何以产生美感？从实践论观点看，会问：为什么生产它？怎样生产它？在长久的生产过程中，人怎样感觉茶壶的美？它是如何随历史发展而发展的？可以说，马克思主义实践观是朱光潜美学转向的关键。朱光潜美学转向主要体现在美的本质论、美感论和艺术论等方面。从美的本质论转向看，他前期认为美在"心与物的关系上"，后期认为美是"主客观的统一"，认识到美是实践的产物，美的本质具有社会性，并从马克思主义美学认识论转向实践美学，跳出了原有的认识论框架。从美感论转向看，他前期认为美感产生于"形象的直觉"，后期认为美感是"人的本质力量对象化"过程中的乐趣。总体而言，朱光潜美学转向的成功促进了中国当代美学的发展，尤其是推进了实践美学的发展。

2. 实践论美学

实践论美学是以马克思主义实践哲学作为自己的理论框架，把审美活动放在人类社会实践活动的历史大背景上来考察和理解的。随着时代的发展，消费经济、大众文化和互联网的出现，实践论美学由原来的二元对立思维转变到探索超越性二元思维和多元思维上来，出现了不同的纷争与新的看法，如"现实的实践性"与"生存的超越性"之间的矛盾，实践美学与生命美学的论争，实践美学与后实践美学的批判与超越，以及"超越美学"、"人生论美学"、"主体间性超越"、生态美学的反思性和超越性等。在当代中国美学发展的不长的时间里，涌现了李泽厚、刘纲纪和蒋孔阳等实践论美学的代表人物。以后又出现了"后实践美学""新实践美学""实践存在论美学""生活实践论"等美学观点的代表人物。

李泽厚的实践论美学。李泽厚美学是20世纪后期处于中国美学主流地位的"实践论美学"的杰出代表，追求真善美的融合价值，从"人化"启蒙到"情本"立命，提出了"人化"的"客观性与社会性相统一""主体性实践哲学""心理积淀说"等观点，今天的美学界通行的美本质观，仍然是李泽厚的"美在社会实践说"，以及由此理论支点衍生出的"美在实践""美是人的本质力量的对象化"。他在《美的历程》一书中，分别介绍了西方美学的发展历程和我国美学的起源与发展。其实践论美学的发展历程细分起来，主要分为三个阶段：一是初创期，处于十九世纪五六十年代美学大讨论时期；二是深化期，处于十九世纪八十年代《1844年经济学——哲学手稿》论争时期；三是反思期，处于二十世纪九十年代受到"后实践论美学"批判时期，在这一时期，"后实践论美学"和实践论美学的维护者之间有了论争，一方批判，一方自我完善性反思。因为其实践论美学理论，是以实践为核心，将实践主要理解为群体、理性的物质生产劳动，较少注意到实践作为人的存在活动的个体和感性方面，因而具有自身的局限性。

刘纲纪的实践本体论美学。他以“实践本体”作为研究的哲学基础和逻辑起点，以实践—创造—自由—美—艺术的逻辑流程来构成他的实践论美学体系。作为实践美学中重要的一支，刘纲纪的实践本体论美学以马克思主义实践论为基础，研究了美的本质等问题，同时融合了中国传统美学和古典哲学的精华，提出了独创性的“实践本体论”的美学概念，既重视社会性又强调感性和人的个性，重视人在审美活动中的主观能动性，将美看作客观必然性与人的自由性的统一，丰富和发展了当代中国美学体系，是推进实践美学的重要力量。然而，因为其过分强调人类的物质实践和主体性的中心地位，导致美学研究的功利主义和人类中心主义的产生。所以，在世界美学多元化发展的今天，我们要始终保持自我审视的姿态。

蒋孔阳的实践创造论美学。世界存在源于人的创造，实践创造论美学是蒋孔阳美学思想的核心，也是中华人民共和国成立以来我国最重要的美学流派之一，它从人对现实审美关系出发，对美、美感、艺术、美的规律和审美范畴等一系列美学问题做了新的思考与回答，从而建构了一个以实践论为基础、以创造论为中心的“实践创造论”美学思想体系。同时，他从“现实生活出发”，通过创造把主体和客体联系起来，把总结审美与艺术实践、哲学思辨融合起来，进而发现美的客观规律，构建人本主义美学，认为美是创造力的自由形式，艺术就是创造，而美则是完满的创造，是人的生命与环境的契合，提出了“当代形态中人的美学”“以美育培养更富有人性的人”的看法，直接影响了“实践存在论美学”，也被研究者标举为“新实践美学”的“奠基人”。

周来祥的实践和谐论美学。主客和谐统一的周来祥实践和谐论美学，是实践美学的重要组成部分，他在对大量感性资料分析考察的基础上，升华出了“美是和谐”的结论。他从逻辑中介、历史环节、美学范畴、辩证发展的历史过程多个方面，以实践为基础，从审美关系入手，以辩证系统方法为统领，强调了人与自然、主体与客体、理性与感性、自然与必然、合目的性与合规律性的一致与统一，把美、审美、艺术在矛盾结构的本质上统一起来，形成了古典素朴和谐美、近代对立的崇高、现代辩证和谐美三大美学理论。他把马克思主义的辩证思维放在核心地位，“在方法论上提出了以辩证思维为统帅的多样综合的一体化方法”。他认为“美是一种关系属性，是系统整体属性，是由审美关系决定的对象性属性。”“美是和谐，是内容与形式的和谐，是真与善的和谐，是主体实践自由地符合着客观规律。”

朱立元的实践存在论美学。朱立元认为实践原本是作为人的存在方式来理解的人生实践，应从存在论角度理解和阐释实践。又认为实践还包括个体感悟生命的生存活动，即广大的人生实践，艺术活动也是人的全部人生实践的有机组成部分。归纳起来，朱立元的实践存在论美学包括三大基本思想：①美是生成的而不是现成的；②审美活动是一种基本的人生实践；③审美是一种高级的人生境界。他把审美活动作为美学研究的主要对象和逻辑起点，把生存论引入实践美学，用生成论取代现成论。

张玉能的新实践美学。强调精神价值的张玉能新实践美学，主张实践美学与后现代美学同步发展，分别从历史、现实角度对审美的人的培育和美的生成进行了探索。他把美学的关注点定位在了人的生存、发展、完善之上，是一种为人的美学。他认为实践可以分为“物质生产”“精神生产”“话语实践”三个部分，物质生产制约着精神生产和话语实践。他重视实践对感觉的价值，重视实践作为思维的根源和标准，强调实践的自由性。

3. 价值论美学

价值论美学是一门人文学科，是美学的一个分支，是以哲学价值论为基础而建立起来的，把审美活动作为价值活动来研究的一门学问，它是当代美学研究的新领域，也是近年来美学研究的一大热点。价值论美学主张“美是一种价值”，将“美”归之于一种独特的审美价值，是客体相对于主体的一种审美价值属性，是主客体关系的统一，并认为这是当今美学领域的最后一道风景线。价值论美学派认为价值论美学具有三个特征：①审美创造是一种价值创造活动，也就是审美价值创造活动，审美活动是一种价值评价活动，也是一种审美主体对审美客体的评价活动。②马克思对象性理论是价值论美学的哲学理论基础。马克思对象性理论涉及三个方面：对象、对象化和对象性关系。审美客体就是审美对象，审美创造就是审美主体的对象化，审美活动是审美主体对审美客体的评价，这种评价活动呈现出一种对象性关系。③审美价值是价值论美学研究的核心问题，审美需要是审美主体研究中的重要问题，审美主体按照美的规律创造是审美价值创造的关键。审美评价则是审美价值的最终实现。

杜书瀛价值论文艺美学。人的价值世界是无限多样化的，也是多元的。在人类生活中，经济、政治、道德、艺术、宗教、法律、军事等领域，有着一定的价值、价值观念，以及追求和实现某种价值的方式。价值美学研究是哲学的新动向，也是审美现象的价值本性——“人·价值·美”所决定的。杜书瀛历时6年，在搜集研读大量文献资料的基础上，提出自己的见解，出版了《价值美学》，这是我国首部研究“价值美学”的学术专著。他发现了“在价值活动和价值现象之外找美”的美学误区，从价值论视角评说了美学史例，又从特性、发生学考察、生产、消费等角度对审美价值进行了阐释，对价值论美学的研究起到了一定的促进和推动作用。

关于价值论美学，西方美学家们有着自己的看法和观点。如哈佛教授桑塔耶纳在《美感》一书中认为："美的哲学是一种价值学说。"盖格尔觉得"美学是一门价值科学，是关于审美价值的形式和法则的科学，审美价值是美学的注意焦点。"《马克思恩格斯全集》这样评价价值："'价值'这个普遍概念是从人们对待满足他们需要的外界物的关系中产生的。"这一评价揭示了价值现象的基本特点：凡存在着主体需求之处，也就必然有"价值"的踪迹可寻。马斯诺在《人的潜能和价值》中这样说道："价值生命是人的生物学的一个方面"，"精神的（或超越的、价值论的）生命明显地植根于人种的生物本性中。"马克思说过"使用价值表示物和人之间的自然关系，实际上是表示物为人而存在"。综合可见，价值是由人"赋予"物的，只有在一个具有某种效用的客体能够满足我们的需要时，我们才认定它是"有价值"的东西。价值的实质在于它的有效性，而不在于它的事实性。

德国美学家韦尔施《重构美学》一书，是在21世纪初传入中国的，他以"把握今天的生存条件，以新的方式来审美地思考"为出发点，倡导"日常生活审美化"，其理论被介绍到中国后，随即成为中国美学与文艺理论界争论的热点话题。《重构美学》批判性地思考了全球审美化的现象，重点探讨了美学的新问题、新建构和新使命。它扩大了审美的内涵，从而将美学上升为本质、第一哲学，提出了一种新美学。他主张的审美化包含两种：一是浅层审美化，包括日常生活的时尚化和电子媒介塑造的虚拟空间；二是深层思想的审美化，包括伦理学和认识论的审美化。在他看来，浅层审美化是深层审美化的外显结果，他倡导美学的超越性和跨学科性，主张伦理学和美学的结合，呼吁对"盲点文化"的关注。同时，韦尔施对"日常生活审美化"作出了自己独特的层次分析，认为我们目前只是处于浅层审美化，并建议通过"横向理性""跨学科"等策略予以提升。

综合所言，随着时代的发展和开放的深入，世界各国之间的文化交流日益加强，人们对美的需求普遍提高，中国当代美学逐步由认识论、实践论发展到价值论美学，在生活的各个层面得以融合，在教育教学领域亦是如此。学科美育付诸实践，自会体现其美学价值和综合效应，促进个体发展的协调平衡，促进人与社会的沟通理解，促进人与自然的和谐互动。

（三）实践意义

林清玄说过：“走向生命的大美，唯有清明的心，才体验到什么是真实的美。唯有不断的觉悟，才使体验到的美更深刻、广大、雄浑。也唯有无上正觉的人，才能迈向生命的大美、至美、完美与绝美呀！”“三情三美”教学的实施，将美与教育教学实践相结合，给学校、教师、学生带来了不一样的感受，不仅促进了学生的全面发展，丰富了教师的内涵，延伸了学科知识，而且促进了学校教育教学改革和家庭的和谐共长。

1. 有利于学生的全面发展

学生的全面发展涉及很多方面。从教育目标看，德智体美劳全面发展，是对人的素质定位的基本准则，美育是其中之一。培养学生的审美观，发展他们鉴赏美、创造美的能力，培养他们的高尚情操和文明素质，是核心素养的要求，也是立德树人的要求。平时，我们说“美”，先要找到一个依托物，如花美的“美”是依托“花”而来，山水美的“美”是依托“山水”而来，人美的“美”是依托“人”来说的，不仅要看外在的相貌、气质，还要看内在的修养、品行，也就是说，“美”是不能脱离德智体的基础的。从心理学角度看，学生的全面发展亦指知、情、意、行四个方面。其中，“知”是认知、观念，也是基础，包括感觉、知觉、意识、注意、记忆、思维，“知”的过程是一个逐步上升与整合的过程，有正确、合理的认知和观念，反之也有；“情”是情绪、情感，包含独特的主观体验、外部表现和生理唤醒等，既有正能量的，也有负能量的；“意”是意志，有坚强与薄弱之分；“行”是行为，是关键，依赖于“知、情、意”三方面，犹如一个三条腿的桌子，“知、情、意”是三条桌子腿，而“行”就是那个桌面。所以，改变“行”，先要改变“知、情、意”。

青少年是国家的未来，民族的希望，其希望的力量，隐含在努力和期待之中。青少年时期是世界观、人生观、价值观的形成与转折期，身心的快速发展，思维的急剧变化，尤其是初中生，他们的自我意识和独立意识增强，在实际生活中，倾向于维护良好的自我形象，情感时而强烈，时而温和，具有不平衡性和逆反心理。因此，对学生审美情趣的正确引导与培养非常重要，通过语言、行为、心灵、体态等多个方面的培养，提高学生对美的觉察力、感悟力、鉴赏力、表达力和执行力。

学生是学习的主体，教育活动是一种以变革学生身心为目标的实践活动。马克思主义教育学认为，相对于教师而言，学生是教育的客体；相对于学习内容而言，学生是学习的主体。因此，学生是主体与客体的辩证统一。培养学生的创新求异能力，提升学生的情感与道德，促进智力的发展，有助于学生创造性的发展。

从广义角度来说，“真正的美育是将美学原则渗透于各科教学后形成的教育”。“三情三美”教学就是将美学原则渗透于学科教学之中，通过创设情境、激发情趣、升华情感，广泛深入地影响学生的思想、想象、情感、意志和性格，发展观察力、想象力、思维力和创造力，丰富学生的文化精神生活，以及学生的情绪体验，培养学生认识美、感受美、欣赏美、体验美和创造美的能力，以及奋发向上的积极心态、高尚的道德情操和人文情怀，调节生活，美化环境、生活和自我。

2. 有利于丰富教师的内涵

内涵是指概念的内容和内在的涵养,《辞海》认为，内涵是概念中所反映的对象的特有属性。教师丰富的内涵，是“四有”教师的要求，即有理想信念，有道德情操，有扎实知识，有仁爱之心。也包含具体层面上的小要求，如敬业的态度、勤学善思、学识渊博、崇高的品格、丰富的知识和能力储备，又如儒雅的风采、幽默的谈吐、独特的品位，再如执着与内敛、睿智与超脱、诗意与完美、淡定与达观，还有生命的活力、激情和灵动，等等。

教师面对的是儿童成长期和青春敏感期的学生，其一言一行、个人魅力和审美情趣会潜移默化地影响学生，所以，不能急功近利，急于求成，需要用“全接纳”的心态，接受一个完整的学生，需要用“慢引导”的状态，缓慢而优雅地引导学生不断成长，并顺利度过青春期。这就需要教师不断学习，跨界学习，培养自己优雅的气质，润泽学生的心灵。

审美是一种人生实践，美是一种人生境界。“三情三美”教学有利于拓展教师的精神时空。所谓精神时空，就是人类借助自己发达的大脑和严密的符号系统，逐渐把现实生活中获得的时空信息积累起来，在心灵中形成一个相似于现实时空、又比自己所经历过的现实时空更为博大和丰富的精神天地。在这一时空里，人的精神生活能得到极大的丰富，犹如人生的第二个生命世界，在这个世界里可以享受和体验着物质世界所不曾经历过的生活；相反，没有精神时空的人，只是停留在物质欲望的追求与满足，不能算是完整意义上的人。所以拥有博大的精神世界，也就拥有了丰富的精神生活。

就如王国维在《人间词话》中所说，古今成大事业、大学问者，必经过三种之境界：第一种是“昨夜西风凋碧树，独上高楼，望尽天涯路”；第二种是“衣带渐宽终不悔，为伊消得人憔悴”；第三种是“众里寻他千百度，蓦然回首，那人却在，灯火阑珊处”。这里的“第三种境界”说的就是精神与美的追求和发现。

3. 有利于跨界学习，延伸学科知识

跨界学习，说简单一点儿，就是指跨越自己现有知识边界的学习。具体来说，是指在现有的知识体系外，再建立其他的知识体系，并让知识体系之间产生链接，形成一个更大的知识体系网。既可以跨行业、跨领域，也可以跨文化、跨时空，去寻求有针对性的多元素交叉的一种新型学习方式，从而拓宽认知维度，实现个人提升。更确切地说，跨界学习是一种学习思路，根据学习主题，整合学习资源，采用多种学习方式，以求达到最佳学习效果。

要想做到通过跨界学习来延伸学科知识，首先，要建立知识森林。跨界学习有利于系统学习与学科教学、教材知识相关的内容，对学科知识进行合理延伸与拓展。

其次，要确立恰当的目标。跨界学习有利于正确地认识自己，明确优势与特长，从自己的兴趣出发，找到学习的内驱力。

再次，以创新为突破口。跨界学习具有拓宽眼界、激发灵感、挖掘潜力、提升能力的特点，与创新有着密切的关系。跨界学习的作用并不在于掌握某一项已知的知识或技能，而在于对未知答案的探索，意在探求创新性解决问题的方法，如通过延伸学科知识，激发创新灵感等。然而，跨界学习并不是万能的，也不是在任何情况下都适用的。所以，在跨界学习的过程中，要考虑跨界学习的对象与目的，也要注意教学设计的合理性，适合的才是最好的。

最后，以转化为落脚点。要实现转化，需要厘清转化的主题，想清楚教学中面临的问题与困难，可以通过哪些跨界知识得以帮助解决，不能东一榔头西一棒子，漫无目的地撒网，而是通过分析做出精

准的判断，才能将“跨界”所学的知识与自身的专业工作更好地结合起来，培养外部资源信息整合、吸收、沉淀、转化的能力。需要注意的是，这里提及的转化是完整的，也是双向的，包含了“向外学习”与“向内转化”两个方面，其中“向外学习”是促进“向内转化”的手段，是教育者与受教育者走出去的过程，通常融合了自主学习、课堂观摩、实践操作、专家引领等多种学习方式；而“向内转化”则是目的，是教育者与受教育者将学习内容转化为工作实效的过程，通常体现在关注力、分享力、思辨力、总结力以及升华力上面。

4. 有利于促进学校教育教学改革

教育改革是指对教育现状所发生的任何有意义的转变。其内涵包括两个方面：一是教育现状的变化，也就是说如果不能引起教育现状的变化，就不能算作教育改革，值得注意的是，教育现状的变化既可能是正面的，也可能是负面的；二是必须实现有意义的转变，要有显而易见的实效。教育改革是一个系统工程，以“学生和谐幸福成长”为目的，在方式上注重实用和理论，更要注重修养。它包含了各级各类教育，如婴幼儿教育、学前教育、基础教育、职业教育与高等教育，而各级各类教育处在不同的阶段，有着不同的规律和要求。教学改革，是指在促进教育进步，提高教学质量而进行的教学内容、方法、制度等方面的改革。引起教学改革的方式主要有三个方面：其一是新理论、新政策指导下的改革；其二是实验性改革；其三是推广性改革。但不论是哪一种改革，都必须落实立德树人的根本任务，遵循教育教学规律，围绕完善人格、培育人才等工作目标，坚定学生的理想信念，厚植爱国情怀与人文情怀，在品德修养和综合素质上下功夫，促进学生健康成长。

长期以来，学校教育教学顺应时代发展，不断进行着改革，但更多的改革体现在课堂的结构、形式和名称上，没有更好地接近教育教学的核心和目标：培养一个全面发展的人。“三情三美”教学正是基于这一核心所需的素养，将审美教育运用于学科教学实践之中，能够更好地促进教育教学改革，将宏观美育教育理念、培养目标与具体教育教学实践结合起来，从根本上引领学生的发展。

创新是教育教学改革的一个目标。实施“三情三美”教学有利于培养学生的创新求异思维和能力。没有创新求异，就不会有人类社会的进步和发展，也就难以适应不断变化的世界。同样地，没有创新，教育教学也就难以适应时代的变化和学生的发展。正是因为有了创新与求异，教育教学才有了生机和活力，教育者和受教育者在创新的驱动下，才能逐步走向更加美好的明天。“三情三美”教学恰好是培养学生创新求异能力的美好尝试，它强调审美体验的丰富性和差异性，并通过多样化的审美活动，有效培养学生的创新意识和能力。

5. 有利于家庭的和谐共长

修身、齐家，几千年来一直是激励人们不断追求的美好追求。在一个和谐的家庭里，亲子之间交流和顺，父母与孩子才得以共同成长。平时我们常说，家庭是孩子的第一所学校，父母是孩子的第一任老师，身为父母要注重创建关爱的人文理念，营造和谐的人文环境，悉心培养孩子良好的行为习惯，弘扬家庭美德、诚实守信、遵纪守法等道德准则，以及持之以恒、互动学习的浓厚氛围等。“上行下效”，说的就是父母对子女要起表率作用，父母的性格和修养会对子女产生潜移默化、耳濡目染的影响。家庭，可以说是每个孩子成长的基石，孩子修养的高低与家庭教育有着密切的联系。

然而，我们可能很少注意到，一个家庭的教育视野，不只是父母对子女互动的过程，还包括子女与父母互动的过程。在家庭里，许多人为什么感到困惑？感到迷茫？感到自己过得并不幸福？原因就在于他们不知道内在的世界是不丰盈的，其实，童子近道。随着孩子身心发展，学会想象，以及充满灵感和创意的想法，会反过来影响和促进父母的反思与成长。

仁慈始于家庭，但不应当止于家庭。“三情三美”教学研究，可以提升学生的审美能力，从而用一双发现美的眼睛去发现家庭中的美，感恩父母，体贴父母，改善与父母之间的关系，通过孩子从一个侧面影响父母，促进家庭成员的共同成长。

美育心理小课堂

“异质同构理论”认为物质的物理活动同人体的生理活动、大脑的心理活动之间有着“异质同构”的内在联系。即审美对象所具有的外在审美特征以一定物理结构表现出来的不同性质的物理力场，以及不同性质的物理力场刺激引起大脑细胞相应兴奋与抑制过程的生物力场和与生物力场直接相联系的人的心理活动中的知觉场，三力形成了结构上一致，产生相应的审美体验，唤起相应的审美心理活动。

第二章 “三情三美”教学与人的发展

内容摘要

人的发展是一个持续不断的变化过程。它受遗传素质、环境的影响，也取决于个体活动的因素。人的认知发展、人格发展和社会性发展与美存在着千丝万缕的联系。“三情三美”教学根据最近发展区理论，鼓励活动参与性，关注个体思维过程，抓住教学最佳期，促进个体认知发展的内化。在人格发展方面：以埃里克森人格发展理论为依据，组织有针对性的教学；创设冲突性的审美化道德情境，提升个体的道德判断能力；在充满期待的“皮格马利翁效应”下，促进人格的发展；发挥自我意识在人格形成和发展中的作用。在社会性发展方面：加强“三情三美”教学体察，培养学生的亲社会行为；营造“三情三美”教学环境，弱化攻击行为的发生；丰富“三情三美”教学实践，促进同伴关系的发展。人的发展涉及全人教育思想，源远流长，内涵丰富。“三情三美”教学坚持“以人为本”为核心，以“人格发展”为索求，以“多元又异步”为评价标准。同时，“三情三美”教学弥补了教育变革的制度智慧，培养了师生成长的直觉智慧，沉淀了学生个性发展的精气神，这在一定程度上解决了全人教育中的实践困惑。而慢教育是细水长流、优雅健康、具有人文情怀的教育，它讲究“快”与“慢”的分寸，讲究张弛有度，是一种艺术，也是一种态度，更是一种宽容。“三情三美”教学以宽容为善，以唤醒为开，以素养为胜，以思维为攻，以生命为安，以体悟为镜，包容孩子们“纤细的根、柔嫩的茎、灿烂的花、恼人的针刺”，解读成长密码和发展逻辑。

一、人的发展与美

人的发展是一个持续不断的变化过程。在这一过程中，有发展，也有问题；有顺序性、阶段性、能动性和整体性，也有未完成性、不平衡性和个别差异性；既受到遗传素质、环境的影响，也取决于个体活动的因素。人的认知发展、人格发展和社会性发展与美存在着千丝万缕的联系。

（一）人的发展概述

人的发展从主体对象、发展阶段、发展层面来看，可以做出不同的诠释，明确不同的内容。我们在关注人的发展时，应注意其复杂性与个体差异性，关注到发展背后存在的问题，认识人的发展的特性和影响因素。

1. 人的发展的含义

发展是事物从出生开始的一个进步变化的过程，是事物的不断更替。它是指一种持续不断的变化过程，既有量的变化，又有质的变化；既包括个体身体的变化，也包括个体心理的变化。发展涉及多个领域，如个体的躯体、大脑、思维、想象、情绪，以及知识、美感等，都属于发展的范畴。发展通常是指那些能够使个体更有适应性，更具组织性、高效性和复杂性的经验、态度、能力和行为，它往往持续于人的一生。

"人的发展"可以从不同角度进行解释。从主体对象来看，人的发展可以分为两种：一是人类本身的发展或进化的过程；二是人类个体的成长变化过程。本章讨论的是第二种情况。

从发展阶段看，人的发展可以分为广义和狭义两种。广义的人的发展是指个体从胚胎到死亡的变化过程，即个体生命的发展。个体发展的不同阶段，有着各自独特的生命意义，关注人的发展应当关注生命的全过程。狭义的人的发展是指个体从出生到成人的变化过程，这是从自然人向社会人、婴幼儿向成年人、个人小我向人类大我的转变过程，个体发展不只快速，更是在其转折点有着多种可能性与选择性。为此，基础教育和学科教学更要关注个体成人前的发展。

从发展层面看，人的发展大体可以分为三个层面。其一是生理发展，也就是机体的正常发育，体质的不断增强，以及神经、运动、循环、生殖等系统的生理功能的逐步完善。其二是心理发展，也就是感觉、知觉、记忆、思维、想象、言语等认知的发展，需要、意志、兴趣、情感等意向的形成，以及能力、气质、性格等个性的完善。其三是社会性发展，也就是社会经验和文化知识的掌握，社会关系和行为规范的习得，使人不断社会化、提高社会性，发展成为具有社会意识、人生态度和实践能力的现实的社会个体，能够适应并促进社会发展。这三个层面既有一定的独立性，又有密切的联系，它们之间相互制约、相辅相成，共同促进个体的全面发展。

人的发展因其复杂性和个别差异性等因素，有许多问题会反复出现，对此，不同学者有着不同的观点。这也意味着人们对人的发展的认识还有不清晰、不完善的地方，还有待进一步研究。就拿发展心理学的研究来说，下表（表2-1）可以说明一二。

表2-1 发展心理学中反复出现的问题与观点

反复出现的问题	当前占优势的观点
主动—被动	儿童积极地参与探究活动，努力地去创造关于这个世界的意义。他们不仅仅是被动的信息接收器，盲目地对生活给他们提供的奖赏与惩罚做出反应
天生本性—后天养育（遗传与环境）	发展的原因能够在环境与遗传因素的相互作用中被找到，而不是单一的因素产生的效果
社会—历史	发展受到个人的特征与个人发展所依赖的历史、社会和文化环境之间相互作用的深刻影响
发展中的相似性	在不同的个体所采取的发展道路中，存在一些共同的东西。这些发展上的相似性允许心理学家去描述发展阶段或者层次
发展中的独特性	与此同时，在个体之间也存在着显著的不同，甚至在那些有相似的背景以及遗传史的人中。但在社会背景以及遗传史更加相异之时，不同点甚至变得更多
发展中的可预测性	变化在人类发展中时刻存在。描述并且理解随着年龄与经验的变化而变化的这种探求建立在这样的观点之上：影响变化的某些因素以及参与其中的某些过程是可以识别的，它们的效果是可以预测的

从表中可以看出，人的发展十分复杂，是一个生活与生长并进的过程。在这一过程中，生活内外因素的不同，个体的“自我选择”与“自我建构”的不一致，带来了人的变化的多面性和不稳定性。而只有那些具有顺序性、稳定性、不可逆性的变化成长才能称为发展。

2. 人的发展的特性

人的发展的特性可以从不同的视角进行不同的概括与分析，主要表现为顺序性、阶段性、未完成性、不平衡性、个别差异性、能动性和整体性。这些特性与教育教学结合起来，有利于促进教育教学的发展。

顺序性。发展顺序性是指个体发展具有一定先后顺序的特性。在正常情况下，个体发展速度会有一定的差异，但发展顺序不会颠倒，发展阶段也不会逾越。例如，就个体身体的发展而言，一是遵循自上而下的法则，从头部、颈部、躯干到下肢；二是遵循自中心而边缘的法则，从头部与躯干、手臂与腿到手指与脚趾；三是遵循自粗而细的法则，从移动整个上身、手臂、手到手部的精细动作。就心理而言，从无意注意到有意注意，从机械记忆到意义记忆，从具体思维到抽象思维，从喜怒哀乐等一般情绪到道德感、理智感、美感等高级情感。据此，教育教学要遵循人的发展的顺序性，循序渐进，实施慢教育，促进学生身心发展。

阶段性。人的发展是一个不断从量变到质变的过程，从一个量变到下一个量变之间的质变将人的发展分成了不同的阶段，表现出与其他阶段不一样的典型特征与主要矛盾，这就是身心发展的阶段性。量变是一种逐渐的、不显著的变化，由事物内部矛盾斗争引起，是质变的必要准备。质变是在量变的基础上发生的，是量的渐进过程的中断，是明显的、非连续性的。人的发展根据不同的标准可以划分为不同的阶段，如皮亚杰认知发展阶段理论以认知发展为划分标准，将儿童心理的发展分为感知运动阶段、前运算阶段、具体运算阶段、形式运算阶段四个阶段。弗洛伊德的性心理发展阶段理论、埃里克森的人格发展阶段理论，都是根据不同的标准提出的阶段理论。从总体上看，在个体发展的不同阶段，有着不同的心理特点、年龄特征和主要矛盾。同时，我们在看到人的发展阶段性时也应看到它的连续性。为此，教育教学要遵循人的发展阶段性，从学生实际出发，根据不同阶段学生的年龄特点，设计有针对性的教育教学情境，促进学生的个性发展。

未完成性。人的未完成性与人的非特定化密切相关。德国人类学家兰德曼在谈到人的非特定化时说：“不仅是猿猴，而且一般的动物，在一般构造方面也比人更多地特定化了。动物的器官适合于特殊的生活条件，而且每个物种的必要性像一把钥匙一样，只适合于一把锁。”可见，从生物进化的角度看，人的非特定化意味着人是一种具有发展潜能的、未完成的、可塑造的动物。潜能是人的潜在能量，被激发后，仍需不断地教育和鼓励。如具有音乐、美术天赋的人，若不能及时培养和坚持，其潜能也会枯竭。正是因为个体有着强大的潜能，使得人的发展蕴含多种可能性和选择性，教育与文化促进了人的发展，使人踏上了为人的道路。尤其是儿童，处于未完成和未成熟的状态。美国教育家、心理学家杜威认为未成熟状态是一种积极向前生长的力量，具有依赖性和可塑性两个关键特征。儿童未成熟状态的依赖性是儿童积极建设自己的力量，表现在儿童拥有与生俱来的发展潜能。儿童未成熟状态的可塑性意味着儿童发展的可能性、不确定性和可选择性。在这一阶段，教育与文化对其起到更为重要的作用。杜威认为“生活就是发展，而不断发展，不断生长，就是生活”。在他看来，教育不是把外界的事物强迫儿童去吸收，而是要使个体与生俱来的能力得到生长；学校作为一种特殊的外界环境，应该创造一个比儿童可能接触的更广阔、更美好的平衡的环境，使施加于儿童的影响更加生动、更加持久并含有更多的文化意义。因此，教育教学要遵循人的发展的未完成性，用发展的眼光看待学生，挖掘学生的潜能，把学生培养成全面发展的人。

不平衡性。人的发展并不总是同一时间、同一速度的，有早晚之分、快慢之别。其发展的不平衡性主要表现在纵向与横向两个方面。纵向的不平衡性以时间为轴，表现为同一方面的发展速度，在不同年龄阶段变化是不均衡的。如学生的身高与体重有两个生长的高峰期，一是出生后的第一年，二是青春期。在这两个阶段，身高与体重迅速发展，相对来说，其余时间缓慢多了。横向的不平衡性以身心不同方面为轴，表现为生理发展的不平衡、心理发展的不平衡和身心发展的不平衡。有的方面在较早年龄阶段就已达到较高发展水平，有的要到较晚年龄阶段才能实现。如在心理方面，感知成熟在前，思维成熟在后，情感成熟更靠后；在身心方面，有人生理已然成熟，心理仍未相应发展，也有人在生理成熟前心理已经得到很大的发展。据此，教育教学要遵循人的发展的不平衡性，依据学生不同个性，抓住学生发展的关键期，促进学生健康发展。

个别差异性。个别差异性是指一个人在先天素质的基础上，通过后天活动所形成的人与人之间的差别性。它不仅体现在人的生理、心理上，如不同学生的身高、体重、体质、感觉、知觉、想象、思维等都是不同的，而且体现在人的社会性发展上，不同学生的性格、才能、志趣和特长也是不相同的。有人善于运动，有人长于艺术；有人感觉敏锐，有人想象丰富；有人性格外向，活泼好动，有人性格内向，安静内敛；有人年少有为，有人大器晚成。总之，正是个体的差异性，才组成了多姿多彩的人类世界；同理，正是学生的个别差异性，才构成了精彩纷呈的教育世界。所以，教育教学要遵循人的发展的个别差异性，深入了解学生的不同个性、心理特点和兴趣爱好，因材施教，引导学生扬长避短，促进学生自由地发展。

能动性。能动性是指人或动物对外界或内部刺激、影响做出的积极的、有选择的回答或反应。动物虽有能动性，如蜜蜂筑巢、蜘蛛织网等，但人的能动性与之不同，人是在反应过程中，个体结合了思维与实践，表现出的主动、自主、自觉和自我塑造的能动性，称为主观能动性。主观能动性是人所特有的，也是人的生长发展与动物生长发展最重要的不同。马克思主义认为，人能够能动地认识世界、改造世界，是因为人的意识活动有目的性、计划性、主动创造性和自觉选择性，而动物的操作是无目的的本能的活动。这就告诉我们，教育教学要遵循人的发展的能动性，尊重客观规律，培养学生的创新思维和实践能力，促进学生的自我成长。

整体性。发展核心素养以培养"全面发展的人"为核心，说的是要促进学生德、智、体、美、劳等方面全面和谐地发展。教师面对的是一个个有血有肉的学生，他们不仅具有生物性和社会性，还有着自身的独特性。叶澜的《教育概论》认为“研究人的内在各方面因素的相互关系以及由此而形成的人的整体性特征，是教育学的特殊任务之一”。人的生命是物质、精神、文化和信息的生命整体，也是人的生理、心理和社会性等方面发展紧密联系、相互作用的整体。虽然人的生理、心理和社会性等方面都有着各自的规律和特点，但这些规律和特点不能否定人的整体性所发挥的作用。“整体大于它的各部分总和”，是现代整体观念的核心。因为人的整体内部存在着一定的秩序和结构，它不是各部分的简单相加。由此，教育教学要遵循人的发展的整体性，以全人教育为理念，观照人的生命整体，促进人的整体性发展。

3. 影响人的发展的因素

人的发展取决于多种因素相互作用而形成的结果。到底有哪些因素影响了人的发展？这些因素在人的发展中起到了怎样的作用？人们众说纷纭。下面主要就遗传、环境和个体活动三个因素做些讨论。

（1）遗传素质是人的发展的生理基础。遗传素质是个体从亲代所继承下来的解剖生理结构，是人的个性心理形成和发展的前提与物质基础。离开了这个前提，个体的发展是不可能实现的。但是，个体的品德、能力、认识、思想、知识等素质不能遗传，是后天习得的。

遗传素质为人的发展提供了巨大的生命潜能。人的潜能素质，是指人体内蕴含的极为丰富的肉体和精神力量。奥托研究表明，一个人所发挥出来的能力，只占他全部能力的4%，可见，在奥托看来，人的潜能是巨大的，可以进行很大的开发。马斯洛在研究人的自我实现时描述过一个有趣的现象：有的没受过教育的家庭妇女却是奇妙的厨师、母亲、妻子和主妇，花很少的钱让自己的家十分美好。她做的饭菜堪比盛宴，她在台布、餐具、玻璃器皿和家具上的布置总是别出心裁。她在家务的领域，全是独到的、新颖的、精巧的、出乎意料的、富有创造性的。创造力不专属于诗人、小说家、艺术家、科学家或发明家，创造力是出生时就被赋予所有人的或大多数人的潜能。这些固有的基本特性，由于人适应社会上存在的文化，就被掩盖或被抑制而大多丧失了。做自我实现的人，就是要重新激活或找回这种潜能。

遗传素质成熟程度制约着人的发展过程及年龄特征。遗传素质本身有一个发展与成熟的过程，在此发展过程中，生理的、心理的发展，在发展顺序上要受到遗传物质的制约和支配。遗传素质的成熟程度，为一定年龄段的身心特点出现提供了可能，如周岁幼儿学走路，青少年身高的剧增，心肺和大脑的发育，性的成熟等。在正常情况下，这些顺序的出现是有规律可循的。违背了人的发展规律，将是徒劳的，也是无益的。为此，教育要循序渐进，停滞或冒进，都是不可取的。

遗传素质的差异性对人的发展有一定影响，但并不能决定人的发展。人的遗传素质是有差异的，它不仅体现在体态和感觉器官的功能上，也体现在神经活动的类型上。近年来，遗传学研究表明，个体的遗传基因里存在核糖核酸（简称RNA）和脱氧核糖核酸（简称DNA）两种物质，它们的排列结构和活动，对人的发展有着很大的影响。但它们仅仅为人的发展提供了生理上的可能性，至于能成为什么样的人，并不取决于人的遗传素质。由此，我们一方面应该重视优生优育，另一方面要加强对孩子成长过程中的引导和教育，鼓励孩子充分挖掘自己的潜能，努力成为一个更好的自己。

（2）环境是人的发展的外部条件。环境是指围绕在个体周围、对个体自发地产生直接或间接影响的生存空间。个体生活在一定的环境中，与环境有着密切的联系，自然会受到环境的影响。一个人从小到大，周围环境发生了许多变化，个体为了适应这个环境，必须通过学习，努力使自己的思想、行为与环境保持一致。同时，个体可以通过改造旧世界，创造一个与当下生活相适应的新环境。一般而言，环境大致包括自然环境、社会环境、家庭环境、心理环境等。其中，自然环境，是指未经过人的加工改造而天然存在的环境，是客观存在的各种自然因素的总和，它涉及大气环境、水环境、生物环境、地质环境和土壤环境，这些因素不仅对人的身体发展有影响，而且还会影响人的心理发展水平。社会环境是在自然环境的基础上逐步创造和建立起来的人工环境，它包含了历史传统、文化习俗、社会关系、经济规律、城市、农村等社会现实和成果。因为是人工环境，这些现实和成果往往具有文化烙印，渗透着人文精神，所以对人的素质起着潜移默化的影响，对人的发展尤其是人的社会性发展具有重要作用。家庭环境对个体身心发展的影响不容忽视。家庭教育具有启蒙性的特点，如在纸上作画，对子女早期的影响是显而易见的；而且家庭教育的时间具有开放性，如父母的学历和职业、父母对子女教育的重视程度、家庭环境的氛围、家庭的物质条件和人际交往、父母自身对工作、生活的态度等多个方面都会在无形中影响着儿童的身心发展。心理环境是指对人的心理产生实际影响的整个生活环境，也是由众多环境刺激引起的，经过认知选择、评价和体验得到的图景。环境对人的心理的影响既有积极的、正面的，也有消极的、负面的。为此，个体要充分利用环境中有利的、向上的因素，去除环境中不利的、落后的因素，与环境达到和谐融合，使心理得到健康发展。

环境对个体的身心发展具有一定的影响，但其影响并不能决定个体的发展。因为环境影响具有自发性，同一个环境对个体影响的程度和侧面是不一样的；而且环境影响带有一定的偶然性，环境中的不同因素面对不同的个体，影响的可能性有很多种。此外，环境对人的影响具有双重性，既可以制约人的身心发展，又可以促进人的身心发展。如有的人在逆境中奋起，将逆境作为自己前行的垫脚石，有的人在逆境中消沉，将逆境作为自己前行的绊脚石；有的人在顺境中如鱼得水，勇攀高峰，有的人在顺境中挥霍年华，得过且过。所以，对环境的作用的考量不能简单化、静态化，而应结合个体的生活与活动，对其进行深入、动态地分析。同时应该看到，环境对人的影响离不开个体的遗传因素。没有遗传因素作为生物基础，环境无从施加影响；没有环境因素，遗传作用也无从体现。

（3）个体活动是人的发展的决定因素。个体活动是由共同目的联合起来并完成一定社会职能的个体动作的总和，由目的、动机和动作构成，具有完整的结构系统。个体活动是个体为达到某种目的而从事的行动或者从事有目的的行动，以实现预定目的为特征，动作往往受单一目的的制约。

在个体活动过程中，要注意三个方面：一是活动对象，个体活动总是指向一定的对象，活动对象包括制约着活动的客观事物和调节活动的客观事物的心理映像，离开了对象的活动是不存在的；二是外部活动与内部活动之间的关系，外部活动是原初的，内部活动起源于外部活动，是外部活动内化的结果，内部活动又通过外部活动而外化；三是不同阶段的活动形式，个体基本形式主要有游戏、学习和劳动，学龄前主导儿童活动的是游戏，学龄期学习活动逐步取代游戏活动，成人期以劳动为主导活动。

人的发展是在遗传素质的基础上、环境因素的影响下，通过一系列个体活动得以实现的。正是由于人能够以自己的活动为中介，因而人在与环境相互作用的过程中，既改造着环境，也接受着环境的影响，在改造环境的过程中改造着自己。正如马克思所说：“人创造环境，同样，环境也创造人。”可见，个体活动是个体与环境互动的中介，是个体发展的决定性因素。个体活动分为生理活动、心理活动和社会实践活动三个层次。其中，生理活动是心理活动和社会实践活动的基础，心理活动是个体认识外部世界并构建自己内部精神世界的过程，社会实践活动是体现个体价值并满足发展和创造的需要所进行的活动，具有明显的目的性、主动性和指向性，是人的活动的最高层次。三个层次相互渗透，相互影响，从整体上推动着人的发展。

在人的发展中，学校教育起着举足轻重的作用，因为它是包含着不同个体、不同环境和不同的个体活动的综合性影响因素。学校教育中的个体是处于某一年龄段的儿童、青少年和承担教书育人职责的教师，以及相关的家庭教育、社会教育的责任人，在教育教学活动的过程中，他们之间形成了多维、多向、多元的复杂关系，产生着交互影响。同时，学校环境中的建筑风格、空间布局、景观布置、设备设施，以及人文氛围、规章制度、课堂教学、教育活动等，无一不对正处在成长期的儿童、青少年产生着深远的意义。苏联心理学家鲁宾斯坦指出：“教育者或教师企图不通过儿童自己的活动去掌握知识、培养品德，却将知识、品德要求强加到儿童身上。任何这样的企图只会破坏儿童健康的智力发展和精神发展的基础，破坏培养他的个性品质的基础。”因此，学校教育在学生个体发展中要充分发挥其主导作用，创设有利于学生成长的环境和教育教学活动，促进学生的全面、健康、可持续发展，并产生内化，增强学生的内驱力，为学生的自主发展和终身发展奠定坚实的基础。

（二）认知发展与美

根据皮亚杰认知发展阶段理论以及维果茨基对认知发展与教学的关系的研究，教师应将个体认知发展的规律运用于“三情三美”教学之中，既要鼓励活动参与性，也要关注个体思维过程，同时根据最近发展区，抓住教学最佳期，在学生自主学习和探索的基础上，指导学生加强对学习过程的反思，实现认知发展的内化。

1. 认知发展的含义

皮亚杰认为，认知的本质就是适应，即儿童的认知是在已有图式的基础上，通过同化、顺应和平衡等机制，不断从低级向高级发展。图式是指儿童用来适应环境的认知结构，儿童最初的图式来自吸吮反射等一些本能反射行为。同化是指儿童把新的刺激物纳入已有图式中的认知过程，是引起图式生长的量变的过程。顺应是指儿童遇到自己不能同化的刺激物时，通过改变已有图式或者形成新的图式来适应新刺激的认知过程，是图式发生质变的过程。平衡是指同化和顺应之间的均衡，是相对的，它通过平衡—不平衡—平衡的循环发展过程，从而推动认知由低级走向高级。

维果茨基认为，人的高级心理是随意的心理过程，认知能力是高级心理包含的一个方面。他提出人有两种心理机能：一种是靠生物进化获得的低级心理机能；另一种是受人类文化历史制约、以精神工具为中介的高级心理机能。精神工具主要是指人类所特有的语言、符号等，正是精神工具的使用使人类的心理发生质的变化，从而上升到高级阶段。在个体发展过程中，两种心理机能相互融合，促进了人的心理发展和认知发展。

2. 影响认知发展的因素

在皮亚杰看来，认知发展主要受到四个因素的影响：一是机体的成长，特别是神经系统和内分泌系统的成熟，这为认知发展提供了可能性；二是机能的练习与习得经验，这是认知发展的必要条件；三是社会生活、文化教育和语言等各种因素、信息的相互作用，相互交换的过程，这是认知发展的必需的重要因素；四是认知发展的决定因素——平衡化，它具有自我调节作用，通过调节同化与顺应的关系，促使个体认知的不断发展。

在维果茨基看来，心理机能的发展（包含认知发展）受到五个方面的影响：其一是心理活动的随意机能，由主体按照预定目的而自觉引起的，是随意的、主动的；其二是心理活动的抽象——概括机能，受儿童年龄、语言能力、日常生活经验等方面的影响；其三是高级心理结构的形成，是在儿童与环境相互作用的过程中，增强了认知结构的转换性和自调性，从而得以形成；其四是心理活动的社会文化历史制约性，随着年龄增长，儿童不断社会化，走向社会人；其五是心理活动的个性化，个性的形成是高级心理机能发展的重要标志，个性特点对个体机能发展具有重要意义。

3. 认知发展与“三情三美”教学

根据皮亚杰认知发展阶段理论，个体认知发展从不成熟到成熟一般要经历四个阶段，在不同的发展阶段个体具有不同特征，具体见表2–2。

表2–2 皮亚杰的认知发展四阶段

阶段	大致年龄	阶段的主要特征
感觉运动阶段	0 ~ 2 岁	从被动反应到积极而有意的主动反应，通过操纵物体来了解其属性；该阶段形成了以后复杂认知结构的基础
前运算阶段	2 ~ 7 岁	发展了运用符号来表征客观物体的能力，认知具有如下特点：具体形象性、不可逆性、刻板性、自我中心主义
具体运算阶段	7 ~ 11 岁	掌握了一定的逻辑运算能力，但只能将逻辑运算应用于具体的事物，还不能扩展到抽象的概念；此阶段儿童的认知具有以下特点：守恒性、逆向性、结合性、同一性和重复性
形式运算阶段	11 岁后	能够进行抽象思维和纯符号思维，此阶段个体认知发展的特点具有“假设—演绎”推理能力、命题推理能力、组合分析能力

同时，根据维果茨基对认知发展与教学的关系的研究，实施“三情三美”教学可以从以下五个方面进行展开。

（1）鼓励活动参与性。现实世界里，存在着大量丰富的、真实发生的活动，既有外在的物理活动，也有内化的心理活动。在活动中，个体自发地与环境产生链接，自主地发现了一些美的事物。在上述皮亚杰认知发展四阶段表格中，我们可以看到，在儿童不同的认知发展阶段有着不同的特征，根据这些特征和学科情况，教师要创设不同的活动，提供不同的学习机会。 皮亚杰还特别强调社会活动对儿童认知发展的作用，他认为环境教育重于知识教育。如儿童的自我中心主义表现为在活动中不能考虑他人的观点，只从自己立场出发考虑问题，主要是因为他们缺少与他人相互作用的机会。为此，在形式运算阶段前，教师在教学活动中要多给予他们学习和训练的机会，促进认知发展。因为教学活动是教学中认知的起点，学生知识的获得和能力的发展都离不开教学活动。

（2）关注个体思维过程。在前运算阶段，个体发展了运用符号来表征客观物体的能力，其认知发展有具体形象性的特点；到了具体运算阶段，个体掌握了一定的逻辑运算能力，但只能将逻辑运算应用于具体的事物，还不能扩展到抽象的概念；发展到形式运算阶段，个体已经能够进行抽象思维和纯符号思维，具有了“假设—演绎”推理能力、命题推理能力、组合分析能力等高级能力。这个思维发展过程告诉我们，在实施“三情三美”教学时要站在儿童、青少年思考问题的角度上组织教学，根据儿童、青少年当前的认知技能水平，为学生提供适宜的学习活动，创设最佳难度，遵循平衡—不平衡—平衡的发展过程，通过提问来引起学生认知的不平衡，然后在组织学习材料和研究材料的基础上寻求新的平衡，促进认知发展。

（3）利用最近发展区。维果茨基认为，教学必须走在学生心理发展的前面，才能促进学生的发展。他认为的“最近发展区”是指学生独立解决问题的真实发展水平（即现有水平）和通过教学所获得的解决问题的潜在发展水平（即可能水平）之间的差异。这一差异蕴含着儿童发展的潜能，意味着儿童在最近的将来可能达到的发展水平。而潜能正是发展的可能性，是教学可以利用的、来自儿童发展内部的积极力量。如果教学能够按照儿童的“最近发展区”来设计和实施，那么就能最大程度地提高个体潜在的能力，如审美能力，形成审美人格。不过，也有学者认为教学与儿童发展是同一个过程，有教学的地方就有儿童的发展，并且对儿童来说，所谓发展，就是“各种习惯的积累”，学会在外界刺激和正确反应之间建立起联结。这种观点的典型是以华生和桑代克为代表的行为主义学派。这一观点否定了教学过程中个体的主观能动性，是值得注意的地方。

（4）抓住教学最佳期。儿童在学习内容时，都有一个最佳年龄。教学最佳期由最近发展区决定，而最近发展区本身是动态发展的。为此，教学要把握不同个体知识学习、能力培养的最佳时期，遵循儿童认知发展顺序来设计课程。因为“教学是儿童后天的、历史的特征之发展过程中内在必需和普遍的因素”。同时，教学应着眼于学生的最近发展区，因人而异，为学生提供有难度的内容，调动他们的积极性和主动性，发挥其潜能，超越其最近发展区而达到下一发展阶段的水平。当然，也要考虑学生整体的现有水平，把发展作为教学的前提，因材施教，正确处理教学中的难与易、快与慢、多与少的关系，使教学内容和教学进度符合学生整体的“最近发展区”。在章节安排上，能适应大多数人的现有发展水平。对于学生个体来说，因为认知、兴趣、思维、记忆的不同，教师应根据他们不同的“最近发展区”的特点，实施针对性的分层教学，使学生各有所得。如在布置作业时，可以设置难度不一的提高性习题，指导、激励、帮助学生全面发展。

（5）重视认知发展的内化。内化是在自己的思想观点与他人的思想观点相一致时，将外部实践活动转化为内部心理活动的过程，通过“同化”与“顺应”两种机制来完成。而人是一个能动的主体，在与客观世界相互作用以及实践活动的过程中，积累了一定的知识经验和能力，形成了一个相对稳定的认知结构，以接纳新事物、解决新问题、适应新环境，达到“自我同一性”。学生的学习就是将不断获得的知识经验内化于自身认知结构之中的过程。因此，实施“三情三美”教学要重视认知发展的内化，在学生自主学习和探索的基础上，指导学生加强对学习过程的反思，并通过体验内化为学生自身的东西。如将外部优雅的语言转化为内部美好的语言，将外部对象的动作转化为内部心理的动作，不断丰富心理过程，促进个性发展。

（三）人格发展与美

人格发展与美有着密切的联系。明确人格发展的含义及影响因素，对于“三情三美”教学的实施具有指导作用。

1. 人格发展的含义

人格也称个性，是指个体在先天遗传的基础上，通过适应后天的社会环境逐渐形成的性格、气质、动机、能力等多种心理特征的有机整合，是个体做人的尊严、价值和品格的总和。它构成了一个人的思想、道德、情感、思维和行为的相对稳定的独特模式，体现着一个人的精神风貌，反映了人与人之间的内在差异。人格一旦形成，将会长期影响个体的行为。个体先天遗传和后天生活环境的差异决定了个体不同的人格特征。在心理学上，人格亦指个人之特质，人格的研究在教育心理学与教育学上尤为重要。人格心理学家研究了人格的构成特征及其形成，预计了它对塑造人类行为和选择人生大事的影响。如弗洛伊德的人格发展阶段理论、皮亚杰认知发展理论，以及埃里克森八阶段理论，都对教育教学有着一定的指导作用，合理运用，有利于个体形成健全的人格，实现自我超越。

2. 影响人格发展的因素

心理学家认为，人格是在遗传与环境的交互作用下逐渐形成并发展的。影响人格发展的因素有很多，有来自外部的因素，如家庭环境、学校教育、社会文化和同伴群体等，也有来自内部的因素，如个体的遗传、认知、道德和智力发展等。

（1）家庭环境。家庭环境是指家庭的心理道德环境，以及家庭中可以用量化指标来评判和衡量的环境因素等。家庭环境有软环境与硬环境之分，内环境与外环境之别。软环境主要包括家庭结构和家庭教养方式，硬环境主要包括家庭资源、父母文化水平和职业状况；内环境是指自己家里的人或事，外环境是指家庭的周围环境与人群、外部活动场所与人际关系。其中，家庭教养方式一般分为权威型教养方式、放纵型教养方式、民主型教养方式三类，不同的家庭教养方式会对孩子人格产生不同的影响，具体见表2-3。

表2-3 家庭教养方式对孩子人格的影响

家庭教养方式	孩子的人格特点
权威型教养方式	多表现为消极、被动、依赖、服从、懦弱，做事缺乏主动性，甚至会形成不诚实的人格特征
放纵型教养方式	多表现为任性、幼稚、自私、无礼、独立性差、唯我独尊、蛮横胡闹等特点
民主型教养方式	形成活泼、快乐、直爽、自立、彬彬有礼、善于交往、富于合作、思想活跃等积极的人格品质

可见，家庭环境对儿童品德的形成和发展起着基础的、直接的作用，而人生早期所发生的事情对人格的影响尤其明显。需要强调的

是，虽然人格发展受到童年经验的影响，但二者不存在一一对应的关系，如逆境可能使人丧失前行的动力，也可能磨炼出孩子坚强的性格。另外，早期经验不能单独对人格起作用，它必须与其他因素共同作用，才能影响人格的形成与发展。

（2）学校教育。学校教育是指一种有目的、有计划、有系统地对学生品德发展施加影响的过程，它在学生品德发展中起着主导作用。其主要体现在学校环境、课程管理、各科教学以及教师方面。学校环境是指学生在校学习和活动所处的境况，既包含校舍布局、设备设施、校园绿化等硬环境，也包含校风学风、制度规定、学术氛围等软环境，对学生的人格发展施加了不同影响，是学生成长过程中的重要因素。教师对学生的人格发展常常具有指导、定向作用。有研究表明，在不同教师营造的教学氛围中，学生会有不同的行为表现，教师的公正性和期望值也对学生有非常重要的影响。“皮格马利翁效应”说的就是期望的重要性。此外，学校是同龄群体聚集的场所，同伴群体的行为准则和群体氛围很大程度影响了个体的人格形成，具体见表2–4。

表2–4　教师的态度对学生人格的影响

教师的态度	学生的人格特点
专制的	情绪紧张，冷淡，攻击性强，自制力弱
放任的	无组织纪律性，无团体目标
民主的	情绪稳定，态度积极友好，有领导能力

（3）社会文化。每个人都处在特定的社会文化环境中，文化对人格的影响极为重要。社会文化主要是指由社会意识形态构成的，以社会意识形态为主要内容的观念体系。社会文化主要体现在社会风气、价值观念以及人与人之间的关系等。社会风气是社会或某个群体，在一定阶段所呈现出的观念、爱好、习惯、传统和行为，它不仅能够成为推动或阻碍社会前进的巨大力量，而且对个体的思想、心理和情感

起着潜移默化的作用。价值观念亦称价值观，它是个体认定事物、辨别是非的一种思维或价值取向，具有稳定性、持久性、历史性和主观性的特点，对于个体行为有导向作用，反映了个体的认知、需求和向往。莫里斯认为“培养独立性”“对他人表示同情和关切”“在团体活动中实践和享受人生”，以及“人生中那些美好”等方式能有效地促进个体的人格发展。人与人之间的关系，是人际关系的一个方面。它涉及了人与人相互交往过程中的心理关系，以及认知、情感和行为的心理成分，并在交往的过程中建立和发展起来。人际关系是人的基本社会需求，有助于个体检测自我、了解自我、实践自我和肯定自我。常持诚恳的态度，适度自我表达，遵守规则，尊重别人并欣赏自己等是和人建立良好人际关系的有效方法。形成真诚、和谐的人与人之间的关系，有利于个体的人格发展。因为青少年模仿性很强，所以，要重视社会文化环境中的电视、网络、杂志等大众媒体的导向作用。

（4）个人因素。个人因素包括客观因素和主观因素，涉及了遗传、认知、道德和智力等多个方面。遗传是人格形成不可或缺的影响因素。遗传因素对人格的作用程度因人格特质的不同而异。通常在智力、气质这些与生物因素关联性较强的特质上，遗传因素的作用较重要；而在价值观、信念、性格等与社会因素关系密切的特质上，后天环境的作用可能更重要。认知是个体认识客观世界的信息加工活动，是个体感觉、知觉、记忆、想象、思维的自身发展。“人贵有自知之明”说的就是个体要认识自我，感知自我。同时，也要认识到认知失调是改变态度的先决条件。道德认知是对现实道德关系和道德规范的认识。美国儿童发展心理学家科尔伯格提出了“道德发展阶段”理论，对认知性道德发展模式的发展做出了重要贡献。他认为道德发展的关键是学生道德判断能力的发展，具有冲突性的交往和生活情境最适合个体道德判断能力的发展。智力因素通常是指观察力、感知力、记忆力、思维力、想象力等认知能力的总和，对个体人格发展和社会发展都发挥着主导作用。今天，社会科技水平和教育水平的不断进步，离不开每个人的智力活动。另外，也应看到，兴趣、情绪、情感、意志、性格等非智力因素也对个体人格发展起着重要作用。如学习的兴趣与否、情绪的好坏、意志的坚定与脆弱，以及性格中自强与懦弱、勤奋与懒惰、自信与自卑等不同的因素，都将成为引导个体发展的内在力量，影响着人格的发展。

综上所述，人格的发展是个人与环境两种因素交互作用的结果。人既有生物属性，又有社会属性。在人的胚胎时期，环境因素的影响就已经开始了，并且这种影响会在人的一生中持续下去。后天环境的因素是多种多样的，从家庭环境、学校教育，再到社会文化因素，都对人格的形成与发展有着重要的影响。

3. 人格发展与“三情三美”教学

在“三情三美”教学过程中，根据埃里克森人格发展理论和科尔伯格道德发展阶段理论，组织开展有针对性的教学，创设冲突性的审美化道德情境，进行道德教育新架构，提升个体道德判断能力，充分发挥“皮格马利翁效应”，有利于促进学生人格的发展。同时，还有利于发挥自我意识在人格形成和发展中的作用，引领学生在反省中实现自我成长，在激励中促进自我发展，在评价中完成自我提升，实现师生共长。

（1）以埃里克森人格发展理论为依据，组织有针对性的教学。埃里克森人格发展理论，亦称心理社会性发展，它强调了个体在各阶段的社会性发展，并指出个体发展是持续一生的，在心理发展的每个阶段，都面临着需要解决的心理社会问题。根据这一理论，有助于组织针对性的教学，为“三情三美”教学提供理论依据，具体见表2-5。

表 2-5 埃里克森的心理社会性发展阶段与培养

阶段	年龄	帮助个体顺利度过该阶段	“三情三美”教学
基本信任对怀疑	0 ~ 1.5 岁	家长应该积极地、始终如一地满足婴儿的需求	指导家长满足婴儿对色彩、自然的探索的需求
自主性对羞怯感	1.5 ~ 3 岁	教师和家长应该给儿童提供独立完成任务的机会，对儿童的尝试行为和成功举动给予肯定，在遇到挫折和困难时不要羞辱他们	教师应给儿童提供独立完成审美任务的机会，对儿童感悟美的行为加以肯定和指导
主动感对内疚感	3 ~ 6 岁	教师和家长应该多给儿童提供自己做决定的机会	教师应多给儿童审美方面的选择机会并由他们自己做出选择
勤奋感对自卑感	6 ~ 12 岁	教师可将教学内容安排为一系列的单元，对于那些完成每一单元的儿童予以表扬；鼓励儿童将自己目前成绩与从前成绩相比，而不是与别人横向比较	教师将教学内容、教学设计审美化，鼓励学生及时记录审美感悟与点滴，对自己进行纵向比较
自我同一性对角色混乱	青春期（12 ~ 18 岁）	教师应该鼓励青少年进行自我认同，并给他们树立榜样	教师应鼓励青少年进行审美认同，并从自我做起，发现身边的美，将美的人、事、物综合起来呈现
亲密感对孤独感	成年早期（18 ~ 40 岁）	教师应有意识地建立好同事关系，不仅给学生树立榜样，自身也能获得拥有感；教师可以选择一些人际关系处理得好的人物让学生学习；教师应鼓励学生建立自己的人际关系网	教师应有意识地以自己独特的美的视角，建立良好的人际关系，并鼓励学生激发自己的情趣，升华自己的情感

续表

阶段	年龄	帮助个体顺利度过该阶段	“三情三美”教学
繁殖感对停滞感	成年期（40 ~ 65 岁）	教师可以通过努力学习和实践建立起自己的繁殖感，这既包括养儿育女，也包括对下一代的关心和指导；教师还应该让一些成功人士走进课堂，分享他们的职业和人生选择	教师通过学习和实践培养下一代的美感，以美好的心境面对自己的职业和人生
完善感对绝望感	老年期（65 岁以上）	处于这一阶段的教师在回顾自己的教学生涯时往往希望得到学生出人头地的好消息；教师应该在学生发展的前几个阶段鼓励他们写日记，或者让他们对自己的每次选择都作出评价	活到老，学到老，形成审美人格，正确看待教学生活中的点滴

（2）创设冲突性的审美化道德情境，提升个体的道德判断能力。美国儿童发展心理学家科尔伯格提出了“道德发展阶段”理论，他认为道德发展的关键是学生道德判断能力的发展，具有冲突性的交往和生活情境最适合个体道德判断能力的发展。他还认为体现个体道德判断水平的不是道德判断内容，而是道德判断形式，也就是他们判断的理由以及说明理由的过程中所包含的推理方式。据此，提高个体的道德判断能力，教师可以设置审美化的“道德两难问题”，具体可以这样做：一是借助“网络舆论”，优化价值观念。现代社会是一个信息时代，个体的网络生活丰富，在不同的网络平台上，他们呈现着不同的道德价值观念，网络成了“自由市场”，不同个体自由评论，相互交流，展示个性，同时他们的思想道德、学习生活和处事行为方式正受着网络文化的巨大影响，优化价值观念是当务之急。二是设置“两难问题”，开放结局想象。冲突性的审美化道德情境是以审美化的道

德两难故事为材料，让学生针对故事中的道德两难问题进行讨论，做出自己的判断并加以解释判断依据，引导学生在冲突性的讨论中比较他人的观点和推理方式时，自觉接受比自己原有的推理方式更为合适的道德推理方式，最终提升自己的道德判断力。三是关注“现实存在”，进行角色辩论。现实教学中，“单一化”的“灌输式”方法比比皆是，教师要以正确的道德评价方法作导向，树立以人为本的发展理念，从道德知识灌输转变到学生道德辨析力、判断力、选择力和创造力的培养上，通过角色辩论，辨明真相，同时将课堂教学与实践教育、体验教育和养成教育结合起来，激励学生自主参与，自觉实践。在课堂教学中，教师要抓住主题、核心、重点以及薄弱环节，寻找工作突破口，进行道德教育新架构，发挥家庭、学校、社会“三位一体”的合力育人力量，提升学生的道德判断能力。

（3）在充满期待的“皮格马利翁效应”下，促进人格的发展。皮格马利翁效应，亦称“罗森塔尔效应”或“期待效应”，说的是人的情感和观念，会不同程度地受到别人的影响，会不自觉地接受自己喜欢、钦佩、信任和崇拜的人的影响和暗示。这种暗示能使个体获得一种向上的能量，增强对自我的肯定和价值感，变得自尊、自信，从而促使个体梦想成真。运用到“三情三美”教学中，要求教师对学生的审美动机和行为给予鼓励和引导，使学生强烈地感受到来自教师的热爱和期望，产生积极的心理暗示，朝着教师期待的方向发展。当然，教师对学生的期待必须是真诚的、善意的、发自内心的，并且坚信学生是有审美发展潜力的。在实际教学中，教师可以通过自己的眼神、表情、动作、言行，让学生真切地感受到来自教师的满满诚意，激发学生不断向前。要做到这一点，教师需要注意以下几点：一是教师要有足够的威信。教师的威信可以给学生以信心，使他们更加自尊、自爱、自信、自强。一般而言，教师威信越高，越容易产生皮格马利翁效应。二是营造温馨的氛围。教师高度的期望能够产生一种温暖、向上的氛围，使学生得到情感上的支持，以比较舒适的状态朝着良好的方向发展。三是及时反馈和鼓励。教师对寄予期望的学生，要给予更多的鼓励和赞扬，增强其向上的力量。四是适当启发引领。教师在向学生表明自己对他们的高期望时，要适当进行指导，对学生提出的问题给予启发性的回答，并提供极有帮助的知识材料。

（4）发挥自我意识在人格形成和发展中的作用。自我意识在人格形成和发展中起着至关重要的作用，它的成熟往往标志着人格的基本形成。自我意识是对自己身心活动的觉察，包含了对自己以及状态、思维、情感、意志等方面，还有自己与他人的关系、自己与社会的关系的认识，是一个多维度、多层次的心理系统。从自我意识的觉醒到自我教育意识的发展过程中，自尊心与内省力是极其重要的促进因素。道德与法治学科自我教育课堂的构建，是十分必要，也是非常重要的。它旨在增强与内化学生自我教育意识，增进与提升学生自我教育能力，在自我教育过程、自我教育氛围以及自我教育载体方面给予引导，在反省中实现自我成长，在激励中促进自我发展，在评价中完成自我提升，实践“教是为了不教”的理念，注重终身学习，实现师生共长。

（四）社会性发展与美

不管从心理学角度还是社会学角度出发，个体社会性发展都离不开社会生活、社会关系和社会实践。了解个体社会性发展的三类行为和影响因素，对“三情三美”教学加强体察、营造环境、丰富实践有明确的指向作用。

1. 社会性发展的含义

社会性发展是指个体在其生物特性基础上，在与社会生活环境相互作用的过程中，掌握社会规范，形成社会技能，学习社会角色，获得社会性需要、态度、价值，发展社会行为，从而更好地适应社会环境。从心理学角度来说，社会性发展是指人的社会性心理特征的发展。离开个体的社会关系和实践，任何社会性都将成为一张空头支票。从社会学角度来看，社会性发展在一定程度上可视为人的社会化程度，它包括了个体社会生活必须具备的道德品质、价值观念、行为规范，以及生活态度、行为习惯和自我调节能力等。皮亚杰认为的个体社会性发展是通过外部刺激和图式的相互作用，即通过同化、顺应和平衡的机制而实现的。班杜拉认为的社会性发展是指通过观察学习和自我调节的作用改变自己的行为，从而形成自己的观念、能力、人格和社会性。可见，社会性发展的实质就是个体由自然人成长为社会人。而和人作为生物个体的生物性相对的社会性，从广义上说，是指人在社会生活过程中所形成的全部社会特性的总和，包括了人的社会心理特性、政治特性、道德特性、经济特性、审美特性、哲学特性等。狭义上说，是指个体参与社会生活时，与人交往，在他固有的生物特性基础上形成的独特的心理特性。它们使人能够适应周围的社会环境，正常地与别人交往，影响自己，也影响别人，在努力实现自我完善的过程中积极地影响和改进周围环境。

2. 社会性发展的三类行为与影响因素

（1）亲社会行为。亲社会行为又叫积极的社会行为，是指符合社会希望，有益于他人和社会的行为，如帮助、安慰、分享、捐赠、合作、谦让、互助等。亲社会行为是人际交往过程中维护良好关系的重要基础，能够促使个体形成积极的社会价值观，有利于个体身心健康，对个体的终身发展具有重要的意义。个体亲社会行为发展过程就是他们提高道德水平、丰富道德情感的过程。艾森伯格与同事利用两难故事情境，探讨了儿童亲社会行为的发展，提出了儿童亲社会行为的发展需经历的五种水平：享乐主义、自我关注取向；他人需求取向；赞许和人际关系取向；自我投射的、移情的取向；内化的法律、规范和价值观取向。同时，艾森伯格认为，上述发展水平并非不可逆，且年龄较大的儿童在解决不同的两难问题时表现出的水平会有所不同。但基本趋势是一样的，即随着年龄的增长，较高水平的亲社会行为会不断增加。亲社会行为影响因素主要有来自家庭、学校、同伴、社会媒体的影响，以及社会文化因素、情境因素和受体的个性特征。

（2）攻击行为。攻击行为是以伤害另一生命的身体或心理为目的的行为，即对他人的敌视、伤害或破坏性行为，是儿童、青少年中比较常见的一种问题行为，对儿童、青少年的人格和品德的发展有着消极的影响，严重的甚至会导致儿童、青少年走向犯罪。儿童、青少年攻击行为依据不同标准，可以分为很多种。根据其表现形式，其攻击行为可分为身体攻击、言语攻击和间接攻击。一般来说，年龄越小的儿童，身体攻击越多，言语攻击随年龄增长而增多。此外，男孩的攻击行为比女孩多，男孩比女孩表现出更多的身体攻击和言语攻击，而女孩更可能表现出借助第三方的间接攻击，如造谣、离间等。按攻击行为的起因，其攻击行为可分为主动型攻击和反应型攻击。按攻击行为的目的，其攻击行为可分为敌意性攻击和工具性攻击。敌意性攻击一般由痛苦或不安引起，是情绪性的行为，其目的是伤害别人，把给他人造成痛苦作为最终目标，比如打架斗殴；工具性攻击并不直接由愤怒或某种情绪引起，而是把伤害他人作为一种手段，目的是通过攻击获得所希望的奖励或有价值的东西。随着儿童年龄的增长，工具性攻击明显减少，而敌意性攻击明显增加。很多研究者认为，攻击行为的产生可能有着一定的神经基础。它受到外因和内因两方面因素的影响。如外因有挫折、挑衅，以及厌恶性、奖励性、训导性、幻觉性诱因，还有家庭冲突、暴力、不良的家庭教养方式等，都可能导致较高的攻击行为发生率。又如内因有个体本身的控制性、归因方式和性格类型等。有人控制性强，也有人控制性弱。有人倾向于把原因归结于外因，有人倾向于把原因归结于内因。有些个体的性格特征中存在着攻击性和敌意性的偏向，容易导致攻击性行为的发生。

（3）同伴关系。同伴关系是指个体在交往过程中建立和发展起来的一种个体之间的，特别是同龄人之间的一种人际关系。同伴关系包括同龄同伴关系和异龄同伴关系。根据交往性质的不同，同伴关系可分为垂直关系和水平关系。垂直关系是指儿童与那些比自己拥有更多知识和更大权力的成人（主要是父母和老师）之间的关系，水平关系是指儿童与那些和他具有相同社会权力的同伴之间形成的一种关系。同伴关系形成的儿童友谊，其发展主要表现在亲密性、稳定性和选择性等方面，随着年龄的增长，友谊的特性也不断发展变化着。塞尔曼提出了儿童友谊发展的五个阶段：尚不稳定的友谊、单向帮助关系、双向帮助关系、亲密的共享，以及友谊发展成熟。

3. 社会性发展与“三情三美”教学

在“三情三美”教学过程中，发现道德美，陶冶合作美，追求和谐美，有利于培养学生的亲社会行为。营造“三情三美”教学环境，通过创设审美情境、激发审美情趣、升华审美情感来转移学生的注意力，调节学生的不良情绪，能够减少攻击行为的发生。而丰富“三情三美”教学实践和课堂教学中的交往活动，能够促进同伴关系的发展。

（1）加强“三情三美”教学体察，培养学生的亲社会行为。所谓体察，在这里是指体验观察。根据班杜拉的观点，对亲社会行为影响最大的是社会榜样，因为榜样能使学生有意或无意地进行模仿，诱导出学生与榜样相似的亲社会行为，同时，更有可能内化利他性原则，从而有效地促进学生亲社会行为的形成与发展。实施“三情三美”教学，在创设情境、激发情趣、升华情感的过程中，教师需要以身示范，引领学生进行观察与思考，激励他们走向自然，走向社会，开展实践活动，加强生活体验，从中获得感悟，进行反省，得以提升，养成亲社会行为。

发现道德美，强化榜样力量。班杜拉认为，社会榜样可以有效促进学生亲社会行为的形成与发展。这个榜样可以是与孩子密切相关的父母。“孩子是父母的一面镜子”，家长应以身作则，用自身的优良品德去引领孩子，影响孩子，使孩子模仿父母，从而塑造美好的自我形象。如父母经常主动帮助他人，容易使孩子建立起一种利他和助人的心理倾向。因此，父母要从家庭早期教育入手，培养孩子的亲社会行为，帮助孩子学会谦让，学会分享，学会帮助他人，学会关心社会发展。这个榜样也可以是孩子学生时代的教师。教师因为其在学生面前的权威性和学识能力，对学生产生了较为明显的影响。如一个对社会、对工作、对学生有责任感的教师教出的学生往往也更有责任感。这个榜样还可以是社会中的榜样人物。如“道德模范”“感动中国人物”，以及一些英雄模范人物，他们犹如一根精神标杆，指引着孩子们前进的方向。作为教师，在教学过程中，要创设情境，引领学生看到在榜样人物平凡的名字和面容背后，有着不平凡的坚持和勇敢，他们身上拥有的助人为乐、见义勇为、诚实守信、敬业奉献等优秀品质，散发着道德之美，它就像一股暖流，可以温暖学生。

陶冶合作美，加强活动训练。亲社会行为，是一种有益于他人和社会的行为，它以人际交往中的良好关系为基础，是一种合作的行为。它是指教师利用一切学习和游戏活动，引导训练儿童在实践中表现出合作、谦让、共享等良好行为。如：在游戏中，训练儿童互相配合、合作；在日常生活中，训练儿童分享玩具和食物等。在这些活动中，个人的价值观是个体在社会化的过程中，在家庭和社会群体的影响下，融合了个人所参与的众多社会群体中的价值观念，逐渐建立起来的。家庭、学校、同辈群体和大众传播媒介是青少年学习与建立价值观的主要渠道。良好的班集体，具有一种独特的心理效应——“森林效应”。森林中的树由于互相争夺阳光和空气，长得又高又直，树杈也少得多。青少年在班集体这个群体中学习和生活，存在着比较、竞争以及植物所没有的榜样作用，可以产生激励作用。所以，群体的影响更适宜培养青少年的亲社会行为。

追求和谐美，增强移情能力。移情，是人本主义心理学中的一个概念。它与投射不同，是对当事人内心世界的感知与理解，即我们平时所说的感同身受、身临其境，关注的是两个人之间的关系，是一种个人素质，亦为人格的一部分。投射是一种心理防御机制，是指把自己心里的内容和感受放到客观世界中，关注的是一个人自己的心理过程。如果将移情介入到教育教学工作中，那就意味着教师必须设身处地从学生的角度考虑问题；用学生的眼光分析教学、调整教学；在与学生的互动中，体会他们的所思所行，体察他们的各种需求和情绪变化，理解他人的情绪，从而与之产生共鸣。这时，移情也就不仅仅只是一种教育技巧，而内化为教师育人的一部分，成为教师的一种人格素养，贯穿于教育教学、与学生的交流之中。比如亲社会行为，在助人时，使助人者和被帮助者都感到愉快或减轻了移情的痛苦，因而强化了亲社会行为，和谐了人与人之间的关系。

（2）营造“三情三美”教学环境，弱化攻击行为的发生。环境，包含了物质因素和非物质因素两大类。其中，物质因素主要有大气、水、土壤、动植物、微生物等内容，非物质因素主要有观念、制度、准则等内容。人们通常把人所处的环境与有关事物，分为自然环境、人工环境与社会环境。

“三情三美”教学环境，是由学生与学生、学生与教师之间的多种不同要素构成的复杂系统。它可以是物理环境，如校舍建筑、班级布置、教学工具、教学时间与空间，以及教学时的气候条件等；也可以是心理环境，如班风学风、课堂气氛、师生关系、同伴关系等。良好的教学环境的营造，有利于“三情三美”教学的实施。就拿师生关系来说，教师尊重学生学习过程中的自主意识和行为，视学生为独立的个体，依据不同学生的认知水平和审美水平，指导学习，多元评价，能充分激发学生积极主动地探索与研究的精神。同时，教师对学生进行爱国主义、集体主义、助人为乐等亲社会行为的宣传和教育，以及身边人为孩子做出的榜样，能够为青少年的成长创设一个良好的生存环境，对于学生的攻击行为可以起到弱化的作用。如可以通过创设审美情境、激发审美情趣、升华审美情感来转移学生的注意力，调节学生的不良情绪，助其找到科学合理的情绪宣泄口，使学生的焦虑和暴躁的负能量得到释放和转化，从而将攻击行为消灭在萌芽状态。

（3）丰富“三情三美”教学实践，促进同伴关系的发展。同伴关系是年龄相同或相近的儿童之间的一种共同活动并相互协作的关系，是同龄人之间或心理发展水平相当的个体之间在交往过程中建立和发展起来的一种人际关系。丰富“三情三美”教学实践，能够促进同伴关系的发展，增强同龄人之间的相互交流和情感共鸣。

丰富课堂教学中的交往活动，增强协作能力。课堂交往，是指教师与学生、学生与学生在课堂上的相互作用，是一种教育性交往。维果茨基认为教学是交往的系统化形式。它具备三个特点：一是交往目的明确；二是交往内容与大纲、教材内容相符；三是有着良好的课堂心理气氛。在当代教学中，教师的作用不再局限于教师对学生的单向传递，而是多向的。师生间的思想、观念的碰撞与冲突，促进了彼此的成长和多元目标的形成。通过课堂教学中的交往活动，师生之间、生生之间为了达成同一个目标，进行广泛的信息交流，有效的沟通与协调，形成共识，并在此基础上联合多方力量，发挥各自优势，不断深化相互认识，增进了情感，也增强了协作能力。弗兰德斯20世纪70年代最先研究了课堂互动问题，他提出“教师说话”分为两大类：一类是间接互动，包括接纳情感、意见、赞扬与鼓励；另一类是直接互动，包括讲演、给出要求、批评和维护权威。前者有利于促进学生在学习上与同伴进行较多的社会性合作，而后者往往导致了学生思考行为的欠缺。为此，课堂教学中师生之间的交往活动是十分必要的。

组织多彩的交往实践活动，形成和谐的人际关系。交往是多维度的，它不仅涉及了师生之间的文化背景，也关乎着师生之间的心理水平，更是师生之间的情感沟通。在同一班级里，学生的能力水平、个性倾向是大不一样的，教师只有做到对学生充分、全面地了解，才能有效地设计和运用交往的策略。教师精心创设的富有情感的教学氛围、教学设计、教学语言、教学活动等，能够激发师生之间的情愫，融合教学内容的情感触发点，展开探究与交流，有利于形成民主、平等、和谐、合作的人际关系，有利于调动学生的学习积极性，促进学生的全面发展。

培养学生的亲社会行为，做到知行合一。亲社会行为是一种符合社会希望，有益于他人和社会的行为。这种行为的养成有利于个体形成积极的社会价值观，有利于个体身心健康，对个体的终身发展具有重要的意义。要做到这一点，需要教师发挥榜样的力量，在课堂教学中，利用身边好人好事，激发学生关注社会、关注校园、关注家庭、关注自身。同时，教师在课堂教学中做好充分的准备，一方面加强自身语言修养，进行有效提问；另一方面要熟知不同学生的需求与能力，倾听学生的经历和故事，建立合理、积极的期望，鼓励学生积极参与社会实践活动和志愿者活动，努力成为学生学习的指导者和活动的同行者。

二、全人教育与“三情三美”教学

源远流长的全人教育思想，其内涵十分丰富，概念各抒己见。它是人本的教育，其生命的质感、生活的情趣、思维的灵动等一切与人的生命相关的活的元素尽含其中。“三情三美”教学坚持以“以人为本”为核心，以“人格发展”为索求，以“多元又异步”为评价标准，注重对学生的价值引领，坚持学科美育实践，正视学生之间的差异，恰好体现了全人教育理念。同时，“三情三美”教学弥补了教育变革的制度智慧，培养了师生成长的直觉智慧，沉淀了学生个性发展的精气神，这在一定程度上解决了全人教育中的实践困惑。

（一）全人教育的概念

全人教育的思想源远流长。孔子提出了“有教无类”的主张，说的是不管什么人都可以接受教育，不因贫富、贵贱、智愚、善恶等因素而排除在外。在其“文、行、忠、信”的教育内容中，“行、忠、信”属于道德范畴，“文”是指诗、书、礼、乐等典籍。此外，孔子主张的“因材施教”“学思结合”等要求也蕴含着全人教育的思想。孟子继承和发挥了孔子“有教无类”的教育思想，主张把全民教育当作实行仁政的手段和目的。康德提出的“完全的人”也即“完人”的教育思想。

全人教育的内涵十分丰富。我国著名教育家蔡元培先生指出：“教育是帮助被教育的人，给他能发展自己的能力，完成他的人格，于人类文化上能尽一份子的责任。”我国的中国台湾中原大学多年来一直秉持“育自由思考、重责任伦理、秉全人教育”的办学思想。美国的隆·米勒创办了“全人教育出版社”。日本的小原国芳提出了

“全人教育”主张，认为“理想的教育应包含人类的全部文化，理想的人应是全人，应具备全部人类的文化，即培养真（学问）、善（道德）、美（艺术）、圣（宗教）、健（身体）、富（生活）全面发展的人”。雅斯贝斯的“教育即生成，教育就是人的灵魂的教育”，其目标也是培养全人。综合以上观点，“全人教育”的内涵可以归纳为三点：首先是人之为人的教育；其次是传授知识的教育；最后是和谐发展心智，以形成健全人格的教育。

全人教育的概念各抒己见。综观西方全人教育家的主要观点，可以概括为以下几点：一是全人教育关注每个人智力、情感、社会性、物质性、艺术性、创造性与潜力的全面挖掘，认为其核心内容是“全人”的培养，即把人培养成为具有整合人格和全面发展的人；二是认为全人教育寻求的是人类之间的理解与生命的真正意义，鼓励自我实现，强调合作精神；三是强调学生人文精神的培养和健全人格的塑造，认为只有深刻领会人格、个性与思维的重要性，才能真正培养出理性的、人文的、道德的、精神的全人；四是鼓励跨学科的互动与知识的整合，认为只有通过学科之间的互动、影响和渗透，才能开拓新知识的学习与研究问题的视野，真正将世界还原为一个整体；五是主张学生精神世界与物质世界的平衡，注重生命的和谐与愉悦，以及自我良好品格的养成，强调以开发人的理智、情感、身心、美感、创造力和精神潜能为教育目的；六是认为全人教育培养的应该是具有整合思维的地球公民，能够超越自我，将人与自然、社会交织在一起，关心环境，关心和平，关心全人类。《姜怀顺与全人教育》一书中，作者把以上观点进行了综合，认为全人教育就是培养全面发展、全程发展、和谐发展的人的教育。它基于人的生命，为了人的生命发展，伴随人的生命发展全过程。它关注人的智力、情感、社会性、物质性、艺术性、创造性与潜力的全面挖掘。它强调人的全面发展，即人的自然属性与社会属性的完美统一，使每一个人都成为志趣高远、人格健全、基础扎实、个性鲜明的人。教育博士孙军也对全人教育作了界定，认为全人教育以儿童为核心，是以学校为主导，家庭共同参与实施的整体的、系统的教育，该教育面向全体儿童，通过课程建设、师资培训、课堂教学、综合实践活动、家校合作等途径，致力于儿童的心智与体魄的全面发展、和谐发展、持续发展。

（二）"三情三美"教学体现了全人教育理念

全人教育是人本的教育。生命的质感、人性的光辉、生活的情趣、思维的灵动、个性的丰富、差异的合理、习惯的力量等一切与人的生命相关的活的元素尽含其中。全人教育以儿童今天健康愉快的生活为起点，以教师的职业信念和专业品质作为基础和支撑，是一个富有创造性的科学属性，更应成为对社会贡献最伟大的实践。

1."三情三美"教学坚持全人教育"以人为本"的核心

从全人的本质来看，精神性更胜于物质性；从当今时代来看，教育更应着重于人的内在，比如情感、创造力、想象力、同情心、好奇心等，尤其要注重自我的实现；从教育过程来看，它不仅仅是知识的传递与技能的训练，更应关注人的内在情感体验与人格的全面培养，达到人的精神与物质的统一，就如隆·米勒学说中提出的观点，全人教育是用人文教育的方法来达到全人发展的目标；从教育核心来看，全人教育以个体生命本色的可能性发展为核心，认为教育要引领和服务于这种可能性的实现，要追求人的身心和谐发展。因此，它特别重视信念、思想、精神、价值、体魄和审美。

审美是人最高的道德境界。歌德认为"较高的意旨"是指"人作为社会的人所特有的意旨”，即道德意旨。“一件事物如果能按照它本质最完满的来表现，那就是完整的、健全的。”歌德的这句话中包含了辩证思想，理性与感性，主观与客观，自然性与社会性的统一。

实施“三情三美”教学，就是通过创设情境、激发情趣、升华情感来发现美、陶冶美、追求美，加强自身塑造，提高审美能力，是有目的、有组织、有计划地按照美的规律全面育人的教学活动。“三情三美”教学课堂，不在教，而在学；教，成在趣，妙在法，贵在悟；学，起于发现，成于陶冶，难在追求。教的全部意义就是为了不教。学的全部价值不仅为了更好地学，也是为了更好地生活。在教学过程中，教师的职业信念和专业品质是基础和支撑。教学信念状态、管理信念状态、学生信念状态、自我信念状态，关乎着“以人为本”的核心。中国学生发展核心素养把“全面发展的人”作为培养核心，马克思提出了关于人的全面发展学说，当代捷克著名作家米兰·昆德拉认为“只有必然，才能沉重；所以沉重，便有价值”。责任是“沉重”的一个方面。作为教师，我们唯有“为学生的终生幸福着想，为学生的持续发展奠基”，深度理解和认识儿童，基于儿童真实成长，重塑儿童价值观，培养儿童的良好习惯和探索习惯培养的科学方法，方能增强教学的吸引力，培养出“志趣高远、人格健全、基础扎实、特质明显”的学生，从而通过“教育一个孩子，引领一个家庭，影响整个社会”。让“三情三美”教学惠及每个学生，坚持以人为本，促进人的全面发展，是我实施“三情三美”教学的初心和使命，也是教学的核心要义和本质要求。

2.“三情三美”教学坚守全人教育“人格发展”的索求

人格，细分起来，有多种含义。从道德上说，人格是一个人的品德和操守；从法律上说，人格是指享有法律地位的人做人的资格；从文学上说，人格是指人物心理的独特性和典型性；从心理上说，人格是构成一个人思想、情感以及行为的特有统合模式，是个人区别于他人的、稳定而统一的心理品质。综合考虑，可以表述为：人格是个人在一定社会中的地位和作用的统一，是与他人相区别的独特而稳定的思维方式和行为风格，是做人的尊严、价值和品格的总和。

西南大学教授黄希庭在《人格心理学》中指出：影响人格发展的因素主要有外部行为规范和个体内化两个方面。他以多维度和多层次的研究视野对人格基本问题进行探讨，最先把十大价值观引入心理学教材，其中包含道德价值观、审美价值观、自我价值观和幸福价值观四个方面。他以培养健全人格为基点，开创了自立、自信、自尊、自强的心理学研究，对人格心理学理论进行了探索，坚韧地实现着自己"点燃心灵的真善美"的学术理想与人生价值。对于人格发展，爱因斯坦有过相关论述，他认为"只教人专业知识是不够的。这种教育培养出来的人可以成为一个有用的机器，却成不了一个人格完整的人"。蔡元培先生在《普通教育和职业教育》中提出，健全的人格可以内分为体育、智育、德育、美育四个方面。

细观当代中学生人格发展现状，可以看到存在着不少问题：中学生处于心理不稳定时期，情绪变化较大；部分中学生道德认识水平不高，表现为缺乏正确的道德观念，对是与非、善与恶、美与丑的边界不清，或缺乏正确的道德行为，在个人主义和利己主义的指引下，作出了与道德要求相反的行为与判断，如打架、斗殴等；读书无用、金钱万能的价值观依然有着一定的占比……这些问题有来自中学生自身的问题，也有来自家庭、学校、社会层面的影响，它们影响着中学生的价值分析与判断，影响着中学生的人格发展。

要解决这些问题，方法有很多。首先，要确立教育新理念。如终身学习的理念，以学生为主体的理念，多元智能理论，以及建构主义理论等。多元智能理论由美国哈佛大学教授霍华德·加德纳提出，它强调了不同的人会有不同的智能组合。根据加德纳的理论，学校在发展学生各方面智能的同时，必须留意到每个学生只会在某一两个方面的智能特别突出；而当学生未能在其他方面追上进度时，不要让学生因此而受到责罚。在建构主义理论中提出了“图式”“同化”“顺应”“平衡”，以及“最近发展区”的概念。依据这一理论，学校教育教学要以学生为中心，加强学生对知识的主动探索、主动发现和对所学知识意义的主动建构。

其次，要加强对学生的价值引领。在以“立德树人”为根本任务的教育背景下，要让学生对“价值”有所理解并获得切身的感受，让学生对“何谓美”以及“何为道德上的善”有敏锐的辨识力，学会理解人们的动机、幻想以及他们所受的苦难，以便获得正确的价值观，与他的同胞以及共同体和谐相处。

最后，要坚持学科美育实践。美育用美的观念和审美形态熏陶人、培养人，特别是培养人的精神气质。学科美育实践对人格发展富有教育意义，一是提升审美认知能力，使学生明辨美丑；二是提升审美情感能力，增强学生情感张力；三是提升审美表现力和创造力，从而外化审美人格，提升人格素养。“三情三美”教学就是学科美育实践的一种有益而有效的尝试。据此，实施“三情三美”教学，教师要遵循生命本身的逻辑和教育教学深刻的内在合理性，以“哲学家的高度、政治家的气魄、诗人的情怀、散文家的风格”为目标，面向全体学生，面向学生的不同侧面，实现全面发展，真正做到全人、全程、全方位，使我们当下的教育离真正的教育近些，再近些。

就像冰心先生曾写过的一首小诗《可爱的》所说的那样：

除了宇宙，
最可爱的只有孩子。
和他说话不必思索，

态度不必矜持。
抬起头来说笑，
低下头去弄水。
任你深思也好，
微讴也好；
驴背山，
山门下，
偶一回头望时，
总是活泼泼地，
笑嘻嘻地。

——一九二一年六月二十三日，在西山

师生拥有的“童年”情结，充满灵性、自然、单纯而多向度的快乐，是一个人的想象力之本，也是创造力之源，是师生成长的不竭动力。但是，经过岁月的稀释、教育的雕琢、社会的导引，珍贵的童真正在成为稀缺资源。著名画家丰子恺面对着美丽的湖光山色，感受着校园的幽雅宁静，萌发了在白马湖畔筑起“小杨柳屋”的念头。如今的白马湖畔，“小杨柳屋”前，垂柳青青，柳丝拂面。丰子恺先生说，杨柳“剪一根枝条来插在地上，它也会活起来，后来变成一株大杨柳树。它不需要富贵的肥料或工课的壅培，只要有阳光、泥土和水，便会生活，而且生得非常强健而美丽”。这些“阳光、泥土和水”正是我们的学生所需要的，他们似杨柳，不需要“富贵的肥料或工课的壅培”，有了明媚的阳光、合适的土壤和适宜的水分，就能快乐地生活。莎士比亚认为“赞赏是照在人心灵上的阳光”。鲁迅把“土壤”比作“黄金”，认为“你肯去开拓，总会有收获的”。苏霍姆林斯基把观察看作智慧的最重要的能源，认为“观察对于儿童之必不可少，正如阳光、空气、水分对于植物之必不可少一样”。通过观察，去发现美、感悟美，进而陶冶美、创造美。也如《陶行知文集》中“生活即教育，社会即学校，教学做合一，在劳力上劳心”的教育理论的要求，一名优秀的教师要善于“发展学生的生活本领”，鼓励学生“在担当中生活，在做事中成长”，进行“有担当的新学习”。为此，教师的职责不仅仅是进行知识的传授，更在于能够善于捕捉各种教育契机，用一双敏锐的眼睛，发现学生身上的闪光点，发现生活中的美，从而激发学生丰富的内心情感，做有根系的教学。

3.“三情三美”教学实行全人教育“多元又异步”的评价

多元评价有利于促进学生德才兼备。学习者的能力是多方面的，也是各有所长的，不能简单地以单一维度来衡量，而应该多维度地综合考量，这就要求教学评价是多元的，才能促进学生全面发展。多元评价主要体现在三个方面：其一，评价主体多元化，除了教师，评价主体还包括家长、同伴、学校相关管理人员等，充分发挥评价主体的作用，能够使评价结果更为客观；其二，评价内容多维化，根据加德纳多元智能理论，学生的智能是多样的，且各有所长，单一的评价有失公允，综合评价方显合理；其三，评价方法多样化，可以是学习者根据一定的评价目的和标准进行自我评价，也可以由他人对学习者的学习、品德等方面进行价值判断。

异步评价有利于促进学生正视差异。学习者的能力不仅仅是多方面且各有所长的，而且发展程度、发展速度是不一致的。有的学生少年老成，有的学生大器晚成。如果依照同一时间段的同一标准来要求不同的学生，难免会挫伤学生的积极性和自信心，阻碍他们的进一步发展。比如，同一个知识点，有的学生点一下就通了，有的学生讲两遍或三遍才有所领悟。再如，同一份作业有的学生几分钟就做完了，有的学生却需要十几分钟，甚至二三十分钟才能完成。面对此类情况，要求教师对学生实行异步评价，其实质是因材施教、分层要求和分层作业，使每一位学生都能得到恰当的肯定，帮助学生学会自我控制和自我调节，有利于学生依据自己的实际情况，明确自己的学习目标，坚持自主学习，从愿学、会学到坚持学。

不管是多元评价还是异步评价，都属于教学评价。教学评价是依据教学目标和科学的标准，对教学过程及结果进行测量，并给予价值判断的过程，也是研究教师的教和学生的学的价值的过程，主要评价学生学习效果和教师教学工作质量。一方面，对教与学的质量、水平、成效和缺陷进行诊断；另一方面，通过诊断，发挥监督、强化、激励和调节的作用。此外，教学评价的时机、态度、语气也很重要，对不同个性的学生评价的时间、空间节点应该是不同的，积极或消极的态度会导致截然不同的评价效果，语气的轻柔与强硬，给学生带来的感觉必然也是不一样的。为此，教师或其他相关人员在评价时要注意遵循一些原则，如客观性原则，评价时应符合客观实际，不能主观臆断或掺入个人情感；整体性原则，评价时应多角度、多样化，不能以点代面，一概而论；指导性原则，要把评价与指导结合起来，使被评价者明确今后的努力方向；发展性原则，评价时应着眼于学生的动态发展和教师的能力提升，以调动师生的积极性。实行“多元又异步”的评价，就是为了使所有学生的精神得以唤醒、潜能得以激发、内心得以敞亮、主体性得以弘扬、独特性得以彰显，从而使扬长无须避短成为生命自觉，这是全人教育的思想境地，也是“三情三美”教学的落脚点。

王国维说：“然人心之知情意三者，非各自独立，而互相交错者。”“美育者，一面使人之感情发达，已达完美之域；一面又为德育与智育之手段。”教育，是对人美好生活的一种唤醒、追索和顶层立意。从某种角度上说，教育的本质就是美。立教之本，就是美育，因为人性的终极层次是审美。发现美、享受美、创造美，是德育的最高境界。当一个孩子尽情地施展自己的时候，你能够看到生命的精彩纷呈，听到生命的脉动如钟。一个学生应该是有思想、有情感的活生生的生命。实行“多元又异步”的评价，有利于塑造活泼泼的生命，有利于树立对美好生活的愿景。

因此，学校应创设多元化的教学环境。在积极引导学生努力学习、积极探索的同时，鼓励学生分享合作快乐和学习经验。学校还应该把自由还给学生，让学生的头脑和双手得到解放，让他们自己去探索；放开学生的眼睛，让学生自己去看；解放学生的嘴巴，让学生自己去说。教师在课堂教学时，先要搞明白目的地在哪里，要知道怎么去，还要有情感的涌动，有哲学的思辨，有审美的追求，只有这样，才能强化德育中的人性，让学生体悟人的丰富情感，增加直接性实践和生活体验；才能做到目标、内容、方法、评价的高度契合，才会有好的教与学的效果，才能让人的德行成长回到它本来的原点上，师生才能获得成就感和幸福感。

（三）全人教育的实践困惑与“三情三美”教学的实践尝试

教育的最终目的，是让学生能独自探索世界，建立起对知识的好奇，具备探询与解决问题的能力，与他人沟通找到的解决方法，依托问题的解决体现应有的创造性，成为一个优秀的自然人、社会人。然而，现实教育有着诸多困惑，这些困惑阻碍着教育的变革，影响着师生成长的直觉智慧，对学生个性发展产生着或大或小的干扰。只有回到原点看教育，才会发现不一样的风景，走出别样的路，“三情三美”教学的实践尝试由此而来。

1.“三情三美”教学弥补了教育变革的制度智慧

全人教育有无限美好的愿景，也存在不容忽视的实践困难。中国的基础教育取得了举世瞩目的成绩，但从与时俱进的角度、全人教育的高度开审视，观察当下的教育，不难发现一些制度上的不尽如人意之处。作为教育人，深感教育改革需要制度智慧。全人教育是人本的教育，涉及学生成长的多个侧面，实践起来难免会顾此失彼，有些方面还会遭遇上位制度的钳制，从零开始的创新与尝试，一时难以找到配套制度的支撑。而且，学校需要三位一体的携手，一是制度的一以贯之，阶段性的制度只会导致零碎性的浅层的教育效果，唯有持久性的科学的适合的制度才能产生真正的富有教育意义的效果；二是制度本身的边界，不同部门之间的制度会有交叉、重叠，甚至是抵触现象，哪怕是同一部门的制度之间有时也会出现类似的情况，边界模糊不清便难以操作；三是现实生活中的约定俗成与新的制度之间会有冲突，走出舒适区，改变人的观念，接受新的事物，也不是那么容易的事情。

实施“三情三美”教学，就是想要以美的方式、美的姿态、美的智慧走出一条创新之路，既能面向每一个具体的学生，又能兼顾到每一个具体的生命发展的可能性，尤其是对生活、对生命的美的体悟与追随。“三情三美”教学强调生命自觉与个性自然，面对有差异的人，实施能包容甚至鼓励差异的制度，从挖掘潜能的角度，对制度不断进行丰富和完善。

2.“三情三美”教学培养了师生成长的直觉智慧

理想的基础教育，最重要的是培养合格公民，并使其潜质得以发掘，使每一个学生都能成为“最好的自己和最优秀的社会成员”。然而，在现实教育中，我们看到的往往是对间接知识的分析、记忆和反复训练，学生体验不足，直觉思维得不到发展，领悟和顿悟能力得不到提升。此外，“井田式教学”时常出现于课堂，学生“自由——尝试——自我纠错”的理想学习过程被老师的牵引、包办替代，学习的完整性遭到破坏，学生思维能力弱化，心智发展和创造性被扼杀。还有作业功能的单一化，大量重复性作业，抑制了思维碰撞的火花。

情景一：在教学过程中，教师的强势抑制了学生的主体表达，以教师为中心的课堂程序和秩序切断了学生学习的连续性。

苏霍姆林斯基说过：“真正的学校应当是一个积极思考的王国。”教师的作用应该是发现教授内容的“灵魂”，找准学生思维发展的“增长点”，设计好课堂教学“主线”，进行多维互动。这里的“多维”包括教师、学生、教学材料、教学媒体等各个方面。学生的学习应该是非线性的，是综合了教学各方面要素的学习，是在体验中曲折前进的，有时一路高歌，有时婉转起伏，有时稍做休息，有时昂首挺胸，快步向前。

情景二：对课堂完整性的曲解封闭了学生思维的连续性和思想的广延性。

每节课的教学任务，教师赶鸭式的追逐环节的完成，为了追求表面的效率，从间接知识到间接知识的简单传递，打断了学生的感性认识，打断了学生的情感发展，打断了学生看清本质世界和鲜活生活的路径。在这种情况下，学生必然缺乏思考的时间，只是跟着教师的节奏和步伐亦步亦趋，也就无法达成思维的连续性和思想的广延性。

情景三：教师总是力求在一节课中解决全部预定的知识任务，从而忽略了教学过程中有价值的生成性问题。

预设之上，就是以教师为中心；重视生成，才是以学生为本。生成性问题是思维连续性的节点和递进的生长点。放弃生成性问题一定程度上会导致学习的浅表化和思维的碎片化。爱因斯坦说过：“我们经常解决了自己用思维方式创造出来的问题。”可见，我们的思维方式本身就有问题，而堆积的教学，只能在学生大脑中形成知识碎片，而无法形成有序思维。

情景四：知识失去了原始兴趣和鲜活的生命力，变成了考试的工具。

按照建构主义理论，学生的学习过程，就是在自己大脑中不断建构新的知识，不断优化自己的知识结构的过程。这一过程离不开学生原有的生活经验。然而，我们的课堂时常忽略了学生生活经验与学科知识之间的杂糅重构，将学科教育功能窄化、矮化和异化，将教学过程、教学环境割裂、孤立，将应有的学以致用变成简单的训练，这些做法阻碍了学生认知的发展，它让知识失去了本身原汁原味的魅力和内在的生命力。奥苏泊尔有意义学习理论中说道：“有意义学习过程的实质，就是符号所代表的新知识与学习者认知结构中已有的适当观念建立非人为的和实质性的联系。”这种“非人为的和实质性的联系”是指新的符号或符号代表的观念与学习者认知结构中已有的表象，以及已经有意义的符号、概念或命题的联系。可见，单靠人为的间接知识与间接知识之间的简单传递，是无法实现学习有意义的目的的，知识变成考试的工具，也就失去了它具有本质价值的一面。

“三情三美”教学注重学生的主体表达，倡导思维美的培养；注重师生对美的感性认识和情感发展，引领学生看清生活本身蕴含的魅力和增长点；注重知识与生活的联系，发挥知识的多侧面、多层次的作用。如根据学生主体不同情况，布置多样化作业，避免学生课业负担过重和以考试为中心的功利性主义教育观，还要避免用同一个模子套在不同的学生个体上，其实质是树立正确的教育价值观和学科教学观，遵循学生生命成长规律、认知规律和学科规律。如果离开了生命的兴趣、态度和情感，单纯地追求知识和能力，将导致学生失去认识新事物的鲜活感和灵敏感。同时，学生自己需要有适合的规划和计划，需要有课外学习内容、方法和方向的自主权，以及主动走向丰富多彩的生活世界的机会。特别是要注重思维的改变。因为直觉智慧是原始思维创新和公民人格独立的源泉，而学习者与被认知世界的直接接触和体验，是直觉智慧产生的基础。叔本华在《作为意欲和表现的世界》一书中指出了“直观属于智力活动”的观点，不仅具有思想意义，更重要的是它在教学实践中的价值。北师大陈健翔博士把直觉、直观和顿悟比作“母思维”，把抽象、推理、分析比作“子思维”。所谓直觉思维，也称非逻辑思维，它是一种没有完整的分析过程与逻辑程序，依靠灵感或顿悟迅速理解并作出判断和结论的思维。直觉思维是对思维对象的整体考察，调动的是自己的全部知识经验，然后通过丰富的想象做出的敏锐而迅速的假设、猜想或判断，它省去了分析推理的中间环节，采取了“跳跃式”的形式。它是一瞬间的思维火花，是长期积累的一种升华，是思维者的灵感和顿悟，是思维过程的高度简化，但它清晰地触及了事物的“本质”。教学中，教师要带领学生进入真正的、深刻的、有效的思维活动中，需要保证学生的思维“能够充分地从一点到另一点做连续的活动”，也就是要保证学生思维的连续性，这是真正学习的灵魂所在，也是高效学习的一个关键。有人以72位中国科学院院士和人文社会与艺术领域的杰出人士为研究对象，通过回顾性地研究他们代表性的创造成就以及思维、个性、个人成长历程，发现超过82%的研究对象（59人）创造过程中一个非常重要的思维特点就是提升思维连续性。为此，实施“三情三美”教学要注重培养师生成长的直觉智慧，以提升思维的连续性。

3.“三情三美”教学沉淀了学生个性发展的精气神

《学记》中有一句话是这样说的：“未卜禘，不视学，游其志也。”意思就是不要急切地逼迫学生，而要以学生为本，尊重他们的个性发展，使他们有充裕的时间按照自己的意愿去学习，内心做到从容不迫。

首先，要正视学生的个性价值。正是因为不同的学生有着不同的个性，有人思维敏捷些，有人迟缓些；有人活泼，有人安静。为此，教学过程中，教师要留出时间让学生讨论交流、自主学习，培养学生主动参与、问题探究和独立思考的能力，以及合作学习的精神。教师不仅讲知识，更要注重学生学习方法的建构和推进，做到“形散而神在”，力求课堂教学既有精气神，也有“魂”之所在，要将知识点之间的联系、题目背后的学习方法，以及学科思想融合在教学之中，激励学生在关注学习的同时，思考有关学科知识与生命成长的问题，在求知过程中挥洒生命的灵性与智慧。而要实现这一点，就必须为学生营造一个自主探索的氛围，实施“三情三美”教学时，教师需要在关注学生智力类型、生活经验、学习方式和心理感受的基础上，遵循生命本身的逻辑和成长规律，以及教育教学深刻的内在合理性，尊重每个人的独立人格和个性特点，弘扬每个人的生命价值，让学生积极主动地参与到求知过程中去，否则很容易导致教学肤浅。

其次，要支持学生个性。加德纳认为：“每个孩子都是一个潜在的天才儿童，只是经常表现为不同的形式。”这告诉教师们，不能做教材、教学进度和教学模式的奴隶，而要充分考虑到学生现实的可能和发展的需要以及认知的内在规律，去开展教学活动。教师既要从“同中存异、异中存同、八方联系、浑然一体”的哲学层面去寻找知识之间的内在联系，提高知识的习得能力，更要重视人格的完善、习惯的养成、智慧的提升和境界的达成，还要善于向学生学习，做至简的教育。如可以布置一些个性作业，拍一张自己最喜欢的照片，画一张图画，记录一个精彩瞬间，或采访一位游客等。人生总是需要一个人来不断地提醒自己，指出你的错误，而这个人在某段时间内或许就是你的学生。“授人以鱼不如授人以渔”“以人为镜，可以明得失”，通过学生的反馈，明白自己教育教学的得失，以此调整方式、完善结构和提升职业幸福感也是教师成长的一种方式。

再次，要发展学生个性。德国哲学家雅斯贝斯“教育就是一棵树摇动一棵树，一朵云推动一朵云，一个灵魂唤醒另一个灵魂”的观点已经广为教师所知，然而，该如何摇动一棵树，推动一朵云，唤醒另一个灵魂呢？我想，为学生提供广阔的思维场域应该是其中很重要的一个方面。在思维场域中，既有“框架构建、整体推进、全局着眼、局部完善”的教学特色，也有“共性之外，个性自由”的管理办法；既有室内或室外、校内或校外、时间可长或可短、内容本内或本外的教学形式，也有不以奖惩为目的，而以教师和学生的发展为目的的分层次教学评价。这样的做法能充分调动教师的积极性，帮助教师从教学走向教育乃至立德树人之道，也有利于激发学生学习知识的积极性。正如陈玉琨教授所说的那样，教育是认识人、培养人的伟大事业。只有强调教育的整体性和全面性，培养出来的学生才能在做人、心智及体魄等方面得到健全均衡的发展。也就是说，要让学生不仅学到各种知识，还要接受道德与正确的生命价值观念，并且启发他们学以致用，帮助他们具备相关知识以应对现实社会的种种考验，更重要的是助其拥有追求“真、善、美”的人生目标。

最后，要成就学生个性。一个音符无法表达出优美的旋律，一种颜色难以描绘出多彩的画卷。只有正确处理好共性与个性的关系，充分挖掘学生的潜能，才能百花齐放，共创美好。教师群体处于一定的文化背景下，学校文化、地域文化、群体文化的熏陶，影响了教师群体对学生个性的成就与否。可持续发展的宽松环境、野外课程的学习，以及教师内涵的发展，才能真正成就学生的个性。蔡元培说：“教育者与其守成法，毋宁尚自然，与其求划一，毋宁展个性。”苏霍姆林斯基也有过相关的说法：“不必害怕让学生花一整天时间到‘书籍的海洋’里去遨游。让书籍以欢乐的激情去充实年轻人的心灵吧！那么，我们的社会目前还不能对付的许多棘手问题就会迎刃而解。”教师只有真正尊重学生个性，点燃学生的激情，才能使学生发挥其亮点和潜力，弱化缺点。为此，“三情三美”教学时，教师可以根据不同学生的特点，组织学生辩论，展示学生的感悟与思考，也可以由学生声情并茂地朗读自己的文章。教学之余，坚持记录一些教学案例，记录学生的身心状态。这能使课堂设计更加艺术化、审美化，甚至戏剧化，做到眼中有学生，脑中有教学，心内是教育，走近学生，与学生进行自然质朴的精神对话，以赋予学生真正的价值与生命力量。哈佛大学的幸福课中，记载了教师布置的一项特殊的作业：学生课外制作草莓酸奶，并将劳动成果带到课堂品尝和分享，交流制作过程和制作心得使人学到了知识，增进了亲子沟通，实现教学到教人的转变。

三、慢教育与“三情三美”教学

慢教育是一种“慢”的教育，有别于“快”的教育。在课堂教学中，讲究“快”与“慢”的分寸，也讲究张弛有度。慢教育是细水长流、优雅健康、具有人文情怀的教育，它是一种艺术，也是一种态度，更是一种宽容。“三情三美”教学正好实践了慢教育的内涵，体现了慢教育的精髓。它以宽容为善，以唤醒为开，以素养为胜，以思维为攻，以生命为安，以体悟为镜，尊重生命规律的基础上，循循善诱，通过搭平台，培养思维，引领学生发展，并对教学中存在的问题改之、润之。

（一）慢教育的概念

慢教育是一种“慢”的教育。慢，有两层含义，一是指迟缓，速度慢，与“快”相对，如缓慢，慢条斯理；二是指态度冷淡，不殷勤，不礼貌，如慢待，轻慢。显然，慢教育中的“慢”是指前者。张文质在《慢教育》中有这样两句话：“即使是知识的获得，经常也是一个困难、艰苦、缓慢的过程；人的成长更是曲折、艰难，有自己的规律，一点也勉强不得。有时候我们简直就没有办法使一个人学得更多、学得更好，也没有办法让他迅速形成所谓‘良好的’习惯；我们经常无法对自己的教育行为作出恰当的判断，也无法洞悉一个成长中儿童最需要的究竟是什么，我们怎样才能恰到好处地保护和帮助他，因此教育其实就是一种互相寻找、发现，彼此增进理解的过程。”“经常，我们要等待一个儿童的成长：智慧的觉醒、力量的增强、某种人生信念与价值的确定。在这个过程中，他需要你针对他这个具体的人而给予帮助，即温情的理解、真挚的同情、诚意的鼓励、恰当的提醒。所以也许教师最重要的品质，就是耐心、敏感、克制、清醒的边界意识，同时还有乐观的态度、积极恰当的行动能力（即一种临场智慧）。”

慢教育是有别于“快”的教育。“快教育”反映了当下部分教师对课堂教学的价值取向，含有追求“速度”“效率”的功利主义成分。在教育的快餐时代，教育者们过多地把成人世界里的东西强加给了孩子，不仅剥夺了他们童年的快乐，而且阻碍了他们的创新思维和创新能力的发展，培养出来的孩子甚至可能在人格上存在缺陷。表现在学校教育方面：一是功利性教育的普遍；二是应试教育的长久不衰。功利化的教育或许能在短时间内提高成绩和名次，但这种教育方式忽视了对孩子美好心灵的滋养，违背教育的规律，不利于孩子的健康成长。法国哲学家卢梭曾说：“大自然希望儿童在成人以前就要像儿童的样子。如果我们打乱了这个秩序，就会造成一些早熟的果实，既不丰满也不甜美，而且很快就会腐烂。”孩子良好行为习惯的养成，以及健全人格的培养是有一定规律可循的，也是需要时间的，倘若忽略了这些，教育的本质也就异化了。同时，在应试教育屡受诟病，却又长久不衰的态势下，每一位教育工作者都应该重新审视自己当下的教育理念。为什么不少人有知识与技术，却没有良知？为什么那么多高学历的人文明缺失、素养缺乏？其中一个很重要的原因，在于过分看重分数和名次，这在很大程度上导致了人文教育的缺位，使孩子的生活世界和心灵世界中少了一座有效交流的桥梁。然而，要让他们成长为具有人文素养、人文关怀的人，需要足够的时间和耐心。在家庭教育方面，主要表现为超前教育和速成教育。家长为了不让自己的孩子“输在起跑线上”，可谓拼劲十足，让孩子三岁学舞蹈，四岁学钢琴，五岁学绘画……家长按照自己的价值取向，制订了孩子的成长路线，逼着孩子去承受很多成人世界里的压力。几年前，我看到《重庆南开中学致家长的一封信》，信中引用了庄子“无用方为大用”的观点来谈孩子教育和成长，提醒家长正确看待孩子的期末成绩单，正确对待孩子的成长问题；提醒家长摒弃过度关注分数和结果，学会陪伴，学会与孩子共同成长。慢教育不同于“快教育”，它倡导教学要把握“慢”要义，追求“真”效益，在课堂教学中应“有意”拉长过程，把握好“快”与“慢”的分寸，“快”到事半功倍，“慢”到恰如其分，快慢张弛有度。

慢教育是细水长流的教育。它提倡日常生活式的教育，提倡润物细无声的教育，强调上课要启发学生的思维，主张把考试内容改革成考思维、考素养、考想象、考能力、考品质等，强调让孩子们从学习做人开始学习文化知识。对于孩子的成长，我们不能着急，更无法代劳，我们能做的就是静心等候，静待花开，因为这是生命的过程。而父母们最应该做的就是和自己的孩子一起成长，享受这个生命的过程，也是为了孩子科学健康地成长。教师们应该引导学生主动放慢节奏、拉长过程，激发学生学习乐趣，在“慢”中体验教学思维的精巧，领悟教学思想的精深，欣赏文化的美妙。尤其在“慢生活”成为时尚的今天，我们应让慢教育沁入生活，成为社会、学校、家长的共识，秉持静静等待的心态，致力于给学生们提供丰富的课程，让他们更多地参与体验，自然成长。同时，做好学生的引路人、陪伴者、不断地去激励、唤醒他们。

慢教育，是优雅健康的教育。它实际上就是尊重内在自我的慢生活健康状态，是对生命的尊重。一位美国教师在中国某医学院曾讲过这么一个故事：在暴风雨后的一个早晨，一位男士在海边散步，注意到沙滩的浅水洼里，有许多被昨夜的暴风雨卷上岸来的小鱼。被困的小鱼近在海边，也许有几百条，甚至几千条，然而用不了多久，浅水洼里的水就会被沙粒吸干，被太阳蒸干，小鱼就会干涸而死。这时，这位男士突然发现海边有一个小男孩不停地从浅水洼里捡起小鱼，再扔回大海。男士禁不住走过去：“孩子，这水洼里有几百几千条小鱼，你救不过来的。”

“我知道。”小男孩头也不回地回答。

“哦？那你为什么还在扔？谁在乎呢？”

“这条小鱼在乎！”男孩儿一边回答，一边捡起一条鱼扔向大海。

这个故事恰好对应了泰戈尔老人的观点：“教育的目的应当是向人传送生命的气息。”教育应从尊重生命开始，使人性向善，使人唤起自身美好的“善根”，也就是让学生拥有“这条鱼在乎”的美好心境。教育是关乎人的灵魂的教育，而不该是单纯的理智知识和认识的堆积。否则，你拥有的知识愈多，对人类、对生命的危害愈大。

慢教育，是具有人文情怀的教育。我国学生发展核心素养分为三个方面，文化基础是其中之一。而文化是人存在的根和魂。文化基础，重在强调能习得人文、科学等各领域的知识和技能，掌握和运用人类优秀智慧成果，涵养内在精神，追求真善美的统一，发展成为有宽厚文化基础、有更高精神追求的人，具体包含人文积淀、人文情怀和审美情趣等基本要点。人文是指超越个体、超越种族、超越国别，从人类整体角度去思考世界，它是在自然科学和社会科学的边界处开始的一种超越性思想观和价值观。人文关怀是指对人的生存状况的关怀、对人的尊严与符合人性的生活条件的肯定，对人类的解放与自由的追求，它关注的是人的生存与发展，也就是要关心人、爱护人、尊重人。人文关怀是社会文明进步的标志，是人类自觉意识提高的反映。它包含了几层含义：一是承认人不仅作为一种物质生命的存在，更是一种精神、文化的存在；二是承认人的价值，追求人的社会价值和个体价值的统一；三是尊重人的主体性，强调人不仅是生活本身的主体，也是改善生活品质的主体；四是关注人多侧面、多层次的需要；五是促进人的自由全面发展和差异性发展。作为教育者，不仅要抓好具体的工作和课业，还要培养学生良好的思想品质、人文情怀，其中最基础、最根本、最重要的一点是唤醒学生尊重生命的良知。“长长的路，慢慢地走”，教育就像是人生漫长的旅行，孩子们就是行走在旅途中的游客，他们需要的是带领他们领略沿途风景、感受旅途愉快、等他们一起上路的导游。教育，只有慢下来，才会收获更多的幸福。正如一位日本教育家所说，我们要培养学生“面对一丛野菊花而怦然心动的情怀”，这种情怀就是在乎沙滩上每一条小鱼的情怀，是每一位教育者要细心呵护的宝贵财富。

综上所述，慢教育是一种艺术，也是一种态度，更是一种宽容。慢教育是一种艺术，面对孩子，我们需要的是耐心与等待，犹如孩子学步，放手是必要的，尝试是必要的，等待也是必要的；面对教学，我们需要慢慢感悟，有所发现，有所行动，引领学生去感受、体验，直至形成良好的学习习惯。慢教育是一种态度，一种对知识的热情、对自我成长的信心、对生命的珍视，以及一种乐观的生活态度，不慌不忙，有条不紊。慢教育是一种宽容，宽大有气量，不计较，能宽容对待学生的不足、缺陷甚至错误，因为错误不仅是一种行为，也是一种经历、一种认识的暂缓，还是一种成长的资源。运用好这种资源，需要教师发挥慢的艺术。跌倒时，鼓励他、等待他自主地站起来，而非惩罚他、拉扯他。

（二）“三情三美”教学融慢教育内涵于实践

“三情三美”教学实践了慢教育的内涵，它以宽容作为至善的最高境界，包容孩子们“纤细的根、柔嫩的茎、灿烂的花、恼人的针刺”等多个方面；它以唤醒原力为开端，解读成长的密码和逻辑；它以素养提升为制胜之道，循循善诱，通过搭高台，引领发展；它以思维作为攻克的堡垒，加强高阶思维培养；它以生命为安心所在，尊重生命本身的规律，呵护生命；它以体悟为镜，照出教学中存在的问题，进而改之。

1.“三情三美”教学以宽容为善

懵懂的学生需要宽容。穆勒说过：“一个社会越是具有宽容精神，越能容忍怪癖，这个社会就越是生机勃勃，越有创造性。”生机勃勃的社会充满着活力，充满着不断改变、不断前行的力量，而“改变”需要勇气，需要充足的能量，在能量释放过程中，难免会出现偏差，有时偏离了方向，有时释放不均衡。就如教育，教师面对的是一个个有生命活力的个体。不同生命个体，活力的时间和空间不同，这就造成了教育的多变性，可以说，生命有多复杂，教育就会有多复杂。然而，实际教学中，很多教师的教学方式单一，教学过程仅仅是单纯的线性递进，缺少了“点—线—面”的拓展与深化，有违于个体的天性。尤其是面对特殊性格的孩子，宽容更是一种忍耐和疼痛的过程。在纪伯伦看来，“一个伟大的人有两颗心，一颗心在流血，一颗心宽容”说的就是这一过程。记得有一句歌词是这样的：“相爱总是简单，相知却难。”世界上最折磨人的是人际关系，给人类带来毁灭性痛苦的也是人际关系，影响人的发展进步的更多的还是人际关系。孔子曰：“吾道一以贯之。”孔子之道，“忠恕而已”。可谓，海纳百川，有容乃大。

基于人性和思想的宽容，前提是对自身、他人和整个人类的责任。“三情三美”教学以宽容作为至善的最高境界，师生共同创设情境，既可以由教师主创，学生建议；也可以由学生主创，教师补充；还可以由师生双方徐徐图之，互融互补。创设情境，不以结果为唯一标准，还以学生参与面、参与积极性为主要衡量依据，面对学生建议中的不同声音，甚至是杂音，宽容待之，包容他们“纤细的根、柔嫩的茎、鹅黄的叶、羞涩的蕾、灿烂的花、恼人的针刺和沉甸甸的果实”，和风细雨，引导学生发现社会、生活和学习中的美。

2.“三情三美”教学以唤醒为开

教育就是唤醒孩子的本能。人的生命有着与生俱来的本源性的生存和发展能力，即为本能。唤醒孩子本能，就是要把学生当主体，激发其内在力量，实现其生命成长，这是教育的内涵，也是魅力所在，值得我们每一位教育工作者不断研究和不懈追求。成长是孩子生命的内在价值诉求，生活是孩子存在与生成的基本方式，生活的质量直接影响着孩子的生命成长质量，所以，理解与审视孩子的生活是教育最基础的切入点。每个孩子都是不可复制的孤本，都有着独特的个性，有着各自的天赋和发展方向，有着生命外力和生命内力。生命外力是人的肢体力量，是有限的；而人的生命内力是一个人的巨大宝藏，它是巨大而无限的，又通常沉睡着，需要激活和唤醒。一个人的生命内力一旦被激活、被唤醒，就能迸发出强大的力量。就像种子，只要提供适宜的土壤、气候、阳光、水分、养料等，沉睡的种子就会被“激活和唤醒”，就会从板结坚硬的土壤里破土而出，茁壮成长。教育就是唤醒、点燃孩子的成长欲望，孩子才能够真正拥有强大的内生长力量。如玩耍，就是唤醒的一种方式。爱尔兰诗人谢默斯·希尼在诗歌《玩耍的方式》中这样表达：

阳光直穿过玻璃窗，在每张书桌上
寻找牛奶杯盖子、麦管和干面包屑。
音乐大踏步走来，向阳光挑战，
粉笔灰把回忆和欲望掺和在一起。
我的教案说：教师将放送
贝多芬的第五协奏曲，
学生们可以在作文中自由表达
他们自己。有人问：“我们能胡诌一气吗？”
我把唱片一放，顿时
巨大的音响使他们肃静；
越来越高昂，越坚定，每个权威的音响
把课堂鼓得像轮胎一般紧，
在每双瞪圆了的眼睛背后
发挥它独具的魅力。一时间
他们把我忘了。笔杆忙碌着，
嘴里模拟着闯进怀来的自由的
字眼。一片充满甜蜜的静穆
在恍然若失的脸上绽开，我看到了
新面目。这时乐声绷紧如陷阱，
他们失足了，不知不觉地落入自我之中。

诗歌表达了一种自由、宁静的生命气息，读之，有阳光，有希望，有静美，有甜蜜，有峰回路转的惊喜，有不知不觉的沉思。就像海子的诗歌，抒情中蕴含情感和审美，从精神层面观照出诗歌内在的主体审美情感和精神意志，质朴与归属同在，自然意识、乡村情结，以及对现代文明的反思，在诗意和温情中彰显力量，发掘其诗歌中的生态价值，也是一种唤醒。也如孔子的“循循善诱”，有步骤、有顺序、由浅入深，它体现的是教育的智慧。循循善诱不仅需要教师知识渊博和具有教育机智，同时也体现了一种深层的平等、民主的师生关系，以及师生之间心理沟通和心理相容等。正如颜渊所说：“夫子循循善诱，博我以文，约我以礼，欲罢不能。”再如，子路问孔子什么是君子，孔子根据子路的性格特点，先后答以“修己以敬”“修己以安人”“修己以安百姓”，使子路逐步认识到君子的全面内涵，首先是“修身敬业”，其次是“使统治者安乐”，最后是“使老百姓安乐”。而教育机智是教师在教学实践活动中的一种随机应变的能力。俄国教育家乌申斯基这样评价教育机智，他认为“不论教育者怎样地研究了教育学理论，如果他缺乏教育机智，他就不可能成为一个优秀的教育实践者。”至于心理沟通，说的就是师生之间心理上的互相容纳。具体表现为：学生能理解教师对他教育要求的合理性和正确性，乐意接受教师的教育指导和帮助，并且化为行动；教师能理解学生言行产生的背景，透析学生言行的真正动机，体谅其具体情境，知其所想；在情感上，师生之间相互接受，将心比心，不曲解对方。

教无定法乃教学之道。“三情三美”教学以唤醒生命内力为开端，旨在解读孩子的成长密码和发展逻辑。创设辩论场景，让思维在课堂教学中激荡，既有奇思妙想的一幕，也有峰回路转的精彩，还有对现实问题的批判，更有谈古论今的豪情，学生作为复杂的、独立的生命体，从中受到感染和熏陶，让每一个生命体实现自身的价值和欢乐，在潜移默化和耳濡目染中收获高阶的学习，使教育回归生命，教学回归正态。同时，源于对现实不满的“批判”，不能仅仅停留在事物的表面，而应在理性的基础上，追求对现实的超越，“破”中求“立”。教学应以生活为切入点，以批判性研究为视角，以生命的内在力量为依据，以教育回归生活为诉求，为孩子的“内源性生长”创造必要的条件。教育者要想化解儿童生活异化的危机，实现教育实践向儿童生活的回归。也可从生命立场出发，从自发活动、独立精神、主观能动性和创造力四个方面展示教学的四大发展目标。四大目标，最终可以使教育成为孩子生命成长的强大助力。

3.“三情三美”教学以素养为胜

我国是礼仪之邦，历来重视素养。素养是由训练和实践而获得的一种道德修养，与道德有区别，不能混为一谈。从广义上讲，素养是指一个人的修养，包括道德品质、外表形象、知识水平与能力等各个方面，如思想政治素养、文化素养、业务素养、身心素养等。道德是由思想行为所表现的，有一定标准的社会、风俗、习惯等，它是一种社会意识形态，是人们共同生活及其行为的准则与规范。《汉书·李寻传》：“马不伏历，不可以趋道；士不素养，不可以重国。”说的是先有道德，再有素养。林格在《教育是无用的》书中倡导要回到教育的本质，认为“真正的教育，绝不仅仅是讲道理、传授知识，更不仅仅是开发孩子的智力，而是把自己精神的能量传递给孩子，维护孩子的心力，让他成为一个内心强大的人，一个能承担后果、应对变故、改善自身和环境的人。”成为这样的人，需要各方面的素养。他认为“教育的很多问题，根源在于家长和老师放不下自己的权威、尊严，认为自己时时处处表现得比孩子强，才能树立权威。这既是个理念误区，也是个巨大的心理障碍。教育者的目的是让孩子成长，而不是显示自己的聪明与才华”。教育者唯一要做的事情，是保护甚至捍卫孩子的主动性。奇妙的是，一旦建立了保护孩子主动性的信念后，教育者表现出来的教育素养就是“无为”，因为只有真正做到无为，才能切实保护孩子的主动性，在孩子的成长面前，最好不要刻意地去做什么，才是教育的大智慧。

在一次聆听讲座的过程中，苏州市教科院朱开群教授分享了一个案例，令我记忆深刻。案例是这样的：一位上海某校校长的女儿参加上海纽约大学的一次面试经历，其中第一环节是随机选择上一堂历史课，课后，招生官请学生回答几个问题：资料里的主要观点是什么？老师的主要观点是什么？同学讨论的主要观点是什么？三者之间的关系是什么？之后写一个与这些都不同的观点，并进行论述，等等。第二环节是面试学生参加小组活动：用面条搭高塔。小组里的角色，由学生自己选择。招生官在学生开展活动时在旁边观察。（小组活动时，孩子当不当组长，招生官并不在意。但如果学生选择当组长，小组最后成绩不好，就会影响招生官对他的评价，因为领导者承担的责任更大。）第三环节是一对一面试。招生官问他女儿的问题非常简单："最近看了什么书，喜欢谁，为什么？"孩子很诚实，说自己正在看一本外国名著，但是"看不懂"。（面试结束后，孩子很沮丧，觉得自己没戏了。没想到，最终她的面试等级竟是"A"。）因为这是对核心素养的考查，考查的是一个人的价值观、思维能力、合作意识、责任感、创新精神、实践能力等多个方面，这告诉我们要关注那些传统考试无法知道的东西，关注网络上找不到答案的东西。而这些东西正是一个人的素养，也是一个人成长最需要的方面，也是每一个教育者应该为之努力的地方。

"三情三美"教学是以提升素养为制胜之道，通过搭平台，循循善诱，引领师生发展。曾看过一则报道：一个美国科学教育代表团到上海市访问，希望听到一堂中学的科学教育的公开课。接待人员为他们在一所很有名气的重点中学安排了一堂高一物理课，任课教师是一位优秀的特级教师，教学过程可谓无懈可击，目的明确，内容清晰，方法灵活，有理论，有实验，老师问问题，学生回答问题，师生互动，气氛热烈，教师语言准确简练，教学时间安排妥当，尤其是当老师说"这堂课就上到这里"的时候，下课铃声正好响起。下面近百名听课教师随着铃声响起，掌声雷动。可是五位美国客人却面无表情。第二天，当接待者请他们谈谈观感时，他们的回答出乎意料。他们反问：这堂课老师问问题，学生回答问题，学生没有带着一个问题进课堂，也没有带着一个问题出课堂，既然老师的问题学生都能回答，这堂课还有什么意义？这个反问问出了教育教学的痛点。可见，基于核心素养的教学应该是基于问题的探究性教学。课堂的中心是问题的提出、理解及解决的过程；而问题教学的最高境界是鼓励学生提出有价值的问题。对于“三情三美”教学来说，创设什么样的情境，激发怎样的情趣，以及升华什么样的情感，才能更好地帮助学生发现美、陶冶美、追求美？适合不同年龄阶段孩子的美的方面包括哪些？等等，都是需要用心斟酌的。

4.“三情三美”教学以思维为攻

很喜欢这样的故事：上帝让麦克牵着一只蜗牛去散步，可蜗牛爬得实在太慢了。不管麦克怎么催促它、吓唬它、责备它，蜗牛只是用抱歉的目光看着他，仿佛在说：“我已经尽力了！”麦克又气又急，对蜗牛又拉又扯又踢，蜗牛受了伤，爬得更慢了。麦克真想丢下蜗牛不管，但又担心没法向上帝交代。他只好耐着性子，任由蜗牛慢慢向前爬。就在这个时候，麦克突然闻到了花香，原来这里是个花园。接着，他听到了虫鸣鸟叫，感到了微风拂面的舒适。后来，麦克还看到了美丽的夕阳、灿烂的晚霞以及满天的星斗。陶醉之余，麦克无意中向前一看，呀！蜗牛已经爬出了好远，它正自信地爬向下一个“驿站”。麦克这才体会出上帝的巧妙用心：“他不是叫我牵蜗牛去散步，而是叫蜗牛牵着我去散步呀！”可见，理念与思维的不同，产生的效果是不同的，“麦克之牵”不同于“蜗牛之牵”。“麦克之牵”是蜗牛“被动适应”麦克散步节奏，“事倍功半”，彼此“气急败坏”；“蜗牛之牵”是麦克“主动适应”蜗牛散步节奏，“事半功倍”，彼此陶醉。这是两种不同的理念，两种不同的思维，是被动性与主动性的区别，是心境的不同，是效果的差异。《论语》中有记载：“吾有知乎哉？无知也。有鄙夫问于我，空空如也，我扣其两端而竭焉。”孔子在遇到有人请教时，他并不立即表示自己知道得很多，而是首先从问题的疑难出发，让请教者把自己的意见说出来，然后就问题正反方面加以反诘，弄清问题的性质和内容，最后让请教者觉得必然有一个合理的答案，从而很自然地自己引出结论。

“三情三美”教学也是一样的。它以思维作为攻克的堡垒，加强对学生的思维训练，培养他们的质疑能力，快慢相谐，以“想”作舟，由点到面，引导学生畅游思维长河。在教学中，快与慢是辩证统一的关系。慢之于教育是生命成长所需，是贯穿于教育教学实践的追求。此“慢”也并非传统意义上的刻意求慢，而是基于对核心知识的深度体验，进行潜移默化的濡染与渗透。也就是说，慢不是目的，而是通过放慢脚步，拉长思维过程，给学生提供发现的机会、实践的机会，让学生有平台展现自我，让学生在思维的慢镜头中去感知美、体验美，以促进他们对知识与美的深层理解以及知识向美的有效内化。具体可以这么做：在学科知识教学中，一是激发认知需要，让学习兴趣油然而生；二是降低认知起点，慢中求真，慢中求善；三是拉长认知过程，慢中求实，慢中求美；四是拓宽认知渠道，慢中求透，慢中求合；五是挑起认知交锋，慢中求活，慢中求变。在习题教学中，加强思维的变式训练，多角度、多侧面、多方面、多题型，运用“回想、联想、猜想”等方式启发学生，打造思维味道浓郁的个性课堂。

5.“三情三美”教学以生命为安

“十年树木，百年树人。”这是大家熟知的观念，它反映了以生命化、人的教育为主题的“慢教育”。所谓“慢工出细活”“慢教育”出成效，需平和、细致和耐心，需合理对待学生不足与错误，需留足等待的空间和实践，方能显现其独特的美丽。“一切最好的教育方法，一切最好的教育艺术，都产生于教师对学生无比热爱的炽热心灵中。”教书育人，我们需要倾注更多的时间和精力，用于对生命本质的理解与感悟，才能真正担起职责与使命。然而，我们留心观察一下，许多观点与现象违背了生命的本质，也就偏离了教育的航向。如家长群体中盛行的“不让孩子输在起跑线上”的观点，“摁着牛头吃草”的强制性教育现象等，长期以来误导了很多人。其实，孩子的成长是一个漫长的过程，终点成功才是真正的成功。而教育本质是心灵感应，是把话说到孩子心里去，为此，教育者要善于放下自我，甘于“装傻”，焕发人性光辉，将教育目标中的长、宽、高落实到实际教学之中。教育中的长、宽、高犹如一个杯子的物性，亦指个体的人性所涉及的长度、宽度与高度。

据此，“三情三美”教学要以生命作为安心所在，尊重生命本身的规律，既不要过分延迟，也不要过分拔高，呵护生命，珍惜生命。孩子、生命、教育、教学，本来就应该融为一体，任何剥离与逃避的行为，都是不可行的，也是需要坚决反对的。

6.“三情三美”教学以体悟为镜

近年来，教育领域流行“体验教育”，其神奇魅力在于不仅实现了“体验”对人成长的重大作用，而且实现了“知”与“行”的结合。每个孩子在体验中不断获得感知、感悟，得到积累与经验，这是其他教育无法替代的，因为只有悟到的才是自己的。同时，教育孩子的过程，也是教育者教育自我的过程，透过学生的实践与体悟，教育者能更好地发现教育的本质与价值。英国著名教育家怀特海说：“学生是有血有肉的人，教育的目的是激发和引导他们的自我发展之路。”走自我发展之路，要能激发孩子的潜能，让他们认识自己、发现自己，始终以健康快乐的心态来面对生活中的每一天、每一事，并把感悟到的点滴指导生活、指导学习、指导自我，让每个在其周边的人感受到教育教学该有的温度。

中国中国台湾教育改革的先行者黄武雄先生曾讲过一个故事，题目是《父亲的脚后跟》。大意是说小时候父亲带他入城，道路很长。每次总是父亲走在前面，他跟在后头。父亲的步伐大且快，黄武雄必须两脚不停地划，眼睛不停地盯住父亲那双破旧的布鞋，一路不停地赶。有一次，天色已晚，路过一道铁桥，一根根枕木的间隔比黄武雄的步子还宽，平常父亲总会歇下来等着他爬过去，或索性抱着他过去，但那天父亲的心里不知牵挂着什么，等到黄武雄爬过桥，抬头一看，父亲已经“失踪”了。突然之间，黄武雄涌起一阵恐惧。“这条路来回已跟父亲走过二三十趟了，怎么一下子变得如此陌生？”黄武雄哭着等在桥端的田埂上，几个钟头在黑夜里又饿又怕。他甚至分不清家的方向。虽然苦苦思忆，但呈现的总是父亲那双不停晃动的布鞋。午夜时分，总算由远而近地传来了母亲苛责父亲的声音。后来黄武雄才知道父亲回到家竟还不知孩子早在半途就已丢失。这像极了现在的课堂，老师总在上课，却没告诉学生“我们去哪里”“为何去哪里”“怎么去哪里”，以至于教师上了一节又一节课，学生却始终不会自主学习。能不能换种方式，让学生知道自己该做些什么？由学生自己去体悟，自己去分析，自己去整理提升。

“三情三美”教学要做的就是这样，以体悟为镜，照出教学中存在的问题，进而改之。一是让知识生动活泼起来。怀特海说：“不能让知识僵化，而要让它生动活泼起来——这是所有教育的核心问题。”教学中，要努力让学生感受到知识的魅力，体悟到发现的喜悦和美的享受。二是让学习自主发生。对于课堂设计，要指明方向、分析方法、隐藏推理；要创设情境，激发情趣，升华情感。三是给学生更多的机会。如发现美的机会，陶冶美的机会，追求美的机会。四是营造自主发展的环境。在教学过程中，独立思考，激发学习者的学习欲望，帮助他们从学习中感受发现的快乐与独立的喜悦，引导他们按自己的规划有序地开展学习。

美育心理小课堂

“动机唤醒理论”认为艺术品的心理物理特征、生态学特征和形式特征可以唤起美感愉悦。在美感体验中，要调动感知、记忆、想象、思维等心理活动去对审美对象材料进行分析加工，直到样式被理解。这一理论有助于教师选择恰当的审美材料，并对材料进行复核审美感受的形式设计。

第三章 “三情三美”教学与美育心理学

内容摘要

美育心理学创立至今，许多学者从不同角度对美育心理学的概念进行过界定，也存在着一些不同的看法。美育心理学不仅影响着学校美育系统，而且对学科教学产生着作用。学校美育系统包含学校、教学、社会与家庭多个层面。美育心理学有助于深化学科教学中美育活动的研究，使审美主体的审美心理素质得到发展，审美活动中审美素质得到提升；有助于促进学科教学的质量与效率，激发积极情绪，开发认识潜能，减轻心理压力，促进心理健康；有助于增进学生的认知发展与人格培育，树立正确的审美观点，培养健康的审美情趣，发展学生追求美和创造美的能力，丰富审美情感，完善审美心理结构；有助于教育自身的完善，优化生活趣味，美化言谈举止，促进人的和谐发展。在“三情三美”教学实践中，将美育心理学融合其中。一是抓住兴趣点：挖掘教材，利用现成的兴趣点；师生互动，激发共同的兴趣点；营造氛围，增强群体的兴趣点；创设情境，发展长远的兴趣点；组织活动，迁移单一的兴趣点。二是抓住思维点：以方法促思维自信；以差异养思维自觉；以过程增思维发展；以质疑升思维能力。三是抓住内驱点：巧设疑问，激发学生认知内驱力；把握愿景，强化学生自我提高内驱力；实践导学，提升学生附属内驱力。四是抓住成长线：发挥审美心理对课堂教学的指导作用，波动心弦，立足长远；弱化审美心理对课堂教学的制约作用，有的放矢，解放学生。

一、什么是美育心理学

美育心理学是研究美育或审美活动中的心理特点、现象和规律的教育心理学分支学科，独立或始创于20世纪80年代中期的中国，其后得到迅速发展。中国著名的教育心理学家刘兆吉教授为美育心理学的创立和发展做出了不凡贡献。1981年，刘兆吉教授率先在《中国大百科全书》教育卷和心理学卷两次编委会上提出了“美育心理”这一概念，为《中国大百科·教育卷》（1985）撰写了“美育心理”词条，这一词条的撰写以及其主编的《美育心理学》一书的出版成了美育心理学创立的标志，随后，刘教授主编了《美育心理研究》，这意味着美育心理学研究的进一步推进。由于社会的发展和审美实践活动领域的不断扩大，人们的审美需求不断提高，对人的素质也有了新的要求，以美育人成了时代的要求。美育心理学的创立与发展，以及与教育教学实践活动的结合，迎合了时代的发展，成了学校教育教学的一条新的途径。

1. 什么是美育心理学

美育心理学创立至今，许多学者从不同角度对美育心理学的概念进行过界定，也存在着一些不同的看法。在这些看法中，具有代表性的观点主要有以下几种。

（1）创始人刘兆吉教授的定义。刘兆吉教授是我国著名心理学家、美育心理学创始人，他在《文艺心理与美育心理》和《美育心理学》中，对美育心理学定义为“研究进行美育过程中学生的心理活动规律和心理品质形成问题”的学科，并指出“美育心理学可以作为教育心理学的一部分，也可独立成为一门心理学的分支学科”。

（2）郭成、赵伶俐《美育心理学》的定义。在刘兆吉教授提出“美育心理”的基础上，郭成与赵伶俐两位学者对“美育心理学——让教与学充满美感和生机”做了进一步研究，他们认为“美育心理学是研究美育过程中师生心理活动的特点、规律（美育心理特点和规律）和美育活动对师生心理品质及结构产生影响（美育心理效应）的学科”。

（3）张大均主编的《教育心理学》的定义。四编十八章的《教育心理学》是普通高等教育本科国家级规划教材，其中的第十七章专门对“美育心理及其效应”进行了阐述，提出了“美育心理学就是研究美育心理的学问，是研究美育过程中教育者和受教育者心理活动的规律及心理品质的形成和发展的科学”。

（4）《教育心理学纲要》的定义。《教育心理学纲要》是由人民教育出版社组织编写的心理学教材，韩进之主编，本书涉及了教育过程中的心理学问题，第十三章专门介绍了“美育心理”，指出“美育心理学”是“研究儿童在美育或审美过程中心理活动的特点和规律”。其主要内容是“探讨儿童的审美经验、审美过程特点、审美心理结构，以及儿童审美心理品质形成和发展的规律。……还要进一步探讨对儿童进行美育的途径和方法，为提高美育效果提供科学依据”。

（5）《中学百科全书》的定义。《教育学・心理学卷》是《中学百科全书》十五卷之一，它从中学实际出发，以我国多年积累的教育实践经验和各科教学为基础，把“美育心理学”的定义界定为“属于教育心理学的一部分，研究在美育过程中学生的心理活动过程及心理活动的特征，探讨学生审美能力的构成、形成、发展规律以及培养的途径。”认为其研究目的是使学生的审美心理和谐地全面发展，审美、创造美的能力不断提高，健康人格不断完善。

（6）《审美大辞典》的定义。在王定金主编的《审美大辞典》一书中，有人把美育心理学定义为审美教育心理学，认为“审美教育心理学是审美教育学的分支，是研究审美教育过程中的各种心理现象及其变化规律的科学。”并认为审美教育心理学是“为受教育者形成审美能力、掌握审美知识、发展审美个性和建立审美理想提供科学的心理依据。”其任务在于“揭示审美教育的经验本质及其心理机制，培养和建设受教育者健全的审美心理结构。”

2. 学校美育系统

美育，又称美感教育或审美教育，是指培养学生认识美、体验美、感受美、欣赏美和创造美的能力的教育，使他们具有美的理想、美的情操、美的品格和美的素养，它是全面发展教育不可或缺的组成部分。从狭义上讲，美育专指“艺术教育”；从广义上讲，将美学原则渗透于各科教学后形成的教育，都可称为美育。

学校美育是指根据学校教育目的，有计划地向学生实施审美教育的活动。其任务是传授美学知识，培养审美观念和感知美、鉴赏美、创造美的能力。内容包括自然美、社会美和艺术美。实施途径有音乐、美术、美学、文学（包括中小学语文学科的文学作品）等学科的教学及相应的课外活动，其他各科教学和各项教育工作中指导学生鉴赏美和创造美的活动，教师为人师表的榜样，好的校风，美的校园等。渗透于教育、教学、管理等各项工作中。

故此，学校美育系统主要分为三个层次。

（1）学校层面。一是美的校园设计，包括校园建筑、景致、雕塑、花草树木等；二是校园风光，包括昼夜更替、四季变化所带来的不同的审美感受；三是校园布置，包括楼道、教室内外、办公室等的文化布置；四是学校管理，包括好的校风、教师为人师表的榜样、人文情怀、艺术化安排，以及由学校组织的书法比赛、摄影等相关活动。

（2）教学层面。教学层面涉及教师的“教”与学生的“学”两个方面。其一是音乐、美术等艺术学科的教学及相应的课外活动，如合唱队、器乐组、舞蹈队、书法小组、绘画组等的训练；其二是语文、英语、历史、思政学科中的文学作品欣赏、美的情境、鉴赏美和创造美的活动，还有数学、物理、化学、体育等学科中的美的思维、美的实验、美的运动等各方面。

（3）社会与家庭层面。社会与家庭层面也应纳入学校美育系统之中。知识经济时代，社会教育、学校教育、家庭教育三位一体，学校美育要取得社会、家长的支持，公众号的推送、社会实践活动、志愿者活动、家庭教育审美化等，与学校美育要相结合。只有不断完善学校美育系统，才能最大限度地培养学生感受自然美、社会美和艺术美的能力，发展他们高尚的审美情感；才能培养出更多具有审美能力的教师，从日常较为繁忙的工作中看见幸福、看见美。

二、美育心理学对学科教学的作用

美学心理学不仅丰富和发展了教育心理学的基本理论，促进了心理学科的发展和中国特色的教育心理学体系的建设，而且有助于揭示学科教学中美育的本质、规律和作用机制，对师生的审美能力的提高、审美情趣的培养、审美心理结构的完善等方面起到积极的推动作用，有助于培养健全的人格，养成良好的行为习惯，提高学习效率。

（一）有助于深化学科教学中美育活动的研究

经常可以看到这样的现象：在我们身边有一些人，他们尽管没有读过多少书，有的甚至是文盲，但是他们有对美的最朴素的理解，有对艺术的一些朦朦胧胧的表达。他们在过年的时候，要在门上贴年画，有的还要请人写春联，把柱子、门楣贴得满满的，一家人在吉祥与喜庆中过春节、度元宵。有的在劳作间隙，唱唱山歌，对对民歌，有的还要在田间地头、高山之巅，放开嗓子吼上几句，把每一个劳动的日子过得有滋有味。在校园里，有的教师虽然工作十分辛苦，也会利用闲暇时间装扮自己的办公桌，比如鲜花、绿植、创意画、手工制品，以及学生的优秀习作。有的学生书包里物品整理有序，笔迹十分美观，笑容尤为灿烂。相反，也会时常看见一些杂乱，一些丑恶，一些哀怨。两者差别的背后，有着对生活、对美的不同感受和表达。怀特海说：“教育只有一个主题——那就是多姿多彩的生活。”生活本来是多姿多彩的，孩子们的学习生活自然也是多姿多彩的。教育只有多“留白”，多增加些美的“调味品”和“催化剂”，才能真正活泼起来。美育心理学就是其中的一种“催化剂”。

美育心理学对学科教学美育活动中的师生心理活动及效应所产生的基本规律进行了探索和研究，为美育和教学审美实践活动提供心理学依据，为学科教学中美育活动的研究和发展提供理论指导和方法启示，有助于促进学校美育的科学化。

1. 审美主体的审美心理素质得到发展

在学科教学审美活动过程中，有教师和学生两个审美主体。作为审美主体的教师，主要任务是揭示学科教学内容的美育因子，设计审美化的教学方法，组织和谐、有序的课堂秩序和气氛，体现自身语言、姿态的审美形象，调动积极的教学情感来实施教学，按照美的规律把教师形象所体现的美、教学内容所蕴含的美、教学手段所表现的美等审美信息传递给学生。作为审美的另一主体，学生的主要任务是接受和理解教师所创造和体现的审美内容和审美形式。师生同在学科教学审美活动中，其审美心理素质得以发展。但如果我们的教育完全功利到只有分数、考试和升学，而没有了音乐、诗歌、绘画、舞蹈、体育，没有了艺术的情趣、美的欣赏，没有了视听的享受、身心的愉悦，也就无法产生灵魂的共鸣，那么，我们培养出来的学生听到蛙叫鸟鸣、流水潺潺，看到美丽的大自然、盛开的鲜花，看到日出日落，以及身边的一切美好，他们没有一点儿反应，没有任何表情，没有美的感受，没有审美的情趣，没有对美好生活和艺术的期待和冲动，这样的教育不能算是真正的教育，这样的教育培养出来的学生人格难以健全。人成其为人，最本质的地方是人文，是美，是艺术，是心灵的舒展，是精神的成长。

2. 审美活动中审美素质的全面提升

天地有大美，美得壮阔，美得神奇；身边有细美，美得平凡，美得踏实。“鹰击长空，鱼翔浅底，万类霜天竞自由。”学科教学审美活动在审美心理学的指点和引导下，首先，提高了审美主体辨别美丑的能力。在现实生活中，美与丑是相比较而存在、相斗争而发展的。无论在自然、社会和艺术中，美与丑的各种形态都是纷纭杂沓的，有时美的背后是丑，有时看似“丑”的背后却是美，要从中把真正的美的对象分辨出来，开展正确、健康的审美活动，就必须要求每个人具备辨别美丑的能力，而这种能力是通过较长的审美活动实践逐步形成的。其次，培养了审美主体对各种美的感受能力。美的形态各异，有自然美、社会美、艺术美；有内容美、形式美；有壮美、幽美；有喜剧美、悲剧美；有行为美、心灵美；等等。马克思说：“艺术对象创造出懂得艺术和具有审美能力的大众。”面对形形色色的审美对象，要能产生应有的美感体验，就必须以丰富多彩的美的对象去培养人们的多种多样的感受能力，这样才能把普通的日子、平凡的学习与生活点缀得多姿多彩，从而产生幸福的滋味与美的感觉。最后，发展了审美主体创造美的能力。朱光潜说：“求知、想好、爱美是人类的天性，教育的功能就是顺应人类的天性，使一个人在这三个方面得到最大限度的调和和发展，以达到完美的生活。”高尔基也说：“我确信，每个人都具有艺术家的禀赋，在更细心地对待自己的感觉和思想的条件下，这些禀赋是可以发展的。”可见，创造美不是艺术家的专利，是每个社会成员都有的潜在能力。为发展这种禀赋创造最有利的条件，教育者就应当从儿童最初的涂鸦开始，有意识地培养、发展、提高青少年创造美的能力，使教育变得更加温馨美好，从而普遍地提高社会每个成员创造美的能力。

（二）有助于促进学科教学的质量与效率

学科教学的质量是指教学水平高低和效果优劣的程度。主要受教学计划、教学内容、教学方法、教学组织形式和教学过程等的影响；教师的素养、学生的基础以及师生参与教学活动的积极程度也会影响教学质量。这种影响最终体现在培养对象的质量上。而教学效率是指单位时间里课堂教学的效果，是一节课中有效教学时间与实际教学时间之比。教学效率不但是预期教学目标实现程度的综合反映，而且是评价教学优劣的重要指标，也是整个教学过程运作状态是否良好的重要标志。影响和制约课堂教学效率的主要因素是教师、学生和教学方法。正确运用审美心理学的相关理论，有助于激发师生的积极情绪，开发认知潜能，减轻教与学的心理压力，使其轻装前行。

1. 激发积极情绪，提高学习效率

美的对象与人的大脑神经系统的活动存在一定的对应关系。美的刺激更易激活大脑的神经中枢，引起大脑对该刺激的精加工，并对该刺激进行深刻理解，从而提高学习效果。学科教学通过各种美的教学形式、手段、设计，挖掘、揭示教材内涵，科学组织教学内容、结构，使其以美的形式展示。这种具有美感的刺激易被学生接受，更能调动学生的学习主动性，激发学习积极性，从而提高学习效率。同时，美的对象因其审美特征同人的生理节律有一定的和谐关系，更易激发教师积极的教学情绪和学生积极的学习情绪，更易关注并给予优先注意和信息加工，从而促进知识的高效吸收，使学生学得愉快，教师情绪智力得以发展。情绪智力是个体对客观现实与主体需要之间关系的反映的心理体验，它不是个体与生俱来的特质。特别是对于教师的情绪智力来说，教师的情绪情感活动极大地制约其教育教学活动和管理工作的效果和质量，对学生个体发展具有潜移默化的影响，同时也影响其自身的身心健康。所以，教师具有良好的情绪智力对其教学尤为重要。

2. 开发认识潜能，促进智力发展

潜能，顾名思义，就是潜在的能量，主要包括创造潜能、个人潜能、精神潜能、感觉潜能、文字表达潜能、艺术潜能等。每个人的潜能是无限的，必须循序渐进地加以开发。智力是指人认识、理解客观事物并运用知识、经验等解决问题的能力，包括记忆、观察、想象、思考、判断、推理等。

学科教学中开展美育活动不仅能塑造和完善个体的审美心理结构，而且能实现个体感性的解放，使个体对认知对象进行自由观照和

自由创造，实现认知的自由和思维的发散，从而开发认知潜能，造就“有乐感的耳朵”，训练“能感受形式美的眼睛”，提升审美感知能力。在审美活动中，教育者为教育教学活动提供具有审美价值的刺激物，这种刺激物不仅能够高度集中学生的注意力，而且能激发其积极的情感体验，如产生乐观的情绪、良好的心境、饱满的热情等，还能够增强思维的灵活性与敏捷性。同时，以其直观形象性为学生提供了丰富的表象，能促进形象思维的发展，并使形象与抽象相互融合，这就充分调动和协调了大脑左、右半球的功能，这种审美化的材料易引起大脑的深加工，激励学生积极思考、大胆探索，从而提高思维的效率，开发大脑的潜能，促进智力发展。

3. 减轻心理压力，促进心理健康

压力是压力源和压力反应共同构成的一种认知和行为体验。压力源主要有生物性、精神性、社会环境性三种。从心理学角度看，压力是外部事件引发的一种内心体验。俗话说“有压力就会有动力”，然而，压力过大会导致很多生理和心理问题的出现，需要进行调适。心理压力是个体在生活适应过程中的一种身心紧张状态，通常由环境要求与自身应对能力不平衡所引起。补偿、升华、保持良好心境、优美乐曲排解、转移注意力、换位思考等都是很有效的方法。心理健康是一种持续且积极发展的心理状态，在这种状态下，主体能较好地适应，并且充分发挥其身心潜能。审美化的学科教学强调学习的自主感悟、探究，以及鼓励、表扬等积极的审美评价，能够使学生产生自由、愉悦的学习心理体验，从而减轻学习的心理压力，有效促进学生心理的健康发展。特别在目前学生学习负担过重、心理健康问题增多的情况下，强调学科教学的审美化显得尤为重要。

（三）有助于增进学生的认知发展与人格培育

教育的美好，在于教育是一种相遇、一种唤醒、一种成长、一种成全。立足于学生个性全面发展的审美活动，有助于帮助学生找到属于自己的发现，找到属于自己的精彩，鼓励学生发现、研究现实生活中有价值的问题，让学生们的创新精神和创造品质得到充分彰显。

1. 树立正确的审美观，培养健康的审美情趣

审美观是人们在审美活动中所持有的态度和看法。由于人们的经济地位、生活经历、文化背景、个性倾向、审美素养不同，审美观点也不尽相同，即使对同一种美的现象或艺术作品也会有不同的审美评价。例如，欣赏古罗马时期的《断臂的维纳斯》雕像，或文艺复兴时期的《蒙娜丽莎》油画，有的人感受到她们的宁静、柔和、健美的形体美，形成积极的、健康的审美情趣，但有的人则从她们优美的躯体造型中下意识地寻求感官的刺激和低级的趣味。可见，人们欣赏美往往是带有感情色彩的，美的形象所激起的情绪体验，不一定都是健康的、高尚的、有益于身心的。因此，学科教学过程中，在引导学生欣赏各种美时，要注意引导他们对美的高尚事物的陶冶，对低级、丑恶事物的厌恶、憎恨，以便养成健康的审美情趣和高尚情操，帮助学生树立正确的审美观，提高审美的素养与能力，使他们懂得什么是美的，什么是丑的，什么是高尚的，什么是庸俗的，能够对生活和艺术作出健康的审美评价，对于文学作品中的"迎合市场，投其所好"的意识和做法，要持谨慎态度，要有自己的价值判断。

2. 发展学生追求美和创造美的能力

教育应该是一种追求美的艺术，教师应该是带领学生在课堂内外体验美、探索美、创造美的人，只有这样，教育活动才能引导学生热爱学习，热爱生活，热爱自然，热爱社会。著名画家艾中信说：“对正在成长中的中小学生加强审美教育，选择适合于他们智力的内容，诱导青年学生早期地、较广泛地接触文艺，使他们的精神生活得到正当的寄托和健康的发展，这无疑是一件影响深远的大事。”做好这件事，一方面，应当要求学生在社会活动和日常生活中处处体现美，注意环境的美化，注意行为举止的文明、仪表的端庄、打扮的得体，以及待人接物的谦逊、礼貌、大方；另一方面，学校、教师要组织学生参与到丰富多彩的艺术欣赏和表演的活动中去，参与到学科教学的审美活动中去，培养他们追求美和创造美的能力。爱因斯坦曾说过这样的看法：“用专业知识教育人是不够的。通过专业教育，他可以成为一个有用的机器，但不能成为一个和谐发展的人。要使学生对价值（社会伦理准则）有所理解并且产生热烈的情感，那才是最基本的。他必须获得对美和道德的善，有鲜明的辨别力。否则，他——连同他的专业知识——就更像一只受过训练的狗，而不像一个和谐发展的人。”可见，要培养一个和谐发展的人，是离不开美和道德的。为此，在学科教学中，教师要善于“智造”问题，彰显自然之美；要善于思考生活，感受理性之美；要善于师生互动，共享和谐之美，营造一个追求美、创造美的课堂生态。在培养正确的审美观这一核心的基础上，帮助学生形成高尚的审美情趣，发展他们追求美和创造美的能力，才能使他们达到更高的人生境界。

3. 丰富审美情感，完善审美心理结构

审美情感是个体对审美对象满足审美需求而引起的愉悦体验。在有目的的美育活动中，学生面对丰富多彩的审美刺激，不断对它们进行感受、欣赏甚至玩味，这不仅有助于积累丰富的审美经验，而且促进了审美情感的发展和深化。尤其是美感总是给人们带来惊奇和喜悦，从而丰富了情感的内涵，培育和发展着人的情感。在认知发展上，审美认知结构是审美心理结构之一，是审美心理的认知加工机制，负责对美的信息的加工，主要包括五个方面：①一般审美认知能力或审美认知过程，如审美感知、审美记忆、审美想象、审美思维等；②审美认知策略或技能，如快速扫描、逐点分析、保持适当的心理距离等；③特殊审美认知能力，如音高辨别力、曲调识别等音乐认知能力，以及色彩差异评定力、空间位置的敏锐性等美术认知能力；④相关知识结构和审美经验结构，如美学、艺术学等方面的知识和先前审美活动中所获得的审美经验等；⑤审美元认知，即个体对自己审美活动的认识、监控和调节的心理能力。这些成分有些是天赋能力，但更多的审美认知成分是后天习得的。只有通过有目的、有计划、有组织的美育活动，才能有针对性地对学生的审美认知结构进行系统的训练和有效的影响，更好地促进个体审美认知结构的发展和完善，使我们在接触到美的事物或艺术时，能够自觉地进行审美信息加工，从而获得外部事物或艺术品的审美经验或审美意义。

实验证明，经过美育训练的学生，其视觉和听觉审美经验丰富而敏感，其审美欣赏、审美表现和审美创造的水平明显优于未经训练的学生；而审美价值观是个体审美心理结构的核心。它是个体对事物的美丑作出判断的观念系统，主要包括审美趣味、审美判断和审美理想。个体审美价值观一方面决定着审美对象的选择，另一方面制约着对审美对象所持的态度以及支配审美想象的加工内容。可以说，个体

对某事物的美丑判断，主要取决于其审美价值观。学校通过开展符合美育心理规律的教育，有助于矫正个体在社会文化背景中自发形成的一些错误的审美价值观，从而形成正确的审美价值观。

4. 培育良好品德，塑造健全人格

狄德罗说：“真、善、美是紧密结合在一起的。在真或善之上加上某种罕见的令人注目的情景，真就变成美了，善也就变成美了。”事实上，“美”与“善”具有本质上的一致性。通过美育，能有效培养学生对美和善的事物更为喜爱和向往，对丑恶对象的厌恶和蔑视，丰富学生的道德情感体验，促进道德评价能力的发展，培养良好的道德品质，实现以美促德的功能。同时，美育或审美对人的精神和人格有净化与升华的作用。18世纪德国美学家席勒认为：只有通过美育才能实现人格的完善与人性的自由，才能实现“感性的人”向“理性的人”的升华。再看一下孔子，其理想人格是“礼”和“仁”。“礼”是外在的行为规范，是行为美的具体表征；“仁”是内在的精神原则，是心灵美的表征。理想人格的塑造需要一个艰苦的修养和磨炼的过程。正如孟子所云：“故天将降大任于斯人也，必先苦其心志，劳其筋骨，饿其体肤，空乏其身……”磨炼有利于塑造健全的人格。通过审美塑造出来的具有完美人格的人“既有丰满的形式，又有丰富的内容；既能从事哲学思考，又能创作艺术；既温柔，又充满力量”，在他们身上，内容和形式、感性和理性、情感和意志是和谐发展、相互统一的，形成了完善的审美心理结构，实现美育的最终目标，即发展人的精神，建构人的人格，培养人们美好、和谐、完善的心灵。

（四）有助于教育自身的完善

整合在社会大环境下的教育，会受到学校内外种种因素的影响，从而暴露其多侧面、多层次的缺陷。伴随着生活中的快节奏，如快车、快递、快餐、快讯等，课堂求“速成”，求“高效”，把好端端的课堂弄得面目全非，教育教学驶入功利化的轨道。要避免其缺陷，有很多方法，学科教学中的美育活动是一种有效方式。根据美育心理发展的基本特点和规律来指导的美育活动，有利于提高美育效应，促进师生素质的发展，实现由应试教育向素质教育的转轨，为培养全面和谐发展的人才服务。

1. 优化生活趣味，美化言谈举止

中国现代艺术家木心有一首小诗《从前慢》：

记得早先少年时
大家诚诚恳恳
说一句，是一句
清早上火车站
长街黑暗无行人
卖豆浆的小店冒着热气
从前的日色变得慢
车，马，邮件都慢
一生只够爱一个人
从前的锁也好看
钥匙精美有样子
你锁了
人家就懂了

这首小诗后来被改编成曲调优美的歌曲，听来意境深远，与愈来愈快的生活感受相比，从前的慢转化成了一种美，一种朴素的精致，一种生命的哲学。在生活中，因为慢，我们可以驻足观赏沿途的美妙风光，可以慰藉小憩给心灵短暂放假，可以漫不经心享受生活的多姿与美好，可以悠闲地体验岁月的诗意与宁静，可以放慢脚步感受弥足珍贵的人间亲情与友情，可以拉长幸福品鉴人生所经历的各种酸甜苦辣。教育亦如此，它似养花，“希望上天给笨孩子一个矮树枝”，放慢教育的步伐，让每一个孩子都有枝可依，让每一个孩子有一展所长的机会。在学科教学中，具有审美素质的人，其言谈举止总是符合道德规范，又符合审美范畴，显示出高雅而高尚的生活情趣，表现出文明而优雅的社会行为。因此，审美既使个体行为中感性冲动的盲目性得以净化，走向理性自觉，又使行为中理性冲动的强制性得以弱化，趋向感性自由，从而使社会成员的道德行为更和谐、自由、有序，实现以美助行的功效。

2. 推动教育的发展和完善

“教育”一词来源于孟子的“得天下英才而教育之”。关于教育，一直有很多不同的说法。杜威认为:“教育即生活。”在斯宾塞看来:“教育为未来生活之准备。”陶行知先生说，“生活即教育”，他不仅在理论上进行探索，又以“甘当骆驼”的精神努力践行平民教育。教育，从广义上说是影响人的身心发展的社会实践活动；从狭义上说是专门组织的学校教育。而美育这个概念的提出是18世纪的事。在我国古代西周，虽然有“礼、乐、射、御、书、数”六艺，却没有明确美育这个名词。直到18世纪德国美学家席勒在《审美教育书简》中才明确提出了审美教育的概念。近年来，审美活动与审美教育的发展、改进、提升，使学校教育的组成部分更为完善，美育与智育、德育、体育的分工与协作关系日益明确，促使教育的功能与质量不断提高。爱因斯坦说：“想象力比知识更重要，因为知识是有限的，而想象力概括着世界上的一切，推动着进步，并且是知识进化的源泉。”最能激发人想象力的是音乐和艺术等审美教育，它能将人们带入想象的世界中，帮助学生自由地翱翔。

3. 促进人的和谐发展

马克思认为，人与客观世界的关系即现实的关系是一种对象性关系。所谓对象性关系，是指人通过实践活动实现了对自然的改造，而经过了人的活动或者改造的自然，就不再是纯粹的自然，而是人化的自然或是人的本质力量的对象化。人的活动从来都是一个双向的活动，既改造对象，使对象按照人的尺度，即审美的尺度来变化，也改造自身，使自己不断地得到发展和完善。人类文明的发展过程是一个物质文明和精神文明不断富足的过程，在这个过程中，由于物质文明和精神文明的和谐、协调地发展，带来了人的全面发展。

三、美育心理学与“三情三美”教学的融合

美育心理学独立成为一门新兴学科的时间还很短暂，但美育心理的思想源远流长。中国古代孔子、孟子提出了具有美育思想性质的诗教、乐教理论，认为诗、乐是实现情理协调、个人与社会融合的最佳途径。中国古代民间流行的启蒙读物，如《三字经》《百家姓》《千字文》等也包含丰富的美育心理思想。这些读物多用三言、四言或五

言、七言的韵语编成，形式工整，读来抑扬顿挫、朗朗上口，富有音乐美和节奏美，使人在明白道理的同时得到了美的享受。因此，我们可以认为美育心理思想与美育思想是同时诞生的，然而，古代美育思想中多把美育作为培养理想道德品质的手段。在我国，最早认识到美育具有独特价值的当为近代教育家王国维和蔡元培，他们看到了美育对情感培养和发展的独特作用，提出了美育就是情感教育的主张，初识美育的心理效应。而将美育心理与学科教学的融合，是近些年特别受重视的教育现象。2001年，《基础教育课程改革纲要（试行）》提出了“养成健康的审美情趣和生活方式”的课程改革目标，却没能引起对美育的足够重视。2015年，国务院办公厅印发了《关于全面加强和改进学校美育工作的意见》，对美育教育教学以及统筹整合学校与社会美育资源等方面有了具体的要求。2017年，《中国学生发展核心素养》指出审美情趣是核心素养的基本要点。由此，在教育教学领域呈现出美育教育的蓬勃气象，“三情三美”教学也由此而生。在实践过程中，“三情三美”教学主要抓住了“三点一线”，将审美心理融合、渗透于课堂教学之中。

（一）兴趣点——课堂审美心理之画龙点睛

兴趣是人认识某种事物或从事某种活动的心理倾向，它是以认识和探索外界事物的需要为基础的，是推动人认识事物、探索真理的重要动机。当兴趣指向某种活动的时候，兴趣便成为人的爱好。培养良好的兴趣和爱好是推动人努力学习、积极工作的有效途径。人格心理学家阿尔波特认为人类有一种“自主性功能”，就是兴趣，它处于动机的最深水平，可以驱策人去行动。早期婴儿对外界新异刺激的反应就是由兴趣这种内在动机驱策的身体运动兴趣。兴趣是学习最大的动力，它能够最大限度地把学生的求知和求学欲望激发起来，教师能不能转变教学观念，多方面激发学生的兴趣点，关系到课堂的实效，犹如画龙的点睛之笔，使课堂熠熠生辉。

1. 挖掘教材，利用现成的兴趣点

教材是根据教学大纲和实际需要，为师生教学应用而编选的材料。它有逻辑式、心理式等组织方法。逻辑式组织是按照有关科学知识的内在逻辑顺序组织教材；心理式组织是以学生为本，注重学生的兴趣、需要和能力，强调以学生的经验作为教材组织的出发点，逐步扩大教材的内容范围，使学生愿学、乐学。在实际教学中，我们发现，大多数教材依据不同年龄阶段的学生这两种方式兼而有之。源于教材，高于教材，是每一位教师进行教学的标尺。根据课程标准和核心素养的要求，用好教材，准确定位，利用课程资源，分析、优化、提炼教材中的知识，将一些现成的兴趣点充分挖掘出来，为课堂所用。如抓住思政课教材中的探究、感悟、活动等材料，引发学生思考，延伸知识背后的话题，展开深入的探讨与研究，甚至可以形成专题系列活动，全方位育人。

2. 师生互动，激发共同的兴趣点

师生互动是学科教学时老师为增加课堂气氛常用的一种方式。师生间的有效互动，可以扩大课堂学习的深度与广度，通过活跃课堂气氛，以调动学生思维，达到师生合作完成某个事情的目的。所以，教师要抓住学生渴望启发的最强烈时刻，对学生进行适当的点拨和引导，明析事理，收到教与学的高效。师生之间的互动，教师可以通过语言的碰撞、关爱的眼神、表情的渲染，触发情感，找到彼此之间的最佳契合点，由此深入人心。如在课堂探究环节，教师可以参与其

中，交流看法，分享故事，必要时可以自爆家事，甚至自己的囧事，拉近与学生的距离，激发共同的兴趣点。

3. 营造氛围，增强群体的兴趣点

有研究证明：课堂教学的效果不但取决于教师如何教、学生如何学，还取决于一定的教学环境。这里指的教学环境包括教学的物质环境和精神环境，这种精神环境就是指课堂氛围。在教学过程中，课堂氛围会受到教师、学生、教学内容等诸多因素的影响。良好的课堂氛围是指在课堂中师生之间和学生之间围绕教学目标展开的教与学的活动而形成的某种占优势的综合的心理状态，是在教学活动中形成的某种稳定而积极的情感体验以及对待教学活动的态度和行为的综合反映，具有认知和情感的特征。它犹如一节课的催化剂，能很大程度上增强效果，发挥蝴蝶效应，引起良性的连锁反应，获得意外之喜。可以说，营造良好的教学氛围是提高课堂教学效率的关键。为此，教师要为学生提供宽松、和谐、友爱的学习环境，以饱满的激情面对学生。如教师在思政课教学时，可依托自身经历，以自己拍摄的图片、写就的游记，以朗读者的身份，与学生深情分享文化与教育创新之处，引发师生间的情感共鸣，营造良好的课堂氛围，收获满满的感动，从而达到师与生、人与文、情与理、导与放、思与悟以及知与行的和谐。

4. 创设情境，发展长远的兴趣点

学生是学习的主体，也是教师创设情境的参与者。教师创设情境并不难，关键在于创设的情境不能停留表面，就事论事，而要适合学生的生活实际和成长规律，能够对学生的长远发展有意义，这就比较难了。孔子说：“不愤不启，不悱不发，举一隅不以三隅反，则不复

也。”这句话强调了教学的启发作用和进入教学情境的重要性。教学情境是指教师在教学过程中创设的情感氛围，亦指具有一定情感氛围的教学活动。教学情境的创设要注重生活性，能体现学科特色，紧扣教学内容。如数学学科可利用严密性、抽象性来创设数学教学情境，语文学科可利用人文性、言语性创设语文教学情境。当然，创设的教学情境应该具备有价值的、能引发思辨的和激发情感的功效。基于这一点，教师在进行学科教学时，鼓励学生立足现在的前提下，规划一下未来，必要时加强对学生的职业规划引导，可以让学生给“一年后的我”“三年后的我”，以及“十年后的我”进行“画像”或对话，为长远的可持续发展奠定基础。

5. 组织活动，迁移单一的兴趣点

一次活动，创设的情境不是单一的，兴趣点自然也不可能是单一的，因为它涉及新旧知识的贯通，涉及效果的双向迁移。既可能是正面的，也可能是负面的；既可能是横向的，也可能是纵向的，因人而异，因时而异。奥斯古德迁移的逆向曲面模型中说道：两个情境的刺激与刺激之间具有相同、相似和无关三种情况，反应与反应之间具有相同、相似、无关、相关和对抗五种关系，正负迁移的程度是刺激条件和所需反应二者相似性之间变化的函数。例如，如果两个情境的刺激相同，反应相同则产生最大正迁移，反应相似则产生一定程度的正迁移，反应无关则产生零迁移，反应相关产生一定程度的负迁移，反应对抗则产生最大负迁移。因此，教师在课堂教学时，要关注当下学生的想法与做法，给予恰当的引导，努力使学生的发展向正面迁移。

（二）思维点——课堂审美心理之以点带面

思维是很复杂的认知过程，包含着广泛的心理活动。例如，我们想订个学习计划，想办法解决困难或烦恼，估计可能发生的事情等，都是在思维。思维是指在超出现实的情境下分析有关条件以求得问题解决的高级认知过程。例如，早晨起来，推开窗户，看见对面屋顶湿淋淋的，于是推断“昨夜下雨了”。这时，我们并没有直接感知到下雨，而是在超出现实情境下，通过分析其他条件（屋顶湿了），间接推断出来的。思维是大脑在解决问题时的高级认知过程，包括分析、综合、比较、分类、抽象、概括等认知活动。它以感知为基础又超越感知，以推导为过程又超越推导，从客观到主观，从已知到未知，从形象到抽象，又从主观到客观，未知反观已知，抽象回到形象，将整体与局部、共同与差异、本质与具体打碎融合，又融合分解。所以，抓住思维点，往往能以点带面，带出一片春天。

1. 以方法促思维自信

思维在课堂教学中作用很大，但因为其形式甚多，在实际运用中学生往往不够自信，掌握不好，效果也参差不齐。所以，教师在教学时，要结合学生思维特点，帮助学生梳理解题方法，促进思维自信。如在解答初中道德与法治学科中的“结论题”时，要运用归纳思维、推理思维，找出题目中的关键点，再结合材料中的要点，进行归纳、推理；在解答“演绎题”时，要运用演绎思维，将题目中包含的书本知识要点与材料中的相关句子一一对应，成功配对；在解答“表格题”时，要运用理性具象思维、递进思维，上看、下看、横看、竖看，由表及里，从直接的信息到书本的结论，层层递进；在解答“辨析题”时，要运用辩证思维、对比思维，找出正确的地方并说明理由，再补充不足；在解答“选择题”和“判断题”时，要运用逆向思维、决断性思维，将题干中的要求找出来，做出决断，选出符合题意又表达正确的答案等。然而，在教学实践中，只有方法是不够的，还需要通过练习加以磨炼，形成思维通道，才能真正发挥方法的促进作用，树立思维自信。

2. 以差异养思维自觉

来自不同家庭的孩子，性格各异，思维态度、思维习惯、思维方式各有千秋。有人命题思维强些，有人动作思维更胜一筹；有人聚合思维拿手，有人发散思维更擅长；有人常规思维稳定，有人创造性思维突出。只有尊重学生的个体差异和个性化学习方式，把握好不同学生的思维特点与学习情况，选择适合个体的方法，才能面向全体学生，因材施教，因人施教，激励学生提出问题、研究问题、解决问题，养成思维自觉。适合的才是最好的，教师在课堂教学中可以对学生分层要求，对难点分散处理，因人设问，同时利用实际事例阐明思维方法，体会思维过程。以此类推，最终达到思维自觉的境界。

3. 以过程增思维发展

思维发展依赖于思维过程，思维过程中概念与判断、分析与综合、归纳与分类等的精确与否、系统与否，影响了思维的发展。概念是人脑对客观事物本质的反映，是反映对象的本质属性的思维形式，具有内涵和外延两个基本特征。判断是对思维对象是否存在、是否具有某种属性以及事物之间是否具有某种关系的肯定或否定，是基本的思维形式，通常表现为两个或多个概念之间的联系。分析是在头脑中把事物或对象由整体分解成各个部分或属性。相反，综合是在头脑中把事物或对象的各个部分与属性联合为一个整体。归纳是从部分到整体，从特殊到一般，从个别到普遍的推理形式。数学中的归纳，是指从许多个别的事物中概括出一般性概念、原则或结论的思维方法。与归纳相反的思维途径是演绎，归纳是从个别到一般的思维运动，演绎是从一般到个别的思维运动。分类是指按照种类、等级或性质分别归类。因此，教师在教授内容时，要根据教材的知识点、思维点采取不同方式，厘清重点，分解难点，帮助学生对知识点的顺利消化和主动吸收。必要时，教师可以打破教材原有框架，把所有知识点按逻辑思维的顺序分成几个板块，或者根据不同的思维形式设置不同的问题，对教材内容进行提炼呈现，学生根据板块或问题进行针对性的自主学习，往往能够收到很好的教学效果。

4. 以质疑升思维能力

质疑是批判性思维的具体表现。夸美纽斯说过：“我们要找出一种教学方法，使教师因此可以少做，但学生可以多学，使学校可以因此少些喧嚣、厌恶和无益劳苦，独具闲暇、快乐及坚实脚步。”质疑是其中的一种方法。做到这一点，需要师生学会评判和反思，一方面要善于批评和自我批评，另一方面要善于从批评中得到成长，学会在认同—质疑—再认同—再质疑的基础上解决问题，养成独立自主、不迷信权威、自信、开放、思考又尊重他人的批判性思维。批判性思维是合理的、反思性的思维，既是思维技能，也是思维倾向。在布隆姆认知目标分类系统中，包括六个连续的层级：知识、领会、应用、分析、综合和评估。其中，最高的三个范畴是综合、分析和评估，它们构成了高阶思维，常常被等同于批判性思维。培养批判性思维，需要养成独立思考的习惯。因为面对学生的是一线教师，所以，一切教育问题，终究还要从教师本身来寻找出路。哈佛大学的标志是三本书——两本朝上打开，一本朝下盖着。意思是书本传播了知识和真理，同时书本中也有谬误。这告诉哈佛的师生都要不唯书、不唯上，要培养批判性思维、创新精神和实践能力。因此，教师在教学过程中可以针对知识的前后矛盾处、感悟的空白处以及课题的延伸处，通过设立目标，创设情境，激起学生的求知欲；还可以通过布置课后作业，走向家庭，走向社会，以敏锐、批判的目光，以“学而不思则罔，思而不学则殆”的精神，拓宽知识的外延，发散性地思考问题，从而提升自己的思维能力。

（三）内驱点——课堂审美心理之点铁成金

内驱力是在需要的基础上产生的一种内部唤醒状态或紧张状态，是驱使有机体产生一定行为的内部力量。生活中，我们可以看到，一个能够可持续发展的教师或学生，与内驱力不无关系，甚至是紧密联系的。课堂里，我们可以看到，一个能够引发师生情感和思索的知识点，往往就是内驱点，抓住这一点，可以发挥点铁成金的作用，对师生发挥长期的效果。就如陶行知先生倡导的“生活教育”理念，将课内的知识与生活的交叉点融合起来，以生活指导教学，以教学影响生活，点亮人生，成就金色岁月，这个交叉点就成了内驱点。又如奥苏贝尔，将内驱力分为了三种：内在的认知内驱力、外在的自我提高内驱力和附属内驱力，教师在课堂教学中若能抓住这三个方面，也可起到“点铁成金”的作用。

1. 巧设疑问，激发学生认知内驱力

认知内驱力，是一种源于学习者自身需要的内部动机，要通过个体在实践中不断取得成功，才能真正表现出来。所以，认知内驱力是

学生获得知识、了解世界、解决问题的需要。诱发学生的认知内驱力，不在于认知的外力，而在于知识本身的魅力、世界固有的引力、问题独特的魅力。教师在学科教学中，应着眼于求知活动本身，尽量弱化外在的物质刺激，要激发兴趣，利用学生的好奇心，巧妙创设问题情境，诱发认知冲突，注重将学习内容与学生的生活背景、知识背景相联系等方法，以满足学生内在的求知欲望。当然，不同的学生，求知欲望的点是不一样的，这就需要合理分析，巧设疑问，通过设置不同层次的问题，依照探究、解决问题的顺序，满足学生的内在需求，获得愉悦感，以此激发学生的认知内驱力。认知内驱力多表现在小学和初中非毕业班阶段。

2. 把握愿景，强化学生自我提高内驱力

自我提高内驱力是一种通过自身的努力，能胜任一定的工作，取得一定的成就，从而赢得一定社会地位（或班级地位）的需要，它以赢得一定的地位为满足。对学生来说，自我提高内驱力，主要表现在获取好成绩和提高自我地位两个方面，它是一种外在的学习动机，需要通过一些外在刺激来强化。譬如，可与学生一起确立愿景，将美好的生活、爱的力量融入其中。每当遭遇困境、挫折时，以积极的心态面对，想想美好的愿景在不远处向自己招手，就能够平添一份勇气和淡定了，也就能够心平气和地看待人与事，平复好情绪，调整好心态，重新振作起来，激励自己获取好成绩或赢得比赛，以得到一定的地位和威信。需要特别注意的是，教育者在强化学生自我提高内驱力时，要避免单纯为了赢得一定地位的功利性目的，而应该引导学生在追求自我提高的同时，看见生活的美好，发现身边人、事、物的点滴美，成为一个能够感受幸福的、更美好的自己，以免顾此失彼，丢了珍贵的东西，如亲情、人格、自我。

拿我们的乡村教育来说，充满乡土气息的环境本身就是最鲜活的教材，也是青少年成长的沃土。淳朴的乡风、民风会给孩子们良好的浸润和影响，美好的亲情、友情会给孩子们浓郁的人文情怀。美丽的大自然无疑是一所美好的学校，沉浸其中的孩子，能闻到花香，听到鸟鸣，喝到山泉，尝到鲜果，各种感官都很灵敏，对新鲜事物充满好奇，也无疑为孩子的成长提供了一个亲近自然、了解自然的环境。如果我们的孩子在他们生命成长的岁月里，没有更多的机会感受大自然所恩赐的资源，没有更多的机会享受大自然的馈赠，没有更多的机会体会大自然的美好，如果我们的孩子在他们那样的美妙时光里，外在的因素让他们远离大自然，远离真实而丰富的乡村生活，远离乡村这种独具特色且魅力无穷的乡村文化，远离弥漫着浓浓亲情、友情和有着清新淳朴的一方乡土民风，这何尝不是一种教育的缺失，对于他们来说，又何尝不是一种人生的缺憾？

3. 实践导学，提升学生附属内驱力

附属内驱力，是指个体为了保持长者们或权威们的赞许或认可，而表现出来的一种认真学习、积极表现的动机。这种学习动机有较明显的年龄特征，多表现在幼儿和小学生身上，也属于一种外部动机。附属内驱力来源于个体的自尊满足，它的提升依赖于父母和老师的认可。为了获得父母和老师的赞许与认可，孩子会表现出听话、顺从的样子。当得到父母和老师的赞许和认可时，他们会表现出兴奋的神态和学习的积极性；反之，则表现为不开心、不起劲。因此，教育者在提升孩子的附属内驱力时，需要注意赞许的时间、地点及事情，要认可孩子的努力、具体的方法和做法，特别要激励孩子在做中学、学中做，积极参与课堂内外的适合他们年龄的实践活动，体验活动本身所带来的满足感和愉悦感，因势利导，通过外化的行，达到内化于心，

以此逐步提升孩子的认知内驱力和自我提高内驱力。

教育要融入生活。如果教育完全与生活脱离、学校完全与社会脱离、书本完全与实际脱离，教育就不能成为学生的生活经验的一部分，也没有为学生未来的生活做准备。这样的教育所培养出来的学生有可能高分低能，其中一部分学生有可能在道德人格、情感沟通、心理素养、自理能力、对生活的向往与态度、对人生的意义与目标方面，大打折扣，严重缺失。走上工作岗位，甚至有的人内心空白，精神颓废，对生活没有热情，对人生失去方向，对生命不懂得善待与珍惜，更不愿意成为站在台下为他人鼓掌的孩子。“三情三美”教学强调实践导学，它是一种生活教育，一种来自生活、依据生活、为生活做准备的教育，一种为生活的向善、向好、向上的教育，更是一种让未来的人生变得多姿多彩的美好的教育。让生活走进教育，走进校园，走进课堂，成为鲜活的教育内容，让教育建构起与世界、社会、现实的活泼生动的联系，从而改善教育的品质。

（四）成长线——课堂审美心理之穿针引线

教育应该为学生提供阳光和雨露。一节课中，教师在实施课堂教学时，不能脱离主线，而应树立整体一盘棋的观念，抓住主线，穿针引线，将一些创新素材、方式等为我所用，进行整合，构建知识体系，帮助学生形成一条知识链，一棵系统树。而这根“线”，就是本处所要说的“成长线”。

1. 发挥审美心理对课堂教学的指导作用，波动心弦，立足长远

朴素而幸福的教育的倡导者与实践者汤勇在《教育可以更美好》

一书中，讲到了一列火车的感思。一列由内燃机车拖挂四节车厢的绿皮火车——7053次列车，缓缓穿梭在山东淄博到泰山的山林间，全程184公里，单程6小时，平均时速32公里，算得上是目前最慢的火车。然而就是这列行驶在山间最慢的小火车，最近竟然异常火爆。有人专门从济南、上海、北京等地赶来，就为了找临窗的座位待上6小时，细细品味和感受那种“慢”，以怀念过去那些缓慢但美好的时光。这段时光之所以令人有“美好”的感受，是因为它拨动了人们内在的心弦。我们的教育何尝不是这样？当我们的教育让教育者与天真烂漫的孩子在一起，与知识在一起，与文明在一起，与长远在一起，那么，我们的精神就能得以丰盈，灵魂得以皈依，我们就能在这片土地上诗意地栖居，这样的教育自然是美好的，是令人心动的。

然而，有相当一部分教师为了追求更快的教学效果，依然在“教师为主体”还是“学生为主体”之间矛盾和纠结，举棋不定，出于现实的考量和无奈，在强烈的功利性的驱使下，课堂内容依然停留在书本及周边的知识，课堂常常因为缺少了生活的味道，而使学生减少了品读的机会；也常常因为缺少了文化的诗意，而使学生减少了滋润的机会，得不到更好更高的发展，课堂自然成了临时的“战场”和“竞斗场”，充满着无形的硝烟，师生所面临的压力也就可想而知了。这样的做法违背了审美心理的规律，教学也就失去了美的韵味和意义。故此，学科教学中，教师要遵循审美心理的要求，首先要保持自身健康的心理状态，学会欣赏自己的工作，从中找到快乐和意义；同时调节好学生的心理状态，引领学生喜欢学习，获得进步和快乐的体验；还要坚定地从学生的长远发展考虑，发挥审美心理对课堂教学的指导作用，完善课堂结构，使学生愿学、乐学、会学，真正收获教学的美感与幸福感。

2. 弱化审美心理对课堂教学的制约作用，有的放矢，解放孩子

意大利伟大的哲学家、美学家维柯在《新科学》中，把全人类心理功能发展分为三个阶段：“人最初只有感受而不能知觉，接着用一种被搅动的不安的心灵与知觉，最后才用清晰的理智与思索。”“由于人心的不明确性，每逢它落到无知里，人就把他自己变成衡量一切事物的尺度。”“当人们对产生事物原因还是无知的，不能根据类似事物来解释它们时，他们就把自己的本性转到事物身上去，例如普通人说‘磁石爱铁’。”可见，心理既能起到指导作用，也能起到制约作用。就像阳光与阴影同在，有正面就有反面，要发挥积极力量，也要弱化消极力量。“每个人身上都有太阳，只是要让它发光。”教育的作用就是让学生知道自己的太阳在哪儿，怎样让它发光，并且让太阳照耀到校园的每个角落，使每一个内心有阴霾的人，都能感受到生活与学习的丝丝光亮。

陶行知先生曾经说过，要解放孩子的手、口、大脑、眼，还要解放孩子的时间和空间，让孩子能干、能说、能想、能看，也有想做的事、想接触的自然与社会。教师想要实现这一点，需要懂点儿心理学，懂得审美心理对课堂教学的制约作用，有的放矢，解放孩子，化制约为指导。因为一个美的事物在不同人眼里看来是不一样的，有的是正面的，有的可能是负面的。所以，就如前文所述，要引导学生树立正确的审美价值观，帮助学生发现自己的特点，悦纳自己，发现自己的阳光所在。要实现这一点，教师还需要了解学生的审美心理特征，并依据审美心理特征安排好教学内容、教学方式，进行恰当的教学评价，抓住课堂结构中的兴趣点、思维点、内驱点，通过强烈的对比，强化教育教学效果，促进学生的成长。

美育心理小课堂

“移情模仿说”认为审美欣赏是人们用自己的内部器官去感受、模仿外部事物精神上或物质上的特点的一种内部的运动知觉活动。美感的产生是在审美活动中，主体把自己的情感投射到审美对象上去，产生由我及物，而达到物我同一或是由物及我，设身处地与对象融为一体而产生的快感。这一学说强调了审美主体的主观能动性，否认了美的客观属性，有合理也有需要完善的地方。

第四章 “三情三美”教学的情境创设

内容摘要

教学情境是指在课堂教学中，为落实教学目标，根据教学内容所设定的、适合并作用于学习主体的学习环境。陶行知生活理论、黑格尔《美学》、苏格拉底“产婆术”、班杜拉交互决定论、马克思和恩格斯的典型观都对教学情境进行了解读。教学情境分为很多种，美的教学情境主要有诗意化的教学情境、生活化的教学情境、个性化的教学情境、思维化的教学情境、真实化的教学情境、审美化的教学情境和活动化的教学情境七种。这些教学情境符合“最近发展区”的理论，契合循序渐进的原则，适合身心发展的特点。它们美在于直观，美在于意境。教学情境应符合学科特质的气氛，应追求思维碰撞的火花，应富有审美培养的意识。在具体的教学实践中，要做到创设情境发现美：一要坚持以学生为出发点，立足创新，遵循学生的心理发展规律和逻辑思维规律，基于学生的生理发展、个体经验、不断增强的自我意识和个性特征来创设情境，情境的设置要有艺术性、层次性、严谨性、可塑性、实践性、思辨性，做到知行合一；二要坚持以生活为着力点，立足实践，在审美感悟中觉察生活，在审美表达中描绘生活，在审美实践中提升生活；三要坚持以审美为落脚点，立足发展，领略校园之美，注重人格之美，丰富想象之美，融合学科之美，创新方式之美。在教学中，积极开展体验式学习，延伸内涵式学习，重视观察式学习。

一、教学情境的理论解读

教学情境是指在课堂教学中，为落实教学目标，根据教学内容所设定的、适合并作用于学习主体的学习环境。教学情境能使学习主体产生一定的情感反应，使其积极主动地建构有利于学习的背景、环境和活动条件。从广义上来说，教学情境是指作用于学习主体，产生一定的情感反应的客观环境。从狭义上来说，则是指在课堂教学环境中，作用于学生而引起积极学习情感反应的教学过程。它可以综合利用多种教学手段，通过外显的教学活动形式，营造一种学习氛围，使学生形成良好的求知心理，参与对所学知识的探索、发现和认识过程。教学情境可以贯穿于全课，也可以是课的开始、课的中间或课的结束。对教学情境有着多方面的理论解读。

陶行知生活理论对教学情境的解读。陶行知先生认为，生活是有生命的东西，在一个环境里生生不已的就是生活。就像一粒种子一样，它能在不见不闻的地方发芽开花。生活本身就是教学情境。对生活与教育，陶行知先生做了如下解读：是生活就是教育，不是生活就不是教育；是好生活就是好教育，是坏生活就是坏教育；所谓之生活，未必是生活，就未必是教育；是康健的生活，就是康健的教育，是不健康的生活，就是不健康的教育；是艺术的生活，就是艺术的教育，是不艺术的生活，就是不艺术的教育等。归结起来，就是“生活即教育”“学校即社会”。他告诉我们，人生需要什么，我们就教什么。要先能做到“社会即学校”，然后才能讲“学校即社会”；要先能做到“生活即教育”，然后才能讲“教育即生活”。陶先生主张生活即教育，希望从成人的残酷世界里把儿童解放出来；主张办今日之学校，使学生过今日之生活，受今日之教育；主张学校以生活为中心，师生必须共甘苦，才能得到精神的沟通、感情的融洽；主张师生共同关心，人格要互相感化，习惯要互相锻炼。

黑格尔《美学》对教学情境的解读。《美学》一书被称为黑格尔美学体系大全，它集西方美学理论之大成，把德国古典美学推向其发展的顶峰。在《美学》中，黑格尔提出了“美是理念的感性显现”的美学思想，认为“外在现实世界是人的认识和实践对象”。他主张美是主观与客观、形式与内容、理想与现实、自由与必然的辩证统一；主张美是从一般世界情况（时代普遍的精神背景）出发，引出人物活动的具体情境和动作情节，最后集中于人物性格。要实现从一般到特殊再到个别的转化，具体情境是其中的一个环节。在《美学》中，黑格尔提出了“一般世界情况”“情境”“情致”三个概念。“一般世界情况”是指某特定时代的一般物质生活和文化生活的背景；“情境”是指“一般世界情况”具体化成的推动人物行动的客观环境，是“外因”；“情致”是指存在于人的自我中而充塞渗透到全部心情的那种基本的理性内容，是“内因”。外在“情境”引起内在“情致”的矛盾和冲突。

苏格拉底“产婆术”对教学情境的解读。苏格拉底重视知识与美德的教学。在品德教学中，他不是把“真知”直接灌输给学生，而是通过对话、诘问，让学生陷入矛盾的困境中，然后引导学生经过自己的思考、辨析获得真知。这种帮助学生获取真知的方法被后世称为“产婆术”。

例如，苏格拉底与一个士兵讨论“什么是勇敢”。

“什么是勇敢？”苏格拉底随便地问一个士兵。

“勇敢是在情况变得艰难时能坚守阵地。”士兵回答。

“但是，假如战略要求撤退呢？”苏格拉底问。

“假如这样的话，就不要使事情变得愚蠢。”

“那么，你同意勇敢既不是坚守阵地也不是撤退？”苏格拉底问。

“我猜是这样，但是，我不知道。”士兵回答。

“我也不知道。或许它正好可以开动你的脑筋。对此你还有什么要说的？”苏格拉底又问。

“是的，可以开动我的脑筋。这就是我要说的。”

“那么，我们也许可以尝试地说：勇敢是在艰难困苦的时候的镇定——正确的判断。”苏格拉底说。

“对。”士兵最后回答。

这种类似的“产婆术”教学情境，可分为两个阶段。一是诘问，由施教者不断提出问题，使受教者在认识上陷入自相矛盾，最终承认自己的错误与无知。二是助产，帮助对方在明白道理的基础上，重新归纳所探究概念的正确含义。“产婆术”被认为是归纳法、探究法、发现法的渊源。

班杜拉“交互决定论”对教学情境的解读。班杜拉的社会学习理论，把行为、个体和环境看作是相互影响地联结在一起的一个系统，你中有我，我中有你。班杜拉把他的这种观点称为“交互决定论”。在班杜拉看来，行为主义理论研究外部环境刺激是如何与有机体的反应能力联系在一起，人本主义理论研究有机体行为的主要内部动因是什么。这两种理论都认为环境刺激或内在素质是单向地引发有机体的行为的。而事实上，我们可以看到许多延迟匹配的现象：观察者在看到一个榜样的示范动作后，可能会过几天甚至更长的时间才表现出来。目前，越来越多的试验证据表明，环境与个体的影响是双向的。在班杜拉交互决定论的模式里，行为、个体（主要是指认知和其他个人的因素）和环境都是作为相互交错的决定因素而起作用的，而且这些决定因素双向地相互影响。因此，在教学实践中，既要关注个体因素，也要认识到环境因素的重要性，这对教学情境的创设提供了理论依据。

马克思和恩格斯的“典型观”对教学情境的解读。马克思和恩格斯的典型观是从历史唯物主义基本原理出发，它包括两个基本原则：一是典型与个性的统一,二是典型人物与典型环境的内在联系。关于典型与个性的统一，恩格斯给敏·考茨基的信提得最为简明：“每个人都是典型，而又有明确的个性。”他认为“倾向”应由情境和情节暗示出来。也就是说，脱离具体的典型环境（即“情境”“现实关系”），就见不出具体的人物性格及其政治倾向。环境不够典型，人物性格也就不可能够典型了。典型是普遍性与个性、丰富性与特征性、独创性与深刻性的统一。创造典型的重要方法是“特征化”，就是抓住生活中最富有特征性的东西，加以艺术强化、生发的过程。这种“特征”可以是一句话、一个细节、一个场景、一个事件、一个人物，等等。这些“特征”都能成为丰满而生动的具体形象，都能成为教学情境，从而避免教学内容的概念化和公式化。

二、美的教学情境

教学情境有很多种。根据其特点，可分为真实的、复杂的、不确定的、两难的、开放性的情境（结构不良的情境）；根据其内容，可分为生活情境、社会情境、政策情境、现实情境、观念情境（丰富多彩的情境）。其中，观念情境是指具有理智的和情感的不确定性与真实性的情境，更具有价值引领的意义。如果根据其审美要求，可以把它分为诗意化、生活化、个性化、思维化、真实化、审美化、活动化七种教学情境。

（一）诗意化的教学情境

诗意化的教学情境具有灵性的美。顾明远先生在《走进中华名校系列丛书·序》中对教育有这样一段论述：“教育，应该具有诗意和美感，具有滋养人性的功能。什么时候教育丧失了诗意和美感，失去了愉悦人心的魅力和滋养人性的功能，说明教育一定是出了问题。”诗意化的语言、诗意化的情境、诗意化的情怀，是教育教学所需，也是教育教学的魅力所在。

在不同学科的教学中，诗意化的教学情境有着不同的表现。有些学科以鲜明的人文性和情感性见长，内容本身具有不同于其他学科的诗意与浪漫，只要教师合理利用，就能发挥其诗意化的功效。例如，语文学科中的文学、诗词作品，承载着人类丰富的感情、深远的思想以及绵长的文明。此时，如果语文教师化身为一位具有浪漫主义情怀的诗人，就能把诗情画意的青春与激情还给学生，让学生的诗心诗性在语文课堂的诗情诗意中自由翱翔，让诗意栖居在语文课堂，使学生能够感受到作品的语言之美、真情之美、意境之美、声韵之美。再如，吟诵是古典诗歌的活态。通过吟诵，师生共同体会其精神内涵和审美韵味，还能把古典诗歌的音乐性与诗歌内容有机地结合起来，激发学生兴趣，提高学习效果，达到学习古典诗歌的至高境界。又如，化学学科以富有诗意的口诀来记忆化学知识，既强化了知识，也愉悦了自己。

总之，诗意化的教学情境在创设时，更多关注学生生命世界的灵性召唤、诗意栖居、内在体验和全面生成，它是人的文化修养的最高表现形式，也是教学的灵魂。我们应该唤醒诗意，并引领学科教学的诗意回归，营造诗意的教学情境，从而增强一个人的文化修养，净化人的灵魂。要做到这一点，教师需要以诗意的语言组织教学，认真体会文章所表达的美感，在欣赏中不断推敲语言之美。如句式对称，讲究工整美；句式参差，讲究段落美。也可通过富有节奏感的情调，展现其语言艺术的魅力，引领学生充分回味其优美韵味，使学生在欣赏中得到美的熏陶。

（二）生活化的教学情境

生活化的教学情境具有朴素的美。被誉为中国台湾文化教父的蒋勋，对于生活美学的传道有自己独到的见解。他以布道者的心境，借由经典文学阐释生活美学。在他看来，“文学，是一种救赎”，“文学是照进现实的一道光，弥合了世界与内心的缝隙，成就更加丰盛的自己”。蒋勋认为文学能够赋予人力量，使人超然于简单的生活之上，挣脱现实的纠葛，获得灵魂的净化。他将文字还原到生活，希望大家能够从文学中找回人性的温度与生活的智慧。然而，现代人就像一个贝壳，很多时候紧紧闭着，却不愿打开。因为里面太柔软、太怕受伤，只有“美”才会让它不再防御，尤其是生活化的美，更能让它放下戒备心，让它打开。

陶行知先生说过：“生活之发荣滋长须有吸收滋养料的容量。”他在给全体同学的一封信中这样写道：“我和诸位同是在乡村里摸路的人。我们的真正指南针只是实际生活。实际生活向我们供给无穷的问题，要求不断的解决，我们朝着实际生活走，大致不至于迷路。我们要运用虚心的态度、精密的观察、证实的试验，才能做出创造的工作。”实际生活是我们的真正指南针，学校生活是社会生活的起点。生活是创设教学情境的立足点。

创设生活化的教学情境，能丰富和提升学生的生活经验，促进学生良好品德的形成和社会性的发展，在品德与社会教学中引领学生走向生活，从生活现象中悟出道理、明白规则、热爱生活。生活化的教学情境是联结课堂与生活的纽带，是实现课堂生活化的有效手段。所以，教师应根据学生的心理特征和认知水平，创设生活化的教学情境，引导学生用多种感官去观察、体验、感悟社会，引领学生质疑问难，获得对世界的真实感受，进一步丰富生活经验，促进自我成长。同时，教师自身要保持虚怀若谷之心，学而不厌，远处着眼，近处着手，从改造课堂环境做起，与学生共同成长。

（三）个性化的教学情境

个性化的教学情境具有独特的美。在教学过程中，我们经常会碰到以下情境，如：①老师在批改作业时，发现丽丽以前“大花脸”似的作业今天竟出奇地整洁。②老师正在欣赏学生们整齐的作业，忽然发现晓林的作业没有做完就交上来了。③上课铃响了，小艺不愿意回教室上课，要继续做手工。④老师请腼腆的小华回答一个很简单的问题，但他一再说：“我不知道。”⑤老师刚刚读完一个同学的优秀习作，教室里就响起了许多同学嘲笑的声音：“他的作文是抄的！”⑥在讲泼水节时，有学生问：“傣族人民为什么还要过泼水节？他们泼呀，洒呀，那不是太浪费了吗？”⑦老师正在检查学生背课文的情况，浩浩不会背，却反问老师：“老师，你会背吗？”⑧一位年轻的老师在上公开课时，请同学们用“爱”组词。一个小男孩站起来，以响亮的声音回答“爱情”等类似的情境。

面对一个个十分具体的个性化教学情境，我们应该如何处理？我们是否会马上根据自己已有的知识或经验做出判断？我们是否会去问一问孩子，他当时的具体体验是什么？我们是否会尽量回到教学情境本身，去反思一下什么样的行为最适合孩子当时的情况，最有利于孩子的发展？一位优秀的、机智的老师面对这样的教学情境时，会想一想孩子当时的体验，会回到教学情境本身，会发现并抓住教育时机，做出最有利于孩子身心发展的反应。这个反应也许是有声的行动，也许只是默默地关注或静静地倾听。那么，什么样的个性化教学情境是有利于孩子发展的呢？

1. 符合“最近发展区”理论

在课堂教学中，教师创设的情境要符合苏联著名心理学家维果茨基的“最近发展区”理论。创设问题的深度要稍高于学习者原有的知识经验水平，具有一定的思维容量和思维强度，需要学生经过努力思考，“同化”和“顺应”才能解决问题，也就是我们常说的摘果子时，须“跳一跳，才能够得着”。教师应扮演好促进者和帮助者的角色，围绕“最近发展区”大做文章，通过作业本、练习题等载体给学生写些积极的、指导性的评语，让学生看到成功的希望，明确努力的方向，使学生各有所得。

例如，初中一年级负数的教学，学生过去从未认识负数，教师可以举一些具体的、具有相反意义的量。比如可用温度计测温度的例子，通过设问：在零摄氏度以上的温度怎样表示？在零摄氏度以下的时候温度应该怎样表示？以此来吸引学生，使他们渴望找到表示这些量的数，从而解决他们想解决的问题。这样，由教学情境中的矛盾，引起学生心理机能的矛盾，使学生很快掌握了负数的概念，并能运用其解决实际问题。

2. 契合循序渐进的原则

学生的学习活动是一个从简单到复杂、由易到难的循序渐进的过程。因此，在教学中创设教学情境应尽可能地依据学生的实际经验和认知，架设好学习的框架，有层次，有梯度，考虑好问题的衔接与过渡。

从学生整体而言，一个班的教学应面向大多数学生，教学的深度应为大多数学生经过努力后所能接受。这需要从大多数学生的实际出发，考虑他们整体的现有水平和潜在水平，正确处理教学中的难与易、快与慢、多与少的关系，循序渐进，使教学内容和进度符合学生整体的发展。如遇到较难的章节时，教师可以添加一些为大多数学生所能接受的案例，因材施教，避免教学的理论化、抽象化、概念化，以便能使学生学有所得。

3. 适合身心发展的特点

个性化的教学情境要符合青少年身心发展的阶段性特点，能够满足青少年好奇、好动的特性。然而，在实际教学中，教师往往看到的是抽象的“教育物件”，而非“具体的孩子”。这就给我们的教学带来了一个问题，教师很努力，学生不感兴趣，教学效果不佳。

改变这一状况，需要考虑学生的不同特点。有的学生认识能力强，兴趣广泛；有的学生思维敏捷，记忆力强；有的学生擅长较具体、形象的思维，但不善于分析、综合和逻辑推理。他们各有所长，有着不同的身体素质、认识能力、意识倾向和兴趣爱好，对知识的理解能力也各有差异。如果按部就班地组织教学，而缺乏针对性的措施，缺乏知识的广延性，就无法使不同层次的学生学有所乐、学有所成，也就无法更好地调动大多数学生的积极性。因此，教师在创设教学情境时要依据教材的内容，根据学生的状态，既要满足他们的求知欲，也要包含丰富的情感和人生意义，符合个体积极向上的最终目标，给学生带来愉悦的教学感受。

（四）思维化的教学情境

思维化的教学情境具有逻辑的美。创设思维化的教学情境，要保证新设情境能够激起学生的认知冲突，激起学生的积极思考。因此，思维化的教学情境也可称为问题化或两难式的教学情境。法国哲学家狄德罗说过："情境要强有力，要使情境和人物性格发生冲突。真正的对比是人物性格和情境的对比。"这样的情境是复杂的、富有逻辑性的情境。

思维化的教学情境应指向问题的解决。苏州市教科院朱开群教授曾举过一道PISA数学测试题的例子，来说明真实、复杂情境下问题的解决。

数学：比萨饼

一家比萨饼店提供厚度相同、直径不同的两款比萨，直径30厘米的比萨要30元钱，而直径40厘米的比萨要40元钱。问：买哪种匹萨更划算？请说明理由。

满分：根据比萨面积增幅大于钱的增幅，推断出买大的比萨比较划算。理由：比萨的直径与价钱相等，但是比萨的面积是直径的平方除以4，肯定大于10，因此比萨增幅大于价钱的增幅，所以买大的划算。

部分得分：通过面积公式计算出每花一元钱能买到多少面积的比萨。$(1/4\times\pi\times40\times40)/40=31.4>(1/4\times\pi\times30\times30)/30=23.6$，因此买大的划算。但这种方法并不适合在日常生活中使用，因此酌情减分。

不得分：其他任何答案及没有给出答案。

可见，PISA测试侧重真实、复杂的情景，考察的是常规思维与非常规复杂思维、知识的迁移和运用、学科知识和多学科知识的综合，其重点在于问题的解决。

为此，在创设思维化的教学情境时，要做到“四个特别重视”：一是特别重视思维化的教学情境下的问题解决；二是特别重视开放性、批判性、创新性思维等高阶思维能力的培养；三是特别重视知识的重组和综合；四是特别重视活动和思辨的设计。在教学过程中，将所学知识迁移到问题情境中，发现问题、分析问题，进而解决问题。同时，在问题化情境中，进行知识与知识的碰撞与联系，加强学科内与学科间的综合，培养学生解决复杂问题和处理不可预测情境的能力和道德。

（五）真实化的教学情境

真实化的教学情境具有实在的美。教师在创设情境时，一定要尽量使情境真实或接近真实，在现实生活中能找到案例。学生在“眼见为实”的丰富、生动、形象的客观事物面前，通过对情境相关问题的探究，完成对主题的意义建构。让学生在真实情境里，通过自主学习、协作学习和研究性学习，主动进行有意义的建构。有一道小学三年级的数学题，可以说明一些问题。题目是这样的：有三个小区，在旁边要建一所超市，请问建在哪儿？说明理由。答案：建在三个小区的中间；建在人口多的那个小区；建在方便停车的小区……可见，这是一个基于真实情境、有一定开放性的问题。真实情境不像书本上讲的那么简单明白，它包含了太多复杂的信息，一切都是糅合在一起的，一切都是模糊不清的。学生必须自己去发现有用的信息，教师只能充当促进者和帮助者的角色，要“导而不教”。然后，在内部行为（即认知）和外部行为（即过程或情境）的共同作用下，实现认知的“同化”与“顺应”，从情境到知识（新知识的习得过程），从知识到情境（新知识的迁移应用过程），完成自我提升。

课堂是一个动态的、变化的情境，教学可能发生在任何时刻。这就要求教师在面对灵动的、真实的教学情境时，需要具备特殊的素质，那就是融入机体的敏感性，以及采取临场行动的教育机智与智慧，能够针对新情况，做出新反应，去处理好一段关系，去分析好一份成长。

就如我们看一个孩子，在不同的真实情境下，看到了什么是不一样的。我看见一个孩子在街上跳绳，我看到的是充满青春活力的弹跳和记忆中的节奏，甚至是我能感觉到自己双腿的跳动，以及心中的遗憾和希望重返母校操场的渴望。而老师看到学生小A在跳绳，他看到的就比一个过路人看到的要多，因为他认识这个学生。他看到小A在远离其他孩子的地方跳绳，他想知道怎样才能让小A融入他们之中。他看到了小A优秀成绩背后的悲哀和可怕的热情，看到了一位过分"望女成凤"的母亲，看到了小A跳绳时的紧张，一如每次做作业、考试时渴望成功而表现出来的紧张，他看到了一个孤独的孩子，一个经常以竞争的标准来衡量自己的孩子。这是两种不同的方式，老师看待孩子，会情不自禁地把这个孩子看成一个多元体，一个正在自我塑造和成长的人。这是真实情境带给老师的联想与思考，也应该是教师在创设真实化教学情境中的一个重点：要有复杂的信息，要能引起思考。

（六）审美化的教学情境

审美化的教学情境本身就是一种美。汪曾祺在《冬天的树》中写过这样一段文字，很美。

> 冬天的树，伸出细细的枝子，像一阵淡紫色的烟雾。
>
> 冬天的树，像一些铜板蚀刻。

冬天的树，简练，清楚。

冬天的树，现出了它的全身。

冬天的树，落尽了所有的叶子，为了不受风的摇撼。

冬天的树，轻轻地，轻轻地呼吸着，树梢隐隐地起伏。

冬天的树在静静地思索。

……

冬天的树，已经出了一些比米粒还小的芽苞，裹在黑色的鞘壳里，偷偷地露出一点娇红。

冬天的树，很快就会吐出一朵一朵透明的，嫩绿的新叶，像一朵一朵火焰，飘动在天空中。

很快，就会满树都是繁华的，丰盛的浓密的绿叶，在丽日和风之中，兴高采烈，大声地喧哗。

它的美在于直观。直观美具有形象性的特点。形象可以是舞蹈、自然山水、工艺品等具体形象，也可以是文学欣赏、讲故事等想象出来的形象。形象可以是绘画、雕塑等艺术品，也可以是音乐作品等声像。通过视觉、听觉感受到自然之美、艺术之美、社会之美。因其直观、形象性，更符合青少年接受知识、感受生活的特点，因而为他们所喜欢。教师在组织教学时，可以充分利用这一点，创设与学生情感、心理、生活相近、相融、相合的审美化教学情境，以增强学生的审美感知力，使其审美素质得到有效的提高。

它的美在于意境。意境美是艺术美的最高境界，中国传统美学把“意”看作是艺术美的精髓，意境美的教学能使学生深刻理解作品，产生联想，丰富想象，产生强烈的创作欲望，收到最佳的教学效果。在教学中，教师不仅要鼓励学生展开大胆、合理的想象，还要教给他们想象的方法，鼓励他们在想象中不断体味文章所表达的美的意境，并联系实际让学生合理想象。在语文教学中，教师既要关注诗歌的意境教学，也要关注散文的意境教学，利用散文独具质感的语言创设特定的情境，寄托自己的哲理情思，培养学生的想象力，不断提高学生的审美能力。如组织富有审美的对话。教师可根据情境中人物的思想品质、性格特点、心理活动的表现，引导学生认真揣摩、仔细研究，用精练的笔墨，简洁的生活化语言，刻画出人物丰富的内心世界，体会出人物性格特点乃至思想品质之美感。这样既能提高学生的语感，又能使学生得到美的熏陶。在其他学科教学中，课堂语言越是优美，越是有意境，就越能激发学生的爱美之心，使他们自然地投入其中。

当然，美有很多种。有音乐、美术、文学的艺术美，有自然美、社会美，有学校生活中的现实美、师生的健康美，有姿态美、服饰美，有运动中的形态美、跃动美、韵律美、和谐美，有思维过程中的敏捷美、机智美、逻辑美，有行为中的协作美、探究美，有认知中的结构美，还有道德层面的忍耐美、热情美、诚信美以及美的对话、美的评价，等等。校园里绿树成荫，亮丽而怡人的环境，可以让学生感染美的气息；学生之间美好的人际关系，礼貌而文明的行为，可以成为一种无形的美的力量，推动着我们前进。只要我们教师留心观察、用心体悟，就一定能找到教学的突破口，来美化我们略显单调的教学，活化我们的教学生机。

（七）活动化的教学情境

活动化的教学情境具有体验的美。气氛是我们体验生活空间的方式。课堂气氛是教师将自己呈现给孩子们的一种方式，也是孩子们将自己呈现给教师的一种方式。教学不仅讲究技术，也讲究气氛。教学中表现出的情调和气氛，与道德、情绪以及人与人的关系息息相关。一个学校或教室的气氛是很复杂的。可能让某个孩子感到压抑和恐惧，而另一个孩子却可能在其中产生斗志和自信。之所以会这样，是与我们的性情或精神状态有很大关系的，也与当时的景象有关。

气氛无处不在。它存在于物体，如一幅有品位的画，一张舒适的椅子；它存在于地点，如一片宁静的风景，一个美丽的海滩；它存在于事件，如一场欢快的毕业典礼，一次庄严的演讲；它存在于时间，如一个愉快的收获季节，一个欣慰的结局时刻；它存在于空间，如一缕温暖的阳光，一场迷蒙的细雨。更恰当地说，对于每一个具体的对象而言，气氛都是人们对周围环境的感受。学校内的建筑、雕塑、花草、树木，教室里的学习与生活空间，它的外观和精神上的特质，都会带来不同的气氛。而且，不同学科的教室气氛是不一样的。小学的教室可以侧重教给孩子们认识世界的方法和形象性的布置；中学的教室应侧重体现各个学科性质的气氛。比如，一间生物教室就完全不同于一间艺术教室。教室里的摆设和装饰，课件的色彩与装饰，都要有所不同。

1. 活动化的教学情境应符合学科特质的气氛

做好这一点，需要教师细心地体会和敏锐地观察。机敏的老师可能会告诉你，一走进教室，他就能觉察到这个教室的味道。教室里面的布置，如书本摆放的空间、光线的明亮程度、墙上的装饰，以及学生们的表情和细微的动作、老师此刻的心情甚至眼神等，这一切构成了教学的情调，为接下来的教学埋下了伏笔。优秀的教师会关注课堂里学生的生活体验，对课堂里的教学活动有一种特有的敏感，并能捕捉到每一个细微的情绪变化，以随时调适自己的情绪、讲授和互动的节奏。我们要注意到，只有关注好课堂里个体生命的独特性和教学的“情调”或气氛，才能奏出教学的美妙音符，让课堂的生命力迸发出来。有时平和是一种情调，有时激昂是一种情调，有时沉默也是一种情调。沉默不仅是声音的消失，也是其内在品质的呈现。在寂静中教师合上课本，但是故事还久久地回荡在空中，让人回味无穷。这是深思时的沉默，这是反省时的沉默。

2. 活动化的教学情境应追求思维碰撞的火花

时代要求培养学生的团队精神和合作能力，让他们学会交流，学会分享获得的信息、创意及成果，在欣赏自己的同时，学会欣赏别人。为此，教师在创设活动化的教学情境时，不仅要考虑师生之间的交流与合作，也要考虑学生之间的交流与协作。通过小组合作学习、探究学习的方式，让课堂“活”起来，让学生大胆提问，并发挥集体的智慧，共同克服学习中出现的困难。还要考虑师生之间的思维碰撞，让师生相互启发、相互诱导，达到相融相合、和谐共振的境界。比如数学教学中的体验课，物理、化学教学中的实验课，思政教学中的实践课，语文教学中的作品分析，美术教学中的写生课、泥塑课等，在师生之间、生生之间架起一座合作与探究的桥梁，碰撞出思维的火花。

3. 活动化的教学情境应富有审美培养的意识

活动化的教学情境，可以通过不同的形式来培养学生的审美意识。如通过创作比赛、绘画比赛、歌唱比赛、设计比赛、朗诵比赛、解题比赛等竞争的形式，营造一定的审美气氛，从而对学生产生强大的吸引力和冲击力，并且按照速度与质量、内容与健康审美相结合的标准进行评判，以达到审美教育效果。还可以通过学生喜闻乐见的形式进行表演、拍摄，注重内容的大众化、普适性，强调活动的参与性，充分调动广大学生的热情，展现当代学生的个性风貌和审美特长。在道德与法治课堂教学中，教师充分运用活动来创设情境，不仅能调动学生的学习兴趣，还可以使学生不知不觉地融进情境中去，自然而然地悟出道理，从而收到良好的教学效果。这是实现课堂活动化的有效手段，也是增强学生体验与感悟的重要载体。

活动化的教学情境还可以和校园审美文化建设结合起来。通过各种方式和手段，努力在学校内部营造一种发现美、追求美和创造美的氛围。整个学校仿佛就是一个艺术作品，学生一旦走进学校，仿佛就成了这件艺术作品中一个活的要素，整个地沉浸在美的熏陶之中，时时处处、方方面面地感受美和创造美。这样的氛围，有助于养成学生大方高雅的修养和富有智慧的创造力，使他们一举手、一投足都比较符合审美的规范。在组织学生课外活动时，要多样性，不仅要有跑步、打球、拔河等运动项目，还可以开展一些充满诗情画意、创意创新的活动，开启学生的想象力和创造力，焕发学生的生命活力。

三、创设情境发现美

前面我们讲到了美的教学情境分为七大类，在实际教学中，根据不同的教学内容、不同的教学目的，这些教学情境有时单独出现，有时几种教学情境融合在一起，大小结合或者远近结合。教学情境是激发学生思维，调动学生参与课堂学习活动的积极性的重要载体，它有利于引领学生在活动中更好地发现美、感受美、追求美、创造美。

美是什么？根据《说文解字》：羊大则美。认为羊长得很肥大就是“美”。这说明，美与感性存在、与满足人的感性需要和享受（好吃）有直接的关系。另一种看法认为羊人为美。两者统一起来，可以看出：一方面“美”是物质的感性存在，与人的感性需要、享受、感官直接相关；另一方面“美”又有社会的意义和内容，与人的群体和理性相连。综合起来，说明了美的存在离不开人的存在。在古代，“美”和“善”是混在一起的，经常是一个意思。《论语》讲“里仁为美”，又讲子张问：“何谓五美？”孔子回答说：“君子惠而不费，劳而不怨，欲而不贪，泰而不骄，威而不猛。”这里的“美”讲的都是“善”。同时，“美”“善”也在逐渐分化，《论语》里就有“尽美矣，未尽善也”，等等。

归纳起来，美包含三种含义：一是指感官上的愉快。如饿得要命，吃点东西，觉得“美”滋滋的。热得要死，来瓶冰镇饮料，感到“美”爽了。这种“美”的感觉往往是非常强烈的。二是指伦理判断。如对某个人、某件事、某种行为赞赏时，常用“美”这个词，来传达情感态度和赞同立场。三是专指审美对象。在日常生活中，“美”字更多地用在使你产生审美愉悦的事物和对象上。看画展、听音乐、欣赏各类艺术，也常用“美”这个词。这不是伦理道德的判断，也不是感官愉悦的判断，而是审美的判断。

美的表现形式有很多。阳刚是一种美，阴柔也是一种美；壮美是一种美，优美也是一种美；圆满是一种美，残缺也是一种美；“古道西风瘦马”是美，“杏花春雨江南”也是美；悬崖峭壁是一种起伏的美，一马平川是一种平和的美，等等。美无处不在，无时不有。人类从原始的懵懂状态发展到今天，物质文明和精神文明极大丰富，创造了无数美的事物、美的文化。“美”作为一种事物的外在表现，客观地存在于现实生活的各个领域。

那么，如何通过创设情境去发现真正的美呢？

（一）以学生为出发点，立足创新

朱光潜在《谈美》中写道，我们看一棵古松，从正面或是从侧面看，以幼年人的心境或是中年人的心境去看，所看到的古松面目是不一样的，是两件事。在教学中，师生不同的心境，以教师为出发点还是以学生为出发点组织教学，效果自然也是不相同的。以学生为出发点，有利于学生获得尝试体验的经验，引导学生自觉培养高雅的情趣，增强对社会生活、学校生活、家庭生活的美好感受，促进学生的获得感和幸福感。同时，有利于引导学生关注身边人、身边事，做一个关爱社会、关爱学校、关爱同学、关爱自我的有情趣的人。

1. 遵循学生的心理发展规律，突破教材，巧用资源。

学生的心理发展有着一定的规律。其发展特性角度主要表现为顺序性、阶段性、未完成性、不平衡性、个别差异性、能动性和整体性。发展的顺序性是指个体发展具有一定先后顺序的特性，它强调多个阶段连续性的过程，是不可逆、不可逾越的，既包含个体身体的发展，也包含个体心理的发展，如从无意注意到有意注意，从具体思维到抽象思维，从喜怒哀乐等一般情绪到道德感、理智感、美感等高级情感，是遵循一定顺序的。发展的阶段性是指在一个从量变到质变的过程中呈现出的典型特征阶段。在个体发展的不同阶段，有着不同的心理特点、年龄特征和主要矛盾。发展的未完成性意味着孩子的可塑性、可能性、不确定性和可选择性。发展的不平衡性指的是身心发展不同步，或者某一方面发展速度在不同的年龄是不平衡的，比如少年早成、大器晚成等。心理发展的差异性是指人在认知、情感、意志等心理活动过程中表现出来的相对稳定而又不同于他人的心理特征方面的差异，它包括个体心理差异和群体心理差异。它是个体在遗传与环境等因素的交互作用下逐渐形成和发展起来的。发展的能动性是个体对外界或内部刺激、影响做出的积极的、有选择的反应或回答。在反应过程中，个体结合思维与实践，表现出主动、自主、自觉和自我塑造的能动性，这是人所特有的主观能动性。发展的整体性强调的是个体内在各方面因素的相互关系以及由此而形成的生命特征，它不是生命各部分的简单相加。根据学生心理发展规律，来突破教材、巧用资源，可以从四个方面来做。

（1）基于学生的生理发展。生理发展是心理发展的基础。大脑是心理的物质基础，神经系统的发展状况会直接影响个体心理发展的水平，特别是神经系统的损伤和缺陷会导致严重的心理功能缺陷。例如，大脑皮质一定区域的损伤会引起特有的语言活动功能障碍。还有生理疾病也会改变个体的生理特征，造成生理上的差异，同时生理疾病还会引起个体心理上的困惑，从而造成心理上的差异。此外，个体还会因为生理上的缺陷，像残疾等，带来心理上的自卑、偏激、抑郁等问题。

教师要接受关于大脑的教育。当我们学习新事物时，神经元会产生新的关联，而这些关联会随着时间和努力而逐渐变得强大。神经元关联越多，大脑神经越稠密、密度越高，个体就越聪明。通过学习新事物获得的崭新的学习经验，如同被一根细线连接起来的神经元。每当新的知识得到训练及应用时，这根细线就会变得越来越强大，直到这项学习被掌握。这时，原本那根微弱、细小的线就有着粗绳般的强大力量。因此，教师自身在掌握一定的大脑知识的前提下，要对学生传授相关内容，使学生对大脑中神经元关联有所了解，了解神经的可塑性，即在我们的整个生命过程中大脑变化、适应及自我"改变"的能力，继而相信通过努力和毅力能够增长自己的智力，在学习的过程中，创造新的连接，消除不经常使用的连接。为了加强学生的这些神经元关联，教师在教学过程中，应持续把先前的知识和经验联系起来，以增强学生神经元的力量。

教师要采用成长型思维模式来对待学生。神经科学研究表明，神经具有可塑性，在学习者努力、毅力和动机之下，每个人都能变得"聪明"。教师要让学生意识到智力并非试卷上的一个分数或一份成绩单，而是在努力、毅力及动机的基础上不断变化的过程。斯坦福大学心理学教授卡罗尔·德韦克在《思维方式：新的成功心理学》中介绍了一种信念体系，即成长型思维模式，认为通过坚持、努力及专心致志地学习，一个人的智力将得以成长或发展。与之相反的信念体系是固定型思维模式，这一模式认为一个人有着先天注定的智力、技能或才华。他认为，带着成长型思维模式的学习者相信自己能够学习任何东西，他们会将重心放在学习上；带着成长型思维模式的教育工作者相信只要付出努力且学习勤奋，所有学生都能证明自己的显著成长。相反，带着固定型思维模式的人可能真的相信他的智力、技能及才华是先天注定的。这就给教育带来了一定的问题，那些认为自己天资聪颖的学生，就会觉得反正自己聪明，不需要努力，就能取得成功；另一些认为自己不够聪明的学生，就会觉得反正自己不可能成功，也就经常放弃或者干脆不付出努力。有研究表明，幼儿园里100%孩子是成长型思维模式。他们来上幼儿园，认为自己能够学习并且取得成功。他们兴高采烈、充满希望。在一年级课堂里，有10%的学生展示了固定型思维模式；二年级，固定型思维模式的学生比例增长到18%；到了三年级，有42%的学生持有固定型思维模式。因此，在创设情境时，教师要采用成长型思维模式来对待教育教学、对待学生，避免“一棍子打死”，要相信自己的努力会有成效，相信所有的孩子付出努力、坚持不懈、受到激励都能获得成功，在教学过程中，带着坚定的信念，积极期待，引领学生做出改变。

教师要拓宽学生的“天赋”。拓宽“天赋”，应侧重学生才能的发展、优势方面的发挥和潜能的挖掘。做到这一点，教师要遵循人的发展的顺序性，循序渐进，促进学生的身心发展；又要遵循人的发展的整体性，以全人教育为理念，观照人的生命整体，促进人的整体性发展。学生要全身心投入到挑战性的学习活动中，也就是说感觉、知觉、思维、情感、态度都要融入进去，以体会学科的思维方法，体会合作的价值与意义，体会学习活动中的成长，毫无杂念地体验挑战成功所带来的成就感。

（2）基于学生的个体经验。虽然学生的社会经验不足，但在其成长的过程中，或多或少地积累了一些个性化的经验，这些经验往往与个体的成长经历联系在一起。每个个体都是源头的表达，个体经验只是源头经验自身的一部分。但是，不同的个体经验聚合在一起，便能汇成一股清泉，流淌出不一样的色彩。要关注个体经验背后的成长，给予不同层次学生充分表达的机会，尤其不能带着"有色眼镜"，以固定型思维模式去看待一个学生，而应通过成就的透视镜来看待学生，看到学生的成长，促进他们成长型思维模式的形成与发展。

然而，个体经验具有局限性。它们通常是零碎的、浅层次的，也是富有个人特色的经验。有时我们做出一个判断，往往自信满满，认为一定是正确的，结果发现这个判断可能受到了个人经验的限制，存在着盲区；有时我们看到一些当代青年艺术家的创作丰富多彩、特色鲜明，却可能因为自身较少的经历和思考问题的局限性，带来了作品的肤浅和娱乐化。这种过于强调个体经验表达，以及过于日常的碎片化现实生活，是需要避免和注意的。用理性知识来改变个体经验中根深蒂固的偏见，是教师的重要教学任务之一。通过教学将零碎的、个别的经验整合成集体的、共有的经验。

在创设情境时，要从学生实际出发，从学生的个体经验出发，遵循人的发展阶段性，根据不断阶段学生的年龄特点，设计有针对性的教育教学情境，促进学生的个体经验的丰富与发展。同时，要根据当前的学习活动去调动、激活以往的知识经验，以融会贯通的方式对学习内容进行组织，建构出自己的知识结构，学会运用发展的眼光看待学生，培养学生创造性和批判性认知的能力，把学生培养成全面发展的人才。在某些不擅长的方面，如科技、审美、运动等，给予恰当的引导，丰富学生的个体经验，并在此基础上协同成长。

（3）基于学生不断增强的自我意识。自我意识是对自己身心活动的觉察，它包含了对自己以及状态、思维、情感、意志等方面的认识。伴随着自我意识的觉醒，学生的内在情感变得丰富复杂，自尊心不断增强，他们不仅关注精彩的外面世界，也开始关注自身的内心世界，此时的学生容易受到外面世界的影响，这种影响既可能有利于自身的成长，也可能对自身健康不利。初中学生正处于身心发展与内在矛盾并存的时期，他们的自我意识快速发展，期盼老师和家长的肯定与鼓励。如何消除不利影响，需要教师遵循学生发展的能动性，尊重心理规律，满足学生的合理需求，培养学生的创新思维和实践能力，促进学生的自我成长。

譬如，在具体做法上，可采用“321笔记法”，即记录三句最重要的话，写下两个最深切的感受，记录一个立即可以做的行动。在表扬学生时，要注意表扬的内容与时机。在肯定学生付出的行动很赞，或者完成的任务很好时，可以补充一句说：“我可以看出你学习非常努力。”从而将学生取得的成功归因到努力上，以满足学生的内在需求。《有天赋的大脑是如何学习的》一文中说道：“那些因为智力而被夸奖的孩子重视表现，而那些因为努力和勤学而被表扬的孩子珍视学习的机会。”当然，老师也可以把口头表扬具体化，设置成各式各样内容的班级奖券，以激发学生的精神力量，使我们的教学在无法给孩子更多的减负、更多的自由时间的时候，从学生的心理规律出发，让学生感受到学习是有意义的。

（4）基于学生的个性特征。面对同样的环境，不同个性的学生受到的影响是不同的。不同学生的个性特征反映了学生心理的差异性。心理的差异性在教学情境中主要表现为学生的学习差异、智力差异、性格差异、心理素质差异等。其中，学习差异体现在学习方式、学习策略、学习兴趣、学习动机等方面。

在学习差异方面，学生的学习方式包括很多方面。从知觉反应来说，视觉型学习者喜欢通过图片、文字材料等学习，听觉型学习者喜欢通过教师的讲解、与他人的讨论等方式学习，动觉型学习者喜欢通过操作模型、做实验等学习。从信息加工的风格上来说，有的学生喜欢在同一时间对多个信息进行整体加工，有的学生则喜欢对信息进行逐一的加工。学生在学习策略上的差异，主要表现为对学习策略的掌握和使用上的差异。学科兴趣的差异体现在学习兴趣的广博性、持久性、效果性等方面。学习动机的差异体现在不同阶段学生的不同动机上。

在智力差异上，男女智力总体水平相当，但在智力结构上表现出不平衡性，相对来说，男生在数学能力、空间能力、抽象推理上比较占优势，女生在言语能力、听觉能力、记忆能力上比较占优势。此外，学生对学习的归因会影响学生对待学习的态度、动机、情感等，进而影响学生的学习。一般说来，女生比男生更容易把失败的原因归结为自己内部的因素，如努力程度不够、自己的学习能力较差等。男生则更多地把失败的原因归结为外部环境的因素，如学习内容困难、学习任务重、教师教学方法有问题等。

因此，教师在创设教学情境时，要做到：一要依据教材的不同内容，通过差异性、回应式的教学来迎合学生的需求，了解他们所需要的东西、何时需要、如何需要，并给予满足；二要给每个学生提供机会，通过丰富教学内容，增强学生学习兴趣，为他们插上成功的翅膀；三要对所有学生抱有高期待，重视构建努力和毅力的学习环境，激发他们的学习动机，尤其是对那些有能力、潜能和动机迎接挑战的学生，更要做好引领工作；四要在关注学生智力差异的同时，特别关注学生的归因问题，要有意识地引导学生正确面对成功与失败，由外到内找原因、寻对策，并努力改进；五要遵循学生发展的个别差异性，深入了解学生的不同个性、心理特点和兴趣爱好，因材施教，引导学生扬长避短，促进学生自由地发展；六要遵循学生发展的不平衡性，抓住发展的关键期，促进学生健康发展；七要致力于构建成长型思维模式的教学氛围，相信付出努力、动机、毅力以及在正确的教育策略下，所有的学生都能取得巨大的成功；八要根据不同场景，制定不同的课堂规则，如在声音上设置不同等级：早自习、写作业时安静不讲话，读书、需要帮助时耳语小声说话，讨论时声音较大，发言、演讲时大声说话，操场、户外运动时大喊等。

那么，如何突破教材，巧用资源，促进学生的正向发展？下面，我以初中道德与法治教材中的课文《在社会中成长》的教学为例，来加以说明。

在《在社会中成长》一课教学中，我以“成长”为话题，融入教学，设计了三个不同的板块，层层递进，贯穿课堂始终，凸显了层次性和整体性。教材原本没有独立的审美情趣内容，但这些情趣藏在我们的社会生活之中，与社会有着千丝万缕的联系，给我们提供了丰富的精神滋养。如衣食住行中的“山之韵”“水之秀”“食之诱”“衣之尚”等。所以必须以学生为出发点，遵循学生的心理发展规律，大胆地突破教材，巧妙地整合资源。整个课堂教学设计了“创意涂鸦墙”“创意自画像”“创意实践区”三个板块，抽象中蕴含形象，理性中蕴含感性，比较符合八年级学生的心理发展，通过绘画、视频、音乐、探究、感悟等形式，让学生有话可说、有事可做，同时也让学生明白，生活中不是没有美，而是要有一双发现美、捕捉美的眼睛。这是基于学生心理发展规律作出的教学设计，也是加强美育的要求，是时代对学生、对老师提出的要求，它旨在发展学生对生活情趣的感悟、表达和实践，并力求让学生在广阔的社会舞台中认识自我，发挥自己的潜能。

2. 遵循学生的逻辑思维规律，设置情境，引领起航。

生理的急剧变化带来了心理和思维的快速发展。思维是人用头脑进行逻辑推导的属性、能力和过程，它以感知为基础又超越感知。通常来说，一切认知或智力活动，我们都称之为"思维"。思维可以分为很多种。从思维过程看，有分析、综合、比较、分类、抽象、概括等；从思维种类看，有感性具象思维、理性具象思维、抽象逻辑思维等形式性思维，有上升性思维、求解性思维、决断性思维等目的性思维，有再现思维、创造思维等智力品质型思维，有动作思维、形象思维、抽象思维等形态型思维，有归纳思维、演绎思维、批判思维等技巧型思维，以及集中思维、求异思维、逆向思维、递进思维、直觉思维、灵感思维、辩证思维等多种类型。

柏拉图说："思维是灵魂的自我谈话。"爱因斯坦也说："思维世界的发展，在某种意义上说，就是对惊奇的不断摆脱。"在初中阶段，随着生理的快速发展，学生的思维发展表现得尤为明显。具体的形象思维开始退出舞台，初级的抽象思维即形式逻辑思维得以迅速发展。因此，课堂上的情境设置应该遵循学生的逻辑思维发展规律。

（1）情境的设置要有艺术性。艺术性的情境是以学生的形象思维为基础，既尊重学生已有的思维水平，也有利于学生逻辑思维水平的生动提升。

什么是形象思维？从认识角度来看，形象思维是指来自感性认识的具体事物的意象。德国美学家移情说的创始人弗列德里希·费肖尔在《论象征》中这样解释："思维方法有两种：一种是用形象，另一种是用概念和文辞；解释宇宙的方式也有两种，一种是文辞，另一种用形象。"我国东汉著名文字学家许慎在《说文解词·序》中提到了"象形""谐声""指事"和"会意"四种造字法，这四种都出自形象思维。还有我国古代诗文一向重视形象思维。

从西方美学发展史来看，形象思维从一开始的受人反对到逐渐被人了解，经历了一段时间。柏拉图反对形象思维，提出"理式"；亚里士多德却坚定地维护形象思维，其《诗学》和《修辞学》中包含了形象思维的精义；培根《学术的促进》指出了形象思维和抽象思维的分别，把文艺归入形象思维；维柯《新科学》认为人在婴儿期，都只用形象思维，后来才逐渐学会抽象思维；瑞士儿童心理学家庇阿杰也从研究儿童运用语言方面论证了儿童最初只会用形象思维；鲍姆嘉通《美学》将美学和逻辑学对立起来，认为美学专研究感性认识和艺术的形象思维，逻辑学专研究抽象思维和理性认识；马克思也肯定了形象思维，他在《政治经济学批判》中说道：“任何神话都是用想象和借助想象以征服自然力，支配自然力，把自然力加以形象化。”由此可见，从形象思维发展到抽象（逻辑）思维，是随着年龄的增长逐步发展起来的。

为此，教师在创设教学情境时，要讲究艺术性，根据学生的不同年龄，在形象思维的基础上培养他们的抽象思维。如听音乐后的感思，观视频后的感悟，看图片后的感觉，做手工后的觉察，等等。

（2）情境的设置要有层次性。层次性的情境，是依据不同个性学生的不同个体经验而定，能使学生的思维在自然而然、潜移默化中得以发展，既够得着，也不至于太累。

教育心理学研究发现，不同层次的情境设置、不同的教学方式产生的教学效果是大不相同的。一节课中，浅层学习还是深度学习，老师教学生还是学生教学生，结果明显不同。浅层学习是以简单记忆、重复描述、机械训练等为主要形式，受外在任务的驱动，消极进行学习的过程，而且学习大多停留在“知道、领会、记忆”的层面上。浅层学习是一种孤立的学习，不能够批判性地学习新的思想和知识，不能够在众多思想和知识之间进行联系，不能够将已有的知识逐渐迁移到新的情境中，做出决策和解决问题。深度学习却不同，它顺应了知识经济、终身学习、信息社会和全球化时代的需要，以挑战性的高级内容为学习内容，以问题解决、批判性思维、开放性视野和创新能力为培养目标。又有研究表明，学生对所学教学内容的平均记忆率为：教师讲授5%，学生阅读10%，视听运用20%，教师演示30%，学生讨论50%，学生实践70%，学生教别人95%。从这些数据中可以见出，学生教学生要比教师教学生的效果优越得多。这就告诉我们，教师在创设教学情境时，要充分发挥学生的主观能动性，经过指点，让学生成为老师，或许会收到意外的惊喜。

如《在社会中成长》一课教学中，我利用学生不同成长时期的感人瞬间，设置了三个不同层次的板块——“创意涂鸦墙”“创意自画像”“创意实践区”，从过去走向未来，从单一走向综合，从封闭走向开放，从“一对一”走向“一对多”，从知识的记忆巩固走向真实情境的问题解决，从形象到抽象，从浅层思维走向高阶思维，以艺术的形式引领学生从生活走进课堂，又从课堂走向生活。

（3）情境的设置要有严谨性。逻辑思维是通过分析、综合、判断和推理，得出普遍概念或规律的过程，是根据感性认识而高于感性认识的认识活动。逻辑思维的发展，离不开分析与综合，也离不开判断与推理。对情境材料的有效分析、合理归整、科学判断，需要严谨的态度和严密的思路。

譬如，在实际教学中，可以将情境设置与思维型课堂教学理念整合起来，形成“以学生为主体、以教师为主导、以思维能力训练为主线”的教学模式，坚持以人为本，重在发展思维能力，把学习方法和学习体验融入其中，激发学生思考，帮助学生学会思考、运用思考、享受思考，真正做到三个“变”：一是目标变，从学会到会学；二是方式变，从知识灌输到能力培养；三是方法变，学会思维的辩证方法，加强审美判断和反思判断力。再如，可以设置问题情境。问题美在思维，它的呈现要有利于学生思维能力的发展。老师从问题入手，着重问题的解决，整堂课机智多变，反映严密的思维过程。问题的呈现要巧角度、多变化，这就需要教师吃透文本、钻研教材，灵活捕捉那些看似平实又细小的言语、意义和细节，需要教师改变教学思维定式，能够根据不同文本、不同教学对象设题质疑，需要教师加强引导，引导学生在“经历、感受、参与、讨论”等具体活动中促进其思维能力的发展，并根据学习后暴露出来的知识、能力方面的薄弱环节，及时进行反馈、矫正等行为。

（4）情境的设置要有可塑性。单一的情境给人的启示往往是单一的，多侧面的情境更能打动人，使人产生丰富的联想，促进思维的发展。

孔子曰：“学而不思则罔。”韩愈也有云：“行成于思毁于随。”思考，让学习更加轻松，借助思考，想出新点子，以此解决问题；思考，让生活更和谐，凭借思考，发现新美好，以此丰富生活内涵。因为思考，不断规范自己的言行举止；因为思考，纠正自己对事情的偏见和误解，提升认知水平；因为思考，感知学习的酸甜苦辣，体会知识的多元化和人的发展的无限可能性。

教师在创设教学情境时，可以抓住教学内容的关键特征，全面把握学科知识的本质联系，将情境与教材有机连接起来，创设引发学生思考、探索的情境，通过具有高阶思维导向的问题设计，培养学生的理性精神、开放性意识、批判性思维和创新能力，使学生能够举一反三，除应付一定的题目变式外，还能进行概念变式、过程变式、举例变式和解题变式的思考。教师还可以在同一节课中尝试使用不同的教学方法，将学科内、学科外、学科间的知识整合起来，通过自主学习、合作学习、探究学习、线上学习，营造教学的多种可能性，促进学生的自主成长。

（5）情境的设置要有实践性。知行合一是学科课程的落脚点和归宿。如果情境的设置仅仅停留在说教层面，做的是表面功夫，就很难深入人心。唯有落实在实践中，才能真正积累起学生的个性化经验，增强学生的内驱力。马克思说：“人的思维是否具有客观的真理性，这并不是一个理论问题，而是一个实践问题。”这里的“实践”，就是说要知行合一。江苏省中小学教学教研室顾润生教授在《德育学科“知行合一”教学模式的建构》一文中这样说道：“‘知行合一’既是教学目标，又是教学方式。开展'知行合一'教学，将知与行有机融合起来，引导学生在知中行、在行中知，有助于促进学生道德认知的内化和道德行为的转化。""知行合一"是中国传统思想的精华。古人所说的"知"指道德观念、思想意念和事物之理，"行"指道德践履和实际行动，"知、行"类似今天认识和实践的关系。"知行合一"要强调知与行要相互贯通和促进，化知识为德性、化德性为德行，特别是在今天颇有借鉴意义。如今，学科教学面貌发生了很大的变化，"教师讲，学生听"的教学方式不再是主流，教师们更加注重创设情境，让学生在一定的情境中开展探究学习。但同时，学科教学中存在的"坐而论道"问题也逐渐凸现出来。顾老师以统编《道德与法治》教材中的"法律为我们护航"的二次教学设计，来加以说明。

"法律为我们护航"教学第一次设计（片段）

案例：七年级同学小刘在放学路上经常被不良青年勒索。一开始他忍气吞声，遭到勒索就乖乖地把自己的零花钱拿出来。有一天，他和同学小张谈到此事，小张建议他立即将此事告诉班主任老师。后来在学校和辖区派出所的努力下，这伙不良青年被绳之以法。

讨论：（1）我们应怎样看待小刘忍气吞声的行为？（2）学校和派出所在保护未成年人方面各自发挥了什么作用？（3）从该案例中我们可以获得哪些启示？

我们可以看到，该片段在情境创设上，结合发生在未成年人身上的事件创设情境，贴近初中生的实际生活，能够引起初中生的情感共鸣；在教学方式的选择上，让学生结合情境和教材知识开展探究学习，有助于学生提高学习能力，也有助于学生理解和接受所要学习的知识。但如果换一个角度，我们也会发现，这两个优点同时也是这节课教学设计的缺点。一是从教学情境的创设上来看，教师借小刘身上发生的事件创设情境，学生开展探究时，是作为旁观者去评论别人，而不是真实地解决自身的问题；二是从学习方式上来看，教师虽然引导学生开展了探究，但这种探究仍然是关在教室里的“坐而论道”式的探究。为此，顾教授建议按照陶行知先生“教学做合一”原理，对该课教学片段进行重新设计。

“法律为我们护航”教学重新设计（片段）

课前调查

将全班学生分为实地考察组、采访1组、采访2组、法律文献组，每组8—10人，按下列提示开展活动。

◎实地考察组：分早、中、晚三个时段，分别考察校园各场所和学校周边环境，分析可能发生校园暴力事件的时间和地点。

◎采访1组：采访学校所在辖区派出所所长，采访的问题：（1）近期我们学校附近是否发生过以未成年人为侵害对象的案件？（2）针对校园暴力事件，公安部门采取了哪些预防措施？……

◎采访2组：以市教育局政策法规处处长和本校德育处主任为采访对象，采访的问题：（1）近期我们学校是否发生过以学生为对象的敲诈、勒索等事件？（2）在预防校园暴力事件方面，教育局和学校采取了哪些措施？……

◎法律文献组：通过图书馆或网络搜集相关法律，如治安管理处罚法、刑法、预防未成年人犯罪法、未成年人保护法等，找出其中与未成年人保护相关的法律条文。

课上研讨

在教师的组织下，学生一是汇报本组调查的过程、获得的信息；二是分析未成年人受到哪些方面的保护；三是讨论未成年人如何加强自我保护。

课后延伸

学生将绘制的预防校园暴力地图以展板形式在校园内展示，提醒全校同学加以防范。同时，将如何预防校园暴力的建议提交到学校德育处、派出所等相关部门。

在教学重新设计中，教师将学生获得知识的过程与开展行动的过程有机地结合起来，既在开展调查研究的行动中获得知识，又在获得知识的过程中改进自己预防校园暴力的行为，体现了知与行的有机统一。这样的情境设置是富有实践性的，它将课内学习与课外学习进行了有机融合，将学科德育活动与学校其他德育活动进行了有机整合，有利于提高学生的实践能力，有利于在德育教师、家长、社会人士之间形成德育合力，增强教育教学的实效性。

（6）情境的设置要有思辨性。无论是学习还是教学，有思辨才有深度，要深度必须有思辨。像思政、语文、历史等学科教学相对于其他学科教学而言更具有开展思辨教学的天然优势，但其他学科也可以开展思辨式的教学。开展思辨式的教学，情境的设置就要有思辨性。

可以传授一些思辨方法。一起阅读《老子》中关于矛盾对立与转化的思想："故有无相生，难易相成，长短相形，高下相倾，音声相和，前后相随。""天下莫柔弱于水，而攻坚强者莫之能胜，以其无以易之。弱之胜强，柔之胜刚，天下莫不知，而莫能行。"这些话都表现出鲜明的辩证思维的特点。一起阅读隽永之味。如孔子的温文尔雅，老子的推论谨严，庄子的汪洋恣意，孟子的雄辩滔滔，体会丰富语言及其背后的思想与情感。

可以在"教材的知识脉络"和"学生的思想脉络"的交叉处开展思辨性教学。通过思辨式的讲解，培养学生的独立精神和自主意识，呼唤完整社会人价值的理性回归。如在讲"对传统文化的继承和发展"的内容时，可以案例探究的形式引导学生就"如何正确对待中国传统的孝道”开展讨论。有一个案例是这样的：北京有一位青年，从21岁起便辞职全力照顾父亲，10多年来不工作，从不与人交往，专以照顾植物人父亲为唯一的职责和工作。对于这样的案例，我们该如何来评价？青年的牺牲和奉献精神，在今天这个利他精神稀缺的社会中，确实感动众人。但社会对孝子的表彰，也需要理性的指导和格外的慎重。今天的年轻人首先要尽自己的最大努力和可能为老人提供幸福和安宁，但孝道也不等于放弃自主和独立。

可以设置一些综合性的思辨情境。南师附中的一位青年教师在设计《实践是认识的基础》一框的教学时，围绕教学内容设计了这样三个教学情境，每个教学情境都渗透出思辨特征。教学情境一：“秀才不出门，便知天下事”与“秀才不出门，难知天下事”是否矛盾？教学情境二：“兴趣是最好的老师”与“实践是认识发展的动力”，你赞同哪个观点？教学情境三：历史上检验真理的标准存在着“用多数人的认识来检验”“用权威结论来检验”和“用实践来检验”的争论，你的观点是什么，说出你的理由。设置综合性的思辨情境，有利于培养学生的思辨能力，有利于引导学生多角度思考问题，多侧面地看待社会、看待人生、看待自我。

可以设置一些辩题式的思辨。辩题最好是基于真实的人物情境，甚至是两难的思辨设计，这样在组织讨论时，学生很容易分成赞成派、不赞成派和中间派展开激烈的辩论。苏州工业园区东沙湖学校的杨利俊老师曾有过一个精彩的辩题设计：他在讲授《新时代的劳动者》一框内容时，以2013年南京亚青会上大学生志愿者，被媒体称为“亚青搬水帝”的李铁峰为背景：李铁峰的亚青大学生志愿者主要工作是搬水，由于每天要搬两三百箱水，因此被媒体称为“亚青搬水帝”。李铁峰大学的专业是生物工程，他的职业梦想却是干销售工作。但在上中央电视台的“职来职往”节目时，却被专家评价为缺乏起码的销售知识和技能，被认定为不适合销售职业。对此，杨老师设计的辩题是：李铁峰要不要坚持自己的销售梦想。杨老师呈现这一辩题后，学生很自然地分成三派：赞成派认为，一个人从事什么样的职业，知识和技能固然重要，但兴趣更是成功之母。虽然他目前在销售知识和技巧上还有明显的不足，但随着时间推移和日积月累，这些问题都可以解决。反对派认为，一个人从事什么样的职业，不能光凭兴趣和梦想，还需要一定的职业知识和技能作为支撑。每个人的职业选择要从自身的实际出发，脱离实际的一味坚持无异于盲目蛮干。中间派认为，李铁峰可以一面从事销售工作，一面进行销售专业知识和技能的学习。如果经过一段时间的努力，业绩有所改观，就可以继续他的销售梦想；如果销售业绩仍然不佳，就应该坚定不移地转行。可以说，正是因为杨老师精彩的辩题设计，才成就了学生精彩的辩论表现。

（二）以生活为着力点，立足实践

陶行知在《生活即教育》中提到了“什么是生活”，认为“有生命的东西，在一个环境里生生不已的就是生活”。可见，生活的核心要素是“有生命”，是活的。只有活的生活，才能生生不已，进行活的教育；只有活的生活，才能培养活的学生，产生活的效果。2011年版《品德与社会课程标准》强调：“教师首先应根据学生已有经验设计教学，同时要通过多样化的教学活动丰富和提升学生的生活经验，加深他们对社会的认识。”在教学中，教师可以选用与学生日常生活联系紧密又富有艺术内涵的素材，提炼其精华，再回归于生活，付诸实践。

生活空间是学科活动最大的实践基地。歌德说：“一部重要的作品是生活的结果。”课堂亦是如此。生活化的情境课堂，是以鲜活的生活素材为载体，引导学生走进生活、感悟生活、回归生活、点亮生活。创设生活化情境，归根到底是教学手段的创新，也是教学智慧的形象呈现。生动鲜活的生活现象昭示或蕴含着学科问题，可以诱导学生的探究热情，触动学生参与生活的体验，激励学生自我发现，丰富学生的表象富集，活化知识链接。生活主题的确定，生活情境的创设，生活式轻松愉快氛围的营造，语言的生活化，例题的生活化，联系生活，实践创新，将课堂向生活延伸，对于知识的掌握、理解起着十分重要的作用。把生活问题的解决引入课堂，能更好地发挥学生学习知识的主动性，激发学生思维的积极性，从而让学生在生活化的氛围中感受学科的魅力。

教师在教学中要了解学生、了解文本，努力创设学生易于接受的、有兴趣的生活情境，采用灵活的、富有生活情趣的课堂组织形式，如故事法、演示法、猜想法、操作法、游戏法、设疑法、悬念法等，把学生引入教师所创设的情境中，培养他们对生活的积极态度，理解生活，发展生活，创造生活，促进他们内心世界和主体人格的发展。教学情境是沟通课堂与生活的桥梁，是实现生活化课堂、拓宽学生体验与感悟的有效手段。在教学中，教师要充分了解学生，熟悉学生的生活经历，以学生鲜活的日常生活为背景，通过多种方法创设多样化的教学情境，利用真实的生活情境，提升学生的生活经验，引领学生从生活化的教学情境中去发现美。

1. 审美感悟中觉察生活

审美感悟，即我们通常所说的“美感”，它起于形象的直觉，是美的事物、美的姿态与我们的情趣发生的交感共鸣。但不同的人面对同一件美的事物，看到同样美的姿态，并不一定就会认为它美，因为有些人根本没有注意到，或者即使注意到了，也没有引起美的直觉，这与个人的情趣以及对生活的觉察是有关系的。因此，要想在学科教学中培养学生的审美情趣，首先要从觉察生活开始。只有用心地觉察生活，才能凭借以往生活中获得的个体经验，领会有情趣的生活所带来的意义。

“创意涂鸦墙”是我在《在社会中成长》教学中设计的第一板块，这一形式契合了时代元素、审美要求和学生的心理迎合度，其创意在于让学生与自己的幼时记忆、个性化经验发生链接，从中觉察父母抚育所付出的艰辛，在笑点与泪点中感悟自身的成长。同时，教师也可以将自己成长过程中的“创意涂鸦墙”与背后的故事融入其中，引起师生的情感共鸣。

2. 审美表达中描绘生活

美，要学会表达。《思想政治教育审美研究》以美学的基本原理为理论依据之一，从“美是自由创造的结果”出发，阐述了由内在的审美感悟到外显的审美表达的发展过程。在这一过程中，需要经过信息加工、精神净化以及方式的选择等环节。基于学生生活的相对单一性，对外界事物信息加工的局限性，学生的精神净化难度偏大，所以，审美表达的方式须根据学生实际来进行选择，课堂教学中的审美表达也就成为培养学生审美情趣的一个有力的抓手。在这样的道德与法治的课堂上，学生在老师精心设计的创意活动中人人参与，课堂成为学生的生活引导，对学生来说就会难以忘怀。

“创意自画像”是我在《在社会中成长》教学中设计的第二板块，旨在通过学生喜闻乐见的绘画形式来描绘自我生活的样子，在描绘的过程中，学生已有的内在感悟和经验得到表达和释放，创造出属于自己的美的世界和生活，通过交流与分享获得新的生活经验，享受创造性地描绘生活所带来的喜悦。当然，审美表达的方式是多样的，既可以通过摄影、图片，也可以通过数字、语言、音乐等形式进行表达。

3. 审美实践中提亮生活

学生生活在一定的社会中，审美实践离不开学生的社会生活。在社会生活中，学生通过独立与互动、分工与合作，进行学习和实践活动，在知识储备和审美经验的基础上，有目的地欣赏美、创造美，产生美的碰撞，实现精神的超越和对美的生命意义的追寻。在追寻的过程中，人与外在事物、环境产生联结、发生改变、实现人化。而这种“改变”因人而异，不同的人改变的点和程度是不同的；“人化”也富有独特性，随物而动，顺境而为，人有偏好，生活的亮化需求和侧面又不同，人化的结果也就不会一样了。

黑格尔说：“人把他的环境人化了。”这至少说明了两层意思：一是，自然是与人结成统一体的自然；二是，人在“人化”他环境的过程中，就是说人把他的能力、理想和意志体现在那“人化”的环境中，使他自己得到“实现”“发展”或“肯定”。他举了一个例子，“一个男孩把石头抛在河水里，以惊奇的神色去看水中所现的圆圈，觉得这是一个作品，在这作品中他看出他自己活动的结果”。以此类推，可以见出是“人化”的结果。

正因为如此，我在《在社会中成长》教学中设计了第三板块“创意实践区”，引导学生从课堂走出来，走向校园、社区乃至社会、国家整个大环境，抓住一个点、一件事、一句话、一部电影、一本书、一条新闻、一张图片、一种现象等，结合自己的理解，进行创意调查、设计与分享，以唤起学生的审美意识，增强学生的审美能动性，提升学生的审美实践能力，养成亲社会行为，向着阳光奔跑。如针对学生中严重的“空心化”现象，鼓励学生进行调查与分析，引领学生从“空心”走向“实心”，以追求真、善、美的积极心态丰富内涵。

（三）以审美为落脚点，立足发展

课堂教学有不同的课堂结构、课程类型、教学方式，归根溯源，只有“发展”两字。只有基于师生共长的课堂，才能真正体现课堂的独特魅力和人文价值。而要做到这一点，离不开美的发现、陶冶和追求。

“爱美之心人皆有之。”学科教学要达到更美化、更优化的效果，必须符合教学活动过程中特定教学对象的认知规律。对于初中学生来说，他们的抽象思维能力还不强，教师如果只用空洞的语言去说教，学生可能难以理解和接受，甚至产生厌烦心理。因此，教师需要通过创设真的、善的、美的教学情境，营造良好的审美氛围，激起学生多方面的审美注意，达到以真感人、以善养人、以美育人的审美境地。如可以根据教学内容创设正与反、虚与实、动与静相结合的情境，通过正例引导、反例感思、虚拟反省、现实对比、实践体悟、宁静走心的方式，去发现教学中的思辨之美、生命之美。

1. 领略校园之美

校园是学生学习的胜地，也是培养学生审美意识的活生生的大课堂。从校园的景观设计与材料，可以看出教育的诗意与自然。校园历史的延续，校园文化的普及，体现在校园环境的细枝末节中。尘埃里开出的花，可以看出美的力量；砖的巧思妙用，可以带来灵动与活泼的乐趣；砖与碎石的组合，可以经济的方式营造自然清新之感；沉稳踏实的场景，走在其间，有放松心情的魔力；古老的建筑材料，是时间的使者，可以见出历史的厚重；校园内的海浪石，以其干净、棱角分明及石头本身海浪的纹理，搭配的绿色植物，可以给人清新脱俗、素净雅致的感觉。还有花草树木、四季更替，带来的变化与惊喜，这是大自然的馈赠，是我们亲近自然、返璞归真的环境需要；刚与柔的

“绿色环保”理念，自然、生态与环保的校园环境，教室内外墙面、走廊的布置，发挥无限创作想象的个性表达，无时不在彰显校园的文化主张；校园内的雕塑，艺术的表达方式，蕴藏背后动人的故事，于沉静中散发着文化的魅力，不仅增添了校园环境的趣味性和人文性，更是课堂教学美的学习、感受的绝佳素材。

此外，学校开展的审美活动，创建的审美文化，都能影响我们的课堂。比如学校德育建设中的“一三四六”，即一个衔接、三条主线、四全育人、六美教育。其中，一个衔接是指“小学—初中—高中德育衔接”；三条主线分别为“爱国主义教育”“传统美德教育”“习惯养成教育”；四全育人是指全员育人、全课程育人、全过程育人、全环境育人；六美教育分别为明德之美、博学之美、笃行之美、身心之美、生态之美与合力之美。这些审美活动与文化，体现出美的普遍性。教师每天生活在美的环境与氛围中，只要用心，时时能够发现美的环绕，若能以美的心态去从事美的教学，引领学生去觉察美、感悟美，何不美哉！

2. 注重人格之美

德育是人的灵魂，人格是个体做人的尊严、价值和品格的总和。人格构成了一个人的思想、道德、情感、思维和行为的相对稳定的独特模式，体现着一个人的精神风貌，反映了人与人之间的内在差异。人格一旦形成，将会长期影响个体的行为。注重人格之美有利于实现自我超越。营造良好的教育生态，使教学回归教育规律，坚持底线思维，坚守治本理念，体现了教育的人格之美；学校加强思想育人、实践育人、艺术育人，体现了学校的人格之美；教师从创美入境，到审美欣赏、审美模仿、审美创造，体现了教师的人格之美；学生心中有物、眼中有光、手中有力，体现了学生的人格之美。人格之美体现在教育的每个层面、学校的每个侧面、师生的每个方面。注重人格之美，培养师生审美人格，是教学的终极目标。

爱是人格的精髓。美国心理学家丹尼尔说："你让人舒服的程度决定着你所能抵达的高度。"让人舒服需要有爱。自然的四季更替，有人爱之，称之为人间天堂；课堂氛围的轻松、愉悦，充满了尊重与平等，源自对学生的关爱；幽默的语言、友善的态度，是因为对生活的热爱；课堂美的情境、美的呈现，燃起对教育的热爱。

美是人格的灵性。其一，美在设计，美在生成。领略课堂之美，关注时事之美，引导学生寻找美在哪儿、为什么这么美，激发学生探究美的兴趣，给枯燥的教学课堂注入生命和灵性。孩子们怀着极大的热情在一个个蕴含美的故事中开动脑筋、思考办法、合作交流、质疑辩论，体现出课堂设计的精妙。其二，美在宽容，美在化错。找到出错源头，进行过程纠错、深度纠错，而不是仅仅停留在结果纠错上。利用错误资源，把错误当作宝贝，将每个错误化作一次提醒、一次成长。其三，美在品格，美在情怀。新闻热点中的数字美、力量美、精度美、速度美，引导孩子联想到中国速度、中国智慧、中国担当，自然中渗透着爱国主义教育，达到润物细无声的效果。其四，美在播种，美在启迪。给孩子播下一粒种子，扣好教育的第一粒扣子，哪里有美，哪里就有教育。激励孩子学会观察，学会思考，学会用学科的眼光看待周围的事物，学会用学科的眼光看待生活和学习中的美，以培养师生的审美人格。

3. 丰富想象之美

想象，是一种特殊的思维形式，是高级的认知过程。它是人在头脑里对已储存的表象进行加工改造形成新形象的心理过程。它由个体的需要所推动，能突破时间和空间的束缚，对机体起到调节作用，并能预见未来。

丰富想象之美，需要训练人的感觉力。审美教育是在审美活动中进行的，而审美活动离不开声音、色彩、线条等形象的材料。无论是社会实践的对象，还是自然的审美形态；无论是人的美，还是艺术美，都必须以大量丰富的具体形象为载体。这种形象载体，使人的感官追求得到满足，使人的感觉力得到滋养，变得敏锐。审美教育正是通过大量刺激人的感官的形象材料和形象手段，使人的感觉力在不断的训练中得到满足和提高。

丰富想象之美，应当有丰富的想象力。欣赏一幅绘画，画面上静止的形象只有在人的脑海里幻化为活的形象，并在想象中对之进行某种程度的“修正”，审美才可能完成。特别是文学作品，通过抽象的文字符号来唤起读者对形象的想象，完成故事的陈述和情感的表达。阅读文学作品尤其能丰富和培养人的想象力。此外，对自然美的欣赏也有丰富的想象活动存在。比如黄山“十八罗汉朝南海”景点，在缥缈云雾的衬托之下，远处的群峰恍如一群得道的高僧，正信步向神话中观音菩萨的南海住处走去。而“迎客松”等著名景点，也需个人展开丰富的联想，方能体会到“主人”的谦恭与热忱。因此，教师只有切实开展既丰富又高质量的审美活动，学生的想象力才能得到有效的训练。而没有想象的行动只能是单一的浅层次的反应，不利于学习的长效性。

4. 融合学科之美

不同学科有不同特色的美。语文学科的人文之美，数学学科的逻辑之美，英语学科的口语之美，物理学科的操作之美，化学学科的实验之美，历史学科的厚重之美，思政学科的思辨之美，生物学科的结构之美，地理学科的景观之美，音乐学科的韵律之美，体育学科的动感之美，美术学科的工艺之美，等等。融合学科之美，可以丰满课堂的内容与结构，使学生体会到别样的、出彩的样貌。

世界各国出台了多项融合学科之美的措施。英国多方参与形成美育互动圈。制定大中小学衔接的国家艺术课程框架，设定艺术学科基本标准和质量准则，建立多类艺术教育推广与合作组织，在课程建设、理论发展和社会支持方面经过了漫长的探索实践。其国家课程包含核心课程与基础通识课程，艺术课程属于基础通识课程，其精神在于使学生的艺术学习能多元而有弹性。以英国音乐学科基准为例，学科基准的制定从学科教育特性和现代社会对人才的要求出发：一是突出学科教育基本元素的要求，包括创造力、表现力、实践力，多元智能的音乐素质；二是关注现代社会对人才的要求，包括自我激励、自我评判、自我学习安排的能力；组织能力、解决问题的能力；保持心理平衡的能力；关注财务和商务、创业和知识迁移的能力等，体现音乐教育对学生终身学习力的培养和个体生命生活质量的提高等新理念。英国文化协会下设"创意力、文化与教育中心"，致力于开发与实施艺术教育创造力培养的各类项目，学校成立相关部门。通过一系列政策、规划、课程、项目、行动、计划等开展的艺术教育相关行动，为英国艺术教育的繁荣发展构建了一个立体保障体系，不仅促使艺术家、企业与社会、学校联动，形成了艺术教育的活动圈，还有力地构建了英国文化教育界普遍倡导艺术教育与学生创造力培养的良好格局。美国以多维课程促进艺术教育。它以人类文化史中的优秀艺术作品为核心，通过艺术创作、艺术史、艺术批评、美学课程，培养健康发展的艺术理解力，引导学生欣赏艺术、理解艺术、创造艺术，鼓励学生独立思考、自由表达，以此促进艺术教育与社会发展的统一。

近年来，我国越来越重视美育，鼓励将美育融入教育、融入生活，将美育融入学科教学，培养学生的审美素养，启迪思想，温润心灵，完善人格，促进学生德智体美劳的全面发展，提升全民整体素养。

这使我想起了2019年11月22日去南通竹行中学听到的一节初一

学生的计算机课，上课教师首先设置了三个情境，由学生进行选择，自主确定主题；然后教师展示了自己的个人成长秀，设置了“儿时的我”“现在的我”“未来的我”三个小标题，对学生进行价值引领；学生通过观察和思考教师的演示文稿的结构、标题、媒体元素、风格，确定小组演示文稿的设计主题与结构，梳理文稿要点，提炼出标题，再整理合适的内容与素材，选用适宜的模板和风格，最后提交作品、展示汇报，并由学生自己完成学习评价表，具体见表4-1。

表4-1 《WPS演示文稿主题活动》学习评价表

结构完整，布局合理，页面美观	
图文一致，媒体素材增强主题表现力	
风格统一，页面协调，交互性强	
演讲汇报自然流畅	

在教师的价值引领下，学生设计的主题有《畅想我们的未来》《我们的成长过程》《我的理想》等。在立德树人的教育背景下，教师利用课堂教学对学生进行价值引领，显得尤为重要。在合作中成长，通过述说自己的经历，去感悟点滴，拥抱美好的未来。课堂教学没有刻意为之，一切在自然中流淌，除了必要的指导，更多的是给了学生自主选择、自主探究的空间，使学生在体验中获得感悟。在一节课中，有人文价值，有逻辑训练，有实践操作，平实中尽显和谐之美。

5. 创新方式之美

教学方式是指为了达到教学目的，实现教学内容，运用教学手段而进行的，在教学原则指导下的一整套方式组成的、师生相互作用的活动。说简单一点，教学方式是指教学方法的活动细节，教学过程中具体的活动状态，也就是教学活动实际呈现的形式。如讲授法中的讲述、讲解、讲演；练习法中的示范、模仿等。教学方式的创新，意味着一种新的呈现形式，能够给人耳目一新之感，令人印象深刻。正如派纳所说：“课程不再是一个事物，也不仅是一个过程，它应成为一个动词，一种行为，一种社会实践，一种私人的意义，一种公民的希望。课程不只是我们劳作的场所，也是我们劳作的成果，在转变我们时也转变自身。”转变是一种创新。通过创新，激发学生发展的无限可能性。

（1）开展体验式学习。体验式学习是一种以学习者为中心的学习方式，通过实践与反思的结合获得期望的知识、技能和态度，通过亲身体验最终有效地完成。在体验式学习中，教师要正确处理以学定教和以教定学的辩证关系，依据学生现实的可能和发展的需要，把学生已有的知识、经历、态度、情绪、兴趣、习惯、思维等课堂要素有机纳入教学设计中，强调深刻的内在合理性，强调主动学习、寓教于乐、学以致用、虚实结合、丰富体验，注重效率和结果，更注重备课和过程，使学习者完全地参与到学习过程中，使他们真正成为课堂的主角。在体验式学习中，教师的作用不再是一味地、单方面地传授知识，更重要的是利用那些可视、可听、可感的教学媒体，努力为学生做好体验开始前的准备工作，让学生产生一种渴望学习的冲动，自愿地、全身心地投入学习过程中。教学中，具体可以这样做：通过模拟、案例学习、实地考察、亲身体验、演示等方式进行实际体验；通过讨论、小组活动、集体讨论、指定的观察者等方式加强观察和思考；通过内容的分享和传递等方式培养抽象与归纳能力；通过试验、实践活动、实际应用等方式进行积极的试验。

（2）延伸内涵式学习。文学作品，因其审美因素、精妙内涵、表现形式、内在结构及情感抒发，对学生散发着强大的文学魅力，引发学生理解、认同，进而逐渐将审美观念内化，有利于形成自己的审美意向和品位。作品的背景、作者的心境等因素影响着学生，将学生带入作者所处的环境及内心感受中，使学生能更好地理解作品所表达的思想感情，并分析、总结出作品所孕育的深刻内涵，有利于建立自身的审美心理结构，提升自身的鉴赏能力。另外，通俗易懂、声情并茂的课堂语言，能够激发学生对作品的艺术美和知识内涵的渴望，引导学生发现和探索作品的内在美，引起学生的思想共鸣，从而达到审美目的。在实际教学中，可以运用案例教学、任务驱动、目标导学等教学方式，结合丰富的网络资源，将视频、音频、图文等教学材料整合到教学过程中，使学生在现代教育技术的辅助下，更直观、真切地感受学科的魅力，优化教学内容，对重点、难点内容浓墨重彩，对非重点、非难点内容做相应的简化甚至省略，特别是对于有着丰富内涵的重难点，更要加重笔墨、深刻剖析、提炼升华。同时借助学科内容中的人文思想，开阔其审美视野、积累其审美经验、提高其审美能力，最终实现学科教学与审美教育的双赢。

（3）重视观察式学习。根据班杜拉社会学习理论的观点，人类的大多数行为是通过榜样作用而习得的。也就是说，个体通过观察他人行为会形成怎样从事某些新行为的观念，并在以后用这种编码信息指导行为。班杜拉认为，观察学习是受注意、保持、动作再现以及动机等心理过程支配的。注意过程决定了个体在众多榜样作用影响时有选择地观察哪些方面。个体的观察学习是受多种因素制约的，诸如观察者的特征、榜样活动本身的特点，以及人际互动的安排等。影响学习者注意的决定因素有多种，其中最重要的是学习者交往的方式。与学习者经常有固定交往的人，往往也就界定了学习者反复观察、因而学习得最彻底的那些行为类别。班杜拉注意到，有些榜样作用的形式具有内在奖励的性质，以至于他们能在长时间里吸引所有人的注意。如电视节目中的榜样作用就是一个最好的例子。此外，观察者加工信息的能力、以往的经验和特定情境的要求等，对他们的观察学习会产生一定的影响。观察学习的一个特征是保持，保持实际上是一种符号化的记忆。例如，某人带我们走一条近道，为了以后自己一个人时也能走这条道，我们通常是把视觉信息转换成言语编码（如：朝南走几个路口后向右拐，再走几个路口向左拐），这往往比形成这条路线的视觉映像更简单可靠。这种符号编码，可以促进观察学习和保持，以利于今后的再现。观察学习的另一个特征是把符号表征转变成适当的行为。但如果没有适当的动作能力，即使观察学习并保持了，也不可能再现这种行为。例如，一个男孩仔细观看了他父亲使用锯子，但就是不能模仿得很好，这是因为他还不具备这种体力和动作技能。所以，在大多数日常学习中，如果要使观察者最终表现出与榜样行为相匹配的反应，就要反复演示榜样行为，指导他们如何再现这种行为，并在他们的行为成功地表现后给予奖励。学生不仅要通过观察榜样大致掌握新的行为，还要根据信息反馈进行自我矫正，不断训练，直到熟练掌握这种技能。

美育心理小课堂

“积淀说”从历史唯物主义出发，以主体性实践哲学为基础，认为人类一切心理结构都建立在漫长的使用、创造、更新工具的劳动之上，是通过“积淀”而形成的。“审美心理的积淀说”认为，由于审美活动的历史积淀，形成了人类社会共同的审美生理心理结构，这种生理心理结构与物质对象的运动或形式之间相互对应，使人们产生相同或相近的美感心理。个性审美心理状态的反复出现，可以转化为稳定的个性特征，逐渐形成个体的审美倾向和审美习惯，构成个体审美趣味和审美观念，积淀成个体的审美人格。

第五章 “三情三美”教学的情趣激发

内容摘要

情趣，顾名思义，有“情”又有“趣”。对于教学情趣，古今中外的教育家、哲学家、美学家们有着各自不同的论述和解读。亚里士多德《政治学》、李泽厚《美的历程》、孔子《论语》、夸美纽斯《大教学论》、陶行知活教育理论、卢梭自然教育理论、车尔尼雪夫斯基《生活与美》都对教学情趣进行了解读。美的教学情趣有很多种，主要有：阅读类教学情趣、计划类教学情趣、竞争类教学情趣、影像类教学情趣、艺术类教学情趣、表演类教学情趣、实践类教学情趣以及仪式类教学情趣。在教学中，要做到激发情趣陶冶美，需要利用地方资源，以情趣打造特色课堂：一是寓色彩于模式之中，提升苏式课堂的明度，做到有调；二是寓方法于建构之中，提升苏式课堂的精度，做到有型；三是寓人文于情境之中，提升苏式课堂的厚度，做到有味。需要加强人文积淀，以阅读温暖教学时空：一是憧憬，于哀伤中感悟人文和谐；二是体验，于诵读中领悟人文精妙，三是内省，于悬念中顿悟人文哲理。需要保持生活热情，以摄影留住教学瞬间：一是坚持真实，触摸生活，让教学有景象；二是葆有真情，凝视生活，让教学有福流；三是追求真谛，追寻生活，让教学有意义。

一、教学情趣的理论解读

情趣，顾名思义，有“情”又有“趣”。在教学中，“情”是指师生之间的情感出入和良好关系，彼此之间以情动人、以情感人，从“情”出发，优化课堂教学；“趣”是指教学内容、教学设计、教学方式的趣味性，从“趣”出发，寓教于乐，培养学生良好的学习兴趣。对于教学情趣，古今中外的教育家、哲学家、美学家们有着各自不同的论述和解读。亚里士多德在《政治学》中认为，美与不美，艺术作品与现实事物，分别就在于美的东西和艺术作品里，原来零碎因素结合成为一体。李泽厚在《美的历程》中，强调要对艺术风格、韵味进行追求，要讲究文艺中的韵味、意境、情趣，更要重视作品中的空灵、含蓄、平淡、自然的美。认为这种美如同宋瓷，细洁净润，色调单纯，趣味高雅。李泽厚提出美是“有意味的形式”，认为净化了线条的书法美，不是一般的图案花纹的形式美、装饰美，而是真正意义上的“有意味的形式”，它是活生生的、流动的、富有生命暗示和表现力量的美，如行云流水，骨力追风，有柔有刚，方圆适度。此外，孔子、夸美纽斯、陶行知、卢梭、车尔尼雪夫斯基等都有着自己对教学情趣的理解。

孔子《论语》对教学情趣的解读。《论语》是儒家思想的代表，也是中华文化中的瑰宝。其质朴、灵巧的语言，饱满形象的塑造，洗练的记述风格，能够让学生置于美的享受之中。品读《论语》，可以看到：一个血肉丰满、情趣盎然的教育大师的形象正漫步向我们走来。孔子曰：“知之者不如好之者，好之者不如乐之者。”在今天，“知之者”并不难，努力学习，就会让我们知道很多。“好之者”则有一种真正的爱好，一种情趣，会孜孜以求，会在这个事情里面不断灌注自己的热情、灵感，不断探寻追问，最后把它激活。“乐之者”境界更高，也就是说乐在其中，在这件事、这个职业中得到的是莫大的享受，是自己生命的大欢欣，是自己心中痛彻的透悟而最终成就生命的欢欣。在教学中，教师要基于学生的具体学情与心理，用“意趣”勾起学生兴趣，用“情趣”拉近与圣人距离，用“理趣”丰富学生思想。

夸美纽斯《大教学论》对教学情趣的解读。捷克教育家夸美纽斯在《大教学论》中，提出教学必须“遵循自然”，认为“在自然的一切作为里面，发展都是内发的”，“一只鸟儿学飞，一条鱼儿学游，一头野兽学跑，都不需要任何强迫。它们一旦觉得自己的肢体长得够强健了，立刻就自行去做这些事情”，认为“知识、德行和虔诚的种子存在一切人类身上……他们所需要的只是一种和缓的推动和谨慎的指导而已”。可见，夸美纽斯从认识自然万物的发展都具有内因和秩序，到认识儿童的发展也有其内因和顺序。他认为“一切知识都是从感官的感知开始的”，因而提倡实物教学和直观教学。他说，教学论是教学的艺术，“大教学论”就是要“把一切事物教给一切人的普遍的艺术”，这是一种“教得准有把握”“教得使人感到愉快”“教得彻底”的艺术。他指出：“求学的欲望应当彻底在学生身上激发出来。”主张教师应当主动激发孩子们的求学欲望，并且运用温和的、循循善诱的方法，用仁慈的情操与言语吸引孩子们，而不是用粗鲁的办法使学生疏远教师，认为教师和学生的融洽关系是增进教学质量的很大的帮助。

陶行知活教育理论对教学情趣的解读。陶行知活教育理论认为，教育可分为三部：死的教育；不死不活的教育；活的教育。活的教育，是教育中最不可少的现象。譬如：鱼在岸上，你若把它徒然放下水去，它的尾和鳍，都能得其所哉，行动不已；鸟关在笼里，你若把它放到树林里，它一定会尽其所能，前进不已。活的教育，正像鱼到水里鸟到树林里一样。再比如：花草到了春天受了春光、太阳光的同化和雨露的滋养，于是生长日速。活的教育，好像在春光之下，受了滋养料似的，也就能一天进步似一天。换言之，就是一天新似一天。陶行知先生认为，我们教育儿童，第一步就要承认儿童是活的，要按照儿童的心理进行。还有一件最紧要的，就是：我们如果承认教育是活的，我们教育儿童，就要根据儿童的需要的力量为转移。有的儿童天资很高，他的需要力就大些；有的儿童天资很钝，他的需要力就小些。第二步要有活的材料。要用活的人去教活的人，拿活的东西（环境）去教活的学生，要拿活的书籍去教小孩子。我的影响，要能感到他的身上；他的影响，也要在我身上，这才可以的。第三步要有活的教育方法。我们总要使得我们的身体、精神，都是健全的、愉快的。活的教育，有属于抽象的，叫作精神上活的教育。例如：孔子是死了，他的精神还没有死，其影响存在我们大家身上。总之，不管是身体上，还是精神上活的教育，都应该是有情趣的。

卢梭自然教育理论对教学情趣的解读。卢梭把教育分为三类：一是儿童的才能和器官的内在的发展，即自然教育；二是别人教儿童如何利用这种发展，即人的教育；三是儿童对影响儿童的事物获得良好的经验，即事物的教育。在这三种不同的教育中，自然教育完全是不能由我们决定的，事物的教育只是在有些方面才能够为我们决定，只有人的教育才能由我们加以控制。卢梭认为，儿童天性“好动”“好奇”，只要很好地加以引导，就能激起儿童求知的兴趣与动力。他还认为儿童“好思”，当他的好奇心充分动起来了，就要向他提出几个简明的问题，让他去解答他心中觉得稀奇的地方，花上几天心思，把它弄个明白。卢梭认为应当做到：“他所知道的东西，不是由于你的告诉而是由于他自己的理解。不要教他这样那样的学问，而要由他自己去发现那些学问。”他反对对儿童机械灌输，他提醒教育者，当“你一旦在他心中用权威代替了理智，他就不再运用理智了，他将为别人的见解所左右”。这样就会扼杀儿童的独立思考与创造性，成为人云亦云的人。卢梭认为“能够拥有并保守秘密是儿童走向成熟和独立的一个标志，而能够与最亲近的人分享自己的秘密更是儿童成长和成熟的表现”。他提醒教育者，不仅要注重孩子对秘密的体验，还要注重孩子好奇的体验。在他看来，“真正的好奇不是问好多好多的问题。我真正感到好奇，是在所问的问题以某种方式返回我这里，或是当问题被沉寂，好奇的沉寂缠绕和包裹着的时候”。在真正的好奇心的驱使下，饶有兴趣地深入研究。所以，面对孩子们的提问，成年人应当尽可能地帮助他们保持活跃的思维，而不是很快给他们一个简单的答案。有意义的学习通常始于好奇心。一位有思想的教育者应该是一个善于抓住问题并且能用浅显的方式去深化它的人。“树叶为什么会变颜色？”回答这个问题有许多的方式：“它是大自然运作的一种方式，说明树需要休息了。”“在冬天到来之前，秋叶使世界变得美丽了。”“你看，在变了颜色的落叶中散步，闻着落叶的味道，是多么美好的事啊！”对一个具体的孩子而言，一个合适的答案就是一个属于他的故事。一个能提供答案的好故事会使孩子一直保持提问的兴趣。一位富有机智的教育者会让孩子一直保持提问的兴趣。

车尔尼雪夫斯基《生活与美》对教学情趣的解读。任何事物，我们在那里面看得见依照我们的理解应当如此的生活，那就是美的。车尔尼雪夫斯基认为美就是生活，一切美的事物都包括在活生生的现实里。对于“美是生活”的定义，车尔尼雪夫斯基自己给出的理由是这样的：“美的事物在人心中所唤起的感觉，是类似我们当着亲爱的人面前时而洋溢于我们心中的那种愉悦。”而人“觉得世界上最可爱的就是生活”。这告诉我们，在生活中蕴含着情趣，蕴含着美。

二、美的教学情趣

教学的情趣性，能使单调的课堂变得丰富，沉闷的课堂变得生动。有情趣的事物，容易激发学生的学习兴趣，吸引学生的注意力；教师的精神风貌、才情气质和艺术格调等也会潜移默化地影响学生，使学生受到美的感染和熏陶。如教师优美的板书，行云流水中展现流动之美，刚柔相济中表现线条之美，方圆适度中体现造型之美；又如教师富有内涵的摄影图片，其中蕴含的意境之美、建筑之美、关注之美、劳动之美等，与教学的契合点、趣味点融合一起，以此来陶冶学生的情趣。

美的教学情趣表现在很多方面。培根“读诗足以怡情”，陶渊明“悠然见南山”，是阅读带来的美的感触；陶行知“设计教授法”，丁立梅“等待绽放”，是计划带来的美的感悟；摄影内外的风景，积极联想法，是影像带来的美的感受；达·芬奇“画家的心应该像一面镜子”，披着旋律外衣的诗歌，是艺术带来的美的感思；对自然界的敬畏与尊重，多元化的社团学习，是实践带来的美的感观；让内隐教育外显，把学习生活点亮，是仪式带来的美的感怀。

（一）阅读类的教学情趣

培根说：“读书足以怡情，足以傅彩，足以长才。”意思是说读书可以陶冶情操，可以让生活多姿多彩，还可以增长我们的才干。“读书补天然之不足，经验又补读书之不足，盖天生才干犹如自然花草，读书然后知如何修剪移接。”也就是说读书可以弥补我们自身的不足，生活经验又可以弥补我们读书的不足，所以我们与生俱来的天赋就像是没有经过培养的花草，读过书后才知道应该怎么去修剪移接。

1. 阅读以促进生命力

生命力是维持生命活动和生存发展的能力。它可以分为人的生命力、社会的生命力、自然的生命力三种。生命力呈现的是一种生命的状态，表达的是一种生命状态的力量。对于人的生命力来说，它源自人的内心，可能是一份信念、一种坚守，也可能是一句承诺。而阅读能够丰富人的内心，促进人的生命力。

陶行知先生在《答吴立邦小朋友的信》中谈到诗时这样说："诗兴未到，诗是诗，你是你，读诗虽多，终不相干。等到你是诗，诗是你，你和诗分不开了，才有好诗出来。世界上诗做得多，好的少，就是因为作诗的人，不能把生命放在诗里，不能把诗放在生命里，不能把诗和生命合而为一，换句话说：'没有诗的生命，决做不出生命的诗。'"陶先生认为，在诗的学校里，"宇宙为学校，自然是吾师。众生皆同学，书呆不在兹"。在《行知诗歌集》自序中，陶先生这样评价自己的诗："里面有不少烂污泥，因为不忍割爱，姑且留着它，给人知道我的全貌。而且虽然是烂污泥，我的诗歌便是从那儿长出来的，里面有莲花，也有空心菜，不大美丽，但可供穷人下饭。还有一些只是粗糙的肥料，不嫌脏的人，可以用它来培养更好吃的菜蔬或更美丽的莲花。"读诗让我们变得聪慧，变得灵秀，变得富有生命力。除了读诗，还可以读史、演算、读哲理、伦理学、逻辑修辞学等与学科、学习、生活相关的内容，使人明智，考虑周密，处事深刻，为人庄重，能思善辩。

2. 阅读以提升发展力

发展力是一个人身上独特的个人能力和人格魅力。它体现在很多方面。解决问题时的逆向思维能力、考虑问题时的换位思考能力是发展力，强于他人的总结能力、文字写作能力、信息资源收集能力是发展力，目标调整能力、自我调适能力、沟通能力，以及适应能力、承受能力也是发展力，还有感受幸福的能力、实践能力、审美能力、情绪的协调性也是发展力。人的发展力不仅包括人的智力、体力的充分、统一的发展，也包括人的才能、志趣和道德品质的多方面发展。它的提升离不开阅读这名“功臣”。

阅读力是师生的一种重要能力，也是一切能力之母。师生阅读力的高低，似分水岭，显出人与人之间的差距。善教者必是善学者。教师的阅读力，就是教师的发展力。朱永新老师认为，阅读能改变教师的行走方式，能助推教师走向卓越；阅读促使教师深入思考，促使教师不断写作；阅读是积累，写作是升华，写作是为了更好地沉淀阅读过程中那些高质量的思考。

要提高阅读力，需要明确阅读的七道阶梯：一是你关心、思考的，是如何让自己更美好；二是你开始关心、思考如何让自己与所爱的人共同更美好；三是你开始学习欣赏一切抽象的美好；四是你开始学习欣赏社会制度之美好；五是你开始学习欣赏与自己相异之行为的美好；六是你开始学习体会多元知识激荡之美好；七是你学习体会宇宙的智慧之美。

阅读使人不断思考、不断超越。阅读使我们在“快乐的猪”与“苏格拉底般痛苦的人”之间做出坚定的选择。“快乐的猪”说得俗一点，就是吃了睡，睡了吃，没有阅读，没有思考，没有内心的不安，没有精神上的折磨，没有灵魂上的拷问，学习、工作与生活优哉游哉乐哉！而“苏格拉底般痛苦的人”拥有的“痛苦”其实是对自己生命、灵魂的一种深切的不安，总是渴望让自己的生命有一种延续，灵魂有一种顿悟，让自己的良知有一种觉醒，精神有一种超拔。如“快乐的猪”“优哉游哉乐哉”地度日子，看似简单轻松、自由愉快，但随着岁月的流逝，不可能留下多少印迹，不可能沉淀什么思想，也不可能让我们变得神采飞扬。如“苏格拉底般痛苦的人”虽然承受很多“痛苦”“折腾”与“煎熬”，但在承受过程中能够安放一个浮躁不安的灵魂，能够让我们内心从喧嚣中走向宁静，能够让每一个平凡的日子变得光鲜而有意义。更重要的是，会让我们在潜移默化中获得“精神与肉体的新生”，获得“细胞与气质的改变”，让我们能“将一个外表平平的人变得富有魅力”。这种在思考中改变、在改变中超越、在超越中发展的路径得自于阅读。

3. 阅读以富足生活内涵

梁启超说：“凡人必常常生活于趣味之中，生活才有价值。”在梁先生看来，真正的生活需要保持一种趣味主义，需要充满非凡的精神活力。把事情做好，那只是在生存，能在过程中体会到趣味，才算真正懂得了生活。钱钟书与杨绛，平日里一起读书，还开展读书比赛，看谁书读得多。每次讨论学问，两人更是废寝忘食，直到晚上休息时还有说不完的话。写《围城》的时候，杨绛更是每天都一脸期待地等着钱钟书“更新”。

阅读能使学习和生活更有情趣。英国诗人巴特勒说过：“人们固然喜欢被看作善良、聪明或者亲切随和，但更乐于被认为富有情趣。”生活就像一潭波澜不起的湖水，而情趣仿佛投入水中的石子，为你搅出一片如梦的浪漫。有情趣的生活会让人感到精神富足，觉得有滋有味，活得生机盎然。学习亦是如此，有情趣的学习会让学生感受到学习过程中的浪漫和趣味。王小波曾说：“一个人只拥有此生此世是不够的，他还应该拥有诗意的世界。”这种诗意，就是源自心底对生活的热爱，而阅读能够激发这种热爱。“闭门即是深山，读书随处净土。”阅读能使人静下来，哪怕足不出户，也能悠然之中见“南山”，增添生活的内涵。

4. 阅读以打牢精神底子

悟读经典。把读书作为生活的常态，是生命中最美好的习惯。在书中，情节起伏，情感深厚，或悟人生至理，或叹人世苍凉，都不失为一件乐事。悟读经典之美，可以读出哲思卓见。“知之者不如好之者，好之者不如乐之者”，我们读出了一个见解：治学做事，态度影响结果。教学中，有“情”、有“趣”的教法与学法，比抓住一两个词语，仅专注于解析词义词性，更能发挥学生的主体作用。悟读经典之美，可以读出胸襟气度。顾炎武学以经世，积30多年而撰《日知录》的坚毅执着，徐霞客壮游山川形胜、“万里遐征”探源溯流的理性务实，等等，在经典阅读的背后，是作家的精神气质，这种气质对学生的熏染更为宝贵。所以，教师应引导学生研读经典，打牢学生精神成长的底子。

赏读诗歌。诗歌欣赏是一种艺术的认知活动。它需要借助诗歌的语言为媒介，把握艺术形象，感受作品蕴含的思想感情，同作品产生共鸣。诗歌美在用字求准、用词求活、音韵求美，其句式、句法灵活多变。鉴赏诗歌语言的趣味美，可从境界、情态、虚实、色彩上展开。诗歌具有意境美。教师可以引领学生通过借助丰富的想象和联想，捕捉诗歌的意境美，将诗的语言化作生动具体的画面，唤起自己的情感，并将“画”和“情”融为一体。诗歌具有含蓄美。钱钟书说：“理之在诗，如水中盐，蜜中花，体匿性存，无痕有味。”诗歌借助于意象表现出来，给人以回味无穷之感，其含蓄的内涵，需要我们用心去体会。诗歌具有音韵美。郭沫若曾说：“节奏之于诗是它的外形……没有节奏的便不是诗。”赏诗要善于通过反复吟诵等手段来感受诗的音韵之美，领略其节奏之感。

（二）计划类的教学情趣

计划类的教学情趣，重在有计划，在计划中稳步推进，在推进过程中感受到秩序的美感与和谐。陶行知先生说过：“活的教育，就是要与时俱进。所教授的书籍，要有统系的，前后都能连贯得起来，不是杂乱无章的，这才是活的教育。”“有统系”“能连贯”说的就是要有计划。

1. 陶行知“设计教授法”

陶行知先生提出的“设计教授法”说的是：我们教授儿童，先要设定一个计划，然后一步一步地向着所计划的路上去做。若是没有个计划，那就等于一只船放到了江中没有舵，进退左右，都没有把握！知道学生程度不齐，就要设一种计策，使之能齐，总期各方面都无损，且能获益。设计教授法告诉我们，教师要依据不同学生的情况，提前备好课，事先准备充分，教学时能给学生讲出一些学生不易看出来的东西，使学生受到启发并在执行计划中产生浓厚的兴趣。正如陶先生所说：“我们讲化学，今天就要计划明天化学堂上要些什么东西试验，我们预先就要预备好着，省得临时仓皇失措。”凡事“预则立”，准备得越是充分，效果越是明显和全面。比如，我们在带领学生观赏图片时，要使学生感到观赏对象的独特性和优秀性，能使学生对美丑明确分辨，观赏后，要让学生对活动中所产生的情感体验进行必要反思。比如：为什么会产生这样的情感？还可以通过什么方式引起相同的情感？作品美在何处？从而使学生的审美认识能力得到锻炼和提升。

2. 丁立梅“等待绽放”

“等待绽放”是丁立梅老师的专著《等待绽放：一位高考母亲的陪考笔记》的标题，这是一位母亲对自己孩子的一种期盼。然而在我读来，它不仅是母亲对孩子的期盼，也包含着老师对学生的深深期许。丁老师在文中写道：“齐豫唱，我不知道这个小孩是不是一个礼物，但我知道我的生活不再原地踏步……一个小孩是一个神秘的存在，跟星星一样奇异、一样发光，跟水果一样新鲜、花一样芳香……”我们的孩子和学生，可能只是一个寻常的小孩，理想也不崇高，不过是想将来能进一家小公司，做个小职员，与世无争地过一辈子。但他们一样有着光亮的地方，有着馨香的特点。找到这些特点和地方，有计划地等待，说不定会绽放开来，收获意外的惊喜。丁老师说，孩子读初中时，迷上了玄幻小说。即使中考当头，他也能逃过我的眼睛，在作业本下，摊一本小说来看。高一与高二，他基本上用来荒废了。人在课堂上，心却游离得很远很远，远得抓也抓不到。高二期末联考，他排到了年级二百多名外。他用这样的成绩迎来了高三。转变是因一篇文章。作者在这篇文章里，回顾了他顽劣的少年时代，那时，他荒废了一大把一大把的好光阴。某天，他突然睡醒了似的，睁眼看这个世界，发现世界已将他无情地抛弃了。他发奋直追，最终成就了辉煌。我的孩子一下子找到共鸣，他眼神熠熠，重新充满憧憬，混沌的青春时光，变得清澈澄明起来。他开始着手改变自己，每天制订计划，逼迫着自己去完成；每天写一句话贴在墙上，勉励自己，每天对着镜子里的自己说，你是最棒的！丁老师看到了孩子的这些变化。在孩子的变化中，外在是因为一篇励志的文章，内在是父母有计划的、有心的推荐阅读，这是促使孩子发生转变的一个重要因素；而孩子有计划地安排学习，是保证效果的重要一环。假如我们教师面对寻常的学生，也能抱着积极期待的心态，有计划地加以引领，是有很大可能迎来“绽放”的那一天的。

（三）竞争类的教学情趣

英国哲学家休谟说：“高尚的竞争是一切卓越才能的源泉。”竞争类的教学情趣，是以竞赛的形式组织学习、组织活动，以赛激趣、以赛促学，焕发学生学习的强大力量，拆掉思维里的墙，超越自我。

1. 激趣的赛事学习

赛事学习，是指在特定的规则之中，让参赛者在智力、体能、技术、技能等方面进行单项的或综合的较量，最终依照规则评定出胜负或者排名的一种学习形式。竞赛是促进学习的一股力量，想推动一件事情，最好的方法就是组织比赛。比如马拉松比赛的兴起，促使各地人民爱上跑步；比如诗词大赛的收视率，促使孩子们吟诵古诗词；比如风靡全国的好声音，让男女老少都能哼上几句；比如机器人比赛的热度，唤起孩子对编程的兴趣。课堂上的诗词接龙、头脑风暴、找碴、操作比赛、演讲赛、辩论赛、猜谜活动、演算比赛等，对于学习来说，既是一种促进，更是一种动力。

2. 拆掉思维里的墙

生活中，我们可以看到这样的现象：有一些你认为“不可能”的事情，却在别人身上奇迹般地发生了。为什么会认为“不可能”？其实是因为我们思维里面有看不见的墙，这面墙真正限制了我们的行为。只有找到思维中限制我们的墙，找到那些我们内心世界中可以突破的地方去突破，才能真正拆掉那面墙。找到思维里的墙，需要明确三种模式：一是从自然世界出发，经由直接经验或试验形成的心智模式；二是在心智模式基础上，使用认知科学的方法（如推论和归纳）发展起来的推论的心智模式；三是经由教学或向他人学习得到的概念模式，概念模式可与心智模式相互转化。关于心智模式有几点需要注意：其一，心智模式与感官体验密切相关。比如，很多小时候被狗咬过的人，一辈子都会怕狗。其二，心智模式受社会与文化教育的影响。不同文化的人，拥有的心智模式是完全不同的。其三，有类似经历的人，往往有着相似的心智模式。比如同一年龄层次的人，共同语言较多，沟通起来比较顺畅。其四，心智模式与个人的经历关系很大。一个从小被父母、爷爷奶奶环绕的孩子，容易产生这样的想法：不仅这个家庭，而且这个世界都是以自己为中心的。这容易导致与人相处的困难，以及自我发展的阻碍。通过组织竞赛，可以看到自然世界的多面性、人与人解读的多样性，有利于找到思维中阻碍我们发展的墙，然后想办法去拆掉它；有利于我们认识到虽然我们不能改变过去，但我们可以改变对过去的看法；有利于我们从外在的比赛，转向内在的发现。

3. 超越自己的心智模式

在生活中，我们看到的是自己想看到的世界。这就像是戴着一副看不见的镜片在看世界，镜片过滤掉大部分的东西和信息。简单地说，你永远只能看到真实世界中你想看到的那一部分。我们按照自己过去的经验和记忆，处理我们看到的部分世界，然后在我们脑子里面构建一个自己的世界，并根据这个创造出来的世界生活。这就是为什么虽然我们同在一个世界，但是看到的世界是不一样的。这就是每个人不同的“思维方式”或者“思维定式”。

我们常年生活在自己的心智模式中，就好像鱼生活在水中，混混沌沌，不知不觉。这时，就需要一个机会，让自己意识到这个世界不是你想象中的那个样子，你需要看到外在世界与内在世界之间的细小或巨大的差异。有了差距体验的你，才会开始慢慢地对你想象的世界有所察觉。这样的经历越来越多，你会越来越快地意识到这些差距，能够觉醒，并马上做出反应。最后，你终于可以在事情发生之前，提前替换自己的固有思维模式，而挑选更好的模式来应对，这个时候你就开始自我超越。这个混沌→察觉→醒觉→超越的过程，是超越自己的心智模式，也是我们不断提升自我、丰富自我的必经之路。

（四）影像类的教学情趣

影像是人对视觉感知的物质再现，有动态与静态之分。它可以通过光学设备获取，如照相机、镜子、望远镜及显微镜等；也可以人为地创作，如手工绘画图像、立体雕塑与建筑等。影像是一种视觉符号，也可以发展成人与人沟通的视觉语言，还可以成为了解自然、了解社会、了解世界的视觉桥梁。影像类的教学情趣，旨在通过影像的形式，激发师生的情趣，唤起对美好的记忆，增进对美好的认知。

1. 积极联想法的甜蜜记忆

联想是由于某人或某件事物而想起其他相关的人或事物，或者由某一概念而引起其他相关的概念。它是一种思想活动，是暂时神经联系的复活。联想有反映事物外部联系的简单的、低级的联想，也有反映事物内部联系的复杂的、高级的联想。积极联想法反映的是正向思维，是看待事物的合理态度，是了解问题时的更广阔的长远角度，它是对自己的肯定，是对前景的展望，是危急时期依然能关注身边的美好事物，是焦虑和不安状态时依然能觉察自我、调整自我的信心和勇气。研究表明，精神状态可以影响免疫细胞的生成，可以调节神经系统和内分泌系统的功能，对身心起到很好的调节作用。

教学中，开展积极联想法，想象过去经历过的特别美好、轻松、快乐的事情；想象宁静美丽的风景，想象森林、溪流等生机勃勃的场景。例如孩子可爱的脸庞，橘子清甜的味道，热情绽放的花朵，有艺术感的画展，动听的音乐会，感人的电影或话剧等。这些景象都是我们过去美好生活的记忆，有着甜蜜的滋味。开展积极联想法，有利于培养学生的感觉能力和认知能力；有利于调节由紧张学习带来的不良情绪，缓解压力；有利于培养学生的形象思维能力，提高其综合素质；有利于丰富学生的精神生活，提高学生的审美鉴赏力、判断力和反思力。

2. 影视学习的得见精美

影视是通过画面和声音，在银幕上运动的时间和空间里塑造形象，再现和反映生活的一种艺术，其主要特点是直观性、逼真性和通俗性。这种声、色、光、影的完美融合，能极大地激发学生的学习欲望。用影视推进教学实施，学生不仅“听得到”，而且可以“看得见”，这样有利于学生对知识的形象理解。特别是影视中丰富的表情、手势和其他的视觉线索，能帮助学生理解特定的文化，帮助学生看见他们不能看到的东西。

教学中，教师要注意三个方面。第一，在影视的选用上，教师要根据学生的理解水平和需求来进行合理的选择，既要考虑到学生的兴趣，更要考虑到影片本身的内容是否适宜。第二，在观影前的准备活动上，教师要让学生明确任务，带着目的去观影，以免出现影视教学单纯娱乐化的影响。第三，在播放方式的选择上，教师要根据不同的教学目的，选择不同的播放方式，片段播放或全片播放，尽量避免长篇大论，力求短小、精美，要善于结合文本内容，将自然美、人文美、时空美融为一体。

3. 摄影是写给自己的情书

摄影是指使用某种专门设备进行影像记录的过程，使用工具主要有相机和手机两种。摄影根据不同目的和表达方式，可以分为静物摄影、人像摄影、记录摄影、艺术摄影、画意摄影、水墨摄影、商业摄影、全息摄影等。通过摄影可以化平凡为神奇，把日常生活中稍纵即逝的平凡事物转化为不朽的视觉图像，也可以化静态为动态，化短暂为永恒。通过摄影师的创意构思，并结合构图、光线、影调、色彩等摄影手段进行艺术创作，将拍摄对象表现成具有艺术美感的摄影作品；或是刻画、表现被拍摄者的具体相貌和神态，或是以记录为第一目的，对客观事物进行真实的影像反映；或是以唯美的画面语言及美好的设计内涵为表达方式，体现摄影师的审美领悟力和创造力。这些摄影作品放在不同的教学内容中，给予恰当时机、恰当位置的呈现，定会起到不同凡响的作用。

尤其是在新媒体时代，手机摄影大有可为。更便捷的操作、更精细的图像处理、更智能化的用户体验，使手机摄影改变了人们的精神需求和对审美趣味的追求，也深深地影响着师生的生活、工作与学习，摄影是我们写给自己的情书，用摄影记录生活，用摄影完善工作，用摄影调节学习。可以说，摄影无处不在，上传图片、分享兴趣、快乐瞬间、活动影像、动感美姿、会议记录等。同时，需要注意的是，因为热爱摄影，我们也会错过身边的风景。很多时候，我们爱的只是摄影里的风景，而不是摄影外的风景。然而，摄影外的风景，每时每刻都在变幻着它们魅力的节拍，如果我们只是专注于镜头里选择到的风景，而忽略了其他重要的东西，比如爱、责任以及生活本身，也会顾此失彼，达不到应有的效果。所以，我们需要将摄影融进教学之中、融进生活之中，以生活大课堂为基，发挥摄影特有的魅力，促进教学向美的方向转变，提升教学的审美价值。

（五）艺术类的教学情趣

艺术是用形象来反映现实，但比现实有典型性的社会意识形态，既可以是宏观概念，也可以是个体现象。中国古代有“六艺”，是指技能或经术。现代艺术包括绘画、雕刻、建筑、音乐、文学、舞蹈、戏剧、电影等，也指富有创造性的方式、方法。艺术可以通过捕捉与挖掘、感受与分析、整合与运用等方式，对客观或主观对象进行感知、意识、思维、操作、表达，或者通过看、听、嗅、触碰等感受的形式来进行展示。其表达形式可以是语言、声音、文字，也可以是绘画、眼神、肢体等。文质兼美的古诗词，纯美、诗意的绘画，静美、优雅的书法，醉美、动听的音乐，以及雄伟、秀美的建筑，精巧、细腻的手工等，都是富有艺术的情趣，都能给人以美的熏陶和享受。

1. 纯美画境

绘画是运用形、色、质以及点、线、面、体等造型手段构成的艺术形象。由于表现手法不同，绘画种类非常丰富。写实性绘画直接模仿自然和现实事物的形象，逼真、具象；表现性绘画侧重强调主观精神，多采取夸张、变形、象征、抽象等手法，直接表达主体情感体验与审美需要，实现艺术形象的创造。例如中国画，其特色不仅在于毛笔、宣纸、墨色等工具材料的特殊性，更在于注重主体内在精神的抒发，追求气韵、传神和意境，笔墨勾染间，看百花盛开，听山间虫鸣，观云烟变幻，尽显中国人的山水哲学和美学意象，具有独特的审美意蕴。

在教学中，“培养孩子对图画的爱好，让孩子到自然界去‘旅行’，让孩子们心里的诗的琴弦响起来”，这是苏霍姆林斯基在《给教师的建议》中说到的话。达·芬奇也说：“画家的心应该像一面镜子，经常把所反映事物的色彩摄进来，面前摆着多少事物，就摄取多少形象。”一个学生就是一个天生的画家，而画画是感知美最简单的方式。他画出的模样、色彩，反映了其内在的世界；他所看见的事物，就是他自己想要看到的。通过画面的安定或飘忽，可以见到其内心的沉静或焦躁，可以明了其对生活世界的融合与抗拒。然后，因人而异，有的放矢或对症下药，引领他们发现世界最纯真的模样，发现平淡生活与学习中的美好。

2. 静雅书法

书法是一门独特的中国艺术。有人把中国的书法称之为“节奏化了的自然，表达着深一层地对生命形象的构思，成为反映生命的艺术”。书法作为一门艺术，其审美特征主要体现在三个方面：一是姿态。草书、行书、隶书、楷书、篆书，造型各异。或轻盈，或敏捷，或矫健，安稳中透着流动美，圆润中蕴含着飞扬美，有姿态，有气势，变化无穷，令人惊叹。二是表情。书法是一种心灵的写照。“喜怒哀乐，各有分数。喜则气和而字舒，怒则气粗而字险，哀则气郁而字敛，乐则气平而字丽。情有轻重，则字之敛舒险丽亦有深浅，变化无穷。”三是意境。意境创构是书法的最高境界。在笔画形式中，书法艺术无色而具绘画的灿烂，无声而有音乐的和谐。“一点一画，意态纵横，偃亚中间，绰有余裕。”这种意境之美，是一切中国书法艺术的总体审美意向，也是书法艺术的灵魂。

常言道：宁静致远，静能生慧。字是一个人的“门面”，一手好字，受益一生。规范、整洁、漂亮的字体，反映了习字者良好的心理状态、诚恳的态度和学习的热情。沉浸于书法的世界，可以让人全神贯注，将烦忧暂抛在九霄云外。书法是中华民族的文化瑰宝，在世界文化艺术宝库中独放异彩。练习书法能使人增添静气，培养人的专心、细心、耐心和毅力等优秀品质，它不仅可以提高自身修养，还是中华民族文化的象征，是世界文化交流中不可或缺的主要形式，能给我们带来美的享受，丰富我们的文化内涵，这是其他学科无法替代的。所以，在教学中，教师要抓住时机，从自己做起，从了解书法入手，引领学生理解书法的文化内蕴，共同鉴赏书法的美学价值，加强文化修养，拓宽审美意境，调动学生的积极性、主动性和创造性，带领学生投身于书法实践之中。

3. 诗意音乐

贝多芬认为，“音乐是比一切智慧及哲学还崇高的一种启示”。他之所以这么说，我想，是基于音乐本身的独特魅力。音乐是通过有组织的乐音来表现主体的情感境界，来传达和接受审美经验的。它由节奏、旋律、音色、和声、音调和力度等基本要素构成了无比丰富的音乐形态。音乐不仅是声音的艺术，也是时间的艺术，还是感情的艺术。它可以通过声音来塑造形象、表达思想情感，或高或低、或急或悠、或强或柔的声音，不仅能够直接表达主体个人的自身感受，也能唤起他人内心里的强烈感受，激发情绪的审美感染力，走入身临其境的场景；它可以在动态的时间流程中表现出主体的心理世界、精神活动和情感体验，表现了延续、变化和流淌着的生命情感或事物，它打破了时间、场地、国界，以其独特的形态成为经典与永恒；它可以通过情感物化的形式和传递媒介，直接作用于主体心灵，将艺术家的内在起伏的思想情感传达出来，使人产生某种感情和情绪的体验，具有“以情动人”的审美魅力。

音乐不仅体现在人为创作的乐曲中，也体现在大自然中。张爱玲说：“雨声潺潺，像住在溪边。”《今夜，有雨敲窗》中有类似的句子：“有雨敲窗，将我从睡梦中惊醒。穿过夜静的墨色，滴滴答答落在窗台。有雨敲窗，心却静如止水。身在江湖，内心总有轻柔的一角。此刻，缓缓流淌的不只是雨声，还有那些安稳的心绪。蓦然惊觉，来来往往的点滴，都是岁月赋予的精彩。”雨声宛如音乐，叩击着内心深处的情感和思绪，令人多了一丝温柔、多了一份安宁。音乐还体现在诗歌中。有些音乐就如一首诗，或者本来就是诗，它们披着旋律的外衣，述说着诗的情意。如朴树哽咽中演唱的《送别》，将诗词中蕴含的厚重情感以及主体背后发生的感人故事，淋漓尽致地表达了出来。因此，在教学中，教师可以通过优美的乐曲和旋律，也可以借助诗词和大自然中的声音，依据文本内容和学生的情感需求，选择合适的音乐形态抒发情绪，唤醒学生沉睡的诗意和美感。特别需要注意的是，音乐表达的情感、内容与创作背景，要适合学生的年龄特征，要符合当代人文价值的要求，能够在提高知识、能力的基础上，引领学生树立正确的情感、态度和价值观。

当然，艺术类的教学情趣，除了绘画、书法和音乐外，还有很多方面，如雕塑、手工艺品、插花、建筑、舞蹈、曲艺等。只要教师做好自己，喜欢自己的职业，热爱自己的学生，不仅注重学生当前的发展，更重视学生的长远发展，能够以素养的要求塑造人，以发展的眼光培养人，爱好自己的专业，懂教育规律，有自己的情趣，就能培养出学生的审美情趣和艺术素养。

（六）表演类的教学情趣

表演是指戏剧、舞蹈、杂技等的演出，亦指把情节或技艺表现出来。对于教学来说，表演类的教学情趣，是指师生根据文本内容和要求，通过演唱、演奏或比较形象的动作、姿态、表情来塑造形象、传达情绪，将情节或技能展现出来，以起到示范或“抛砖引玉”的作用。运用好这一类教学情趣，有助于增强教学的动感和趣味性，给教学带来生机与活力；也有助于发挥新时代孩子相对比较张扬的个性特点，产生比较强烈的直观感受，加深教学印象。在评价表演时，表扬和肯定是不可缺少的。如何表扬孩子是一件需要讲究的事情。表扬的时机、分寸以及表扬的那个点，都会影响后来的效果。表扬孩子既可能带来积极的结果，也可能带来消极的结果。表扬应该是有意义的，而不应该是不加区别地给予的。老师可以私下里表扬孩子，而在公众场合或有其他人在场时，孩子对表扬的感受往往会更为强烈。但是给予肯定和表扬也会带来一个问题：它可能给其他在场的人带来不平等的感觉。因为肯定和表扬就好像给予了一个人特别的价值和特别的地位，得到肯定和表扬的孩子可能会产生一种优越感，而这种优越感往往会被别人认作是一种虚荣，这就使得被肯定和表扬的人感到窘迫和难堪。因此，教师要慎待表扬和肯定。

游戏也可以算作一种表演。以游戏的形式参与到学习过程中，可以减轻学习的压力，同时使学习过程充满刺激和乐趣。游戏和学习其实是密不可分的，游戏可以成为学习的一个过程和经历，游戏作为一种对周围事物进行文字表达或肢体语言的沟通的行为，需要很强的大脑神经的支配。从某种意义上来说，这本身就是一种具有高强度的意识行为，带有一定的目的性、趣味性和可操作性。需要注意的是，游戏有随意性游戏和有积极意义的游戏之分。随意性游戏比较多见，而有积极意义的游戏收获更大。如教师给学生讲故事，学生可以做些相应的表演，将故事情节和内容展示出来，做到学中玩，寓教于乐。又如在社会实践活动时可以给学生传授一些动植物知识、人文地理，做到玩中学，提升认知。在教学中，教师要恰当满足孩子想要游戏的心思，在完成学习、保障安全的前提下，放手让孩子去玩，或陪着孩子一起玩，必要时，可以给孩子提供足够的材料，激发孩子积极向上的一面，收获别样的精彩。

（七）实践类的教学情趣

马克思主义实践观认为，实践是指人能动地改造客观世界的物质活动，是人所特有的对象性活动。从广义上说，实践是思想的内部斗争和与外部斗争的总和，或者说实践是对于人的物质活动和思想活动的统称。实践以思想为本。没有思想参与的物质活动是不足以称之为实践的。马克思主义实践观强调以人为主体，以世界上任何事物为现实活动对象（客体），强调实践的自主性和创造性。实践具有直接现实性的特征。直接现实性表明了实践是人把自己作为物质力量，并运用物质手段，同物质对象发生实际的相互作用，这种“感性的”活动同感性的对象一样，具有现实的实在性。实践是人自觉自我的一切行为，而自觉是自我意识的必然。实践只有在自觉的意识下才是有人性的、有人格的。实践是人的主观的、感性的活动，是主观见之于客观的能动的活动，是社会的活动，也是历史的活动。在实践过程中，内在的意识本体与生命本体之间的矛盾，推动着实践的进程，并产生发现及创新。马克思认为：“人是进行全部人类活动和全部人类关系的本质和基础。”人通过劳动把它的目的、观念实践在产品中，使对象成为人化的对象，同时，使人的本质对象化。可以说，实践造就了人化自然和人造的世界，实践的目的在于改变世界以满足人的需要。

实践，是教学最美的语言。它能让教师和学生都奔跑起来，让信息流动起来，让脑细胞活跃起来，使学生产生好奇。真正的好奇不是问很多问题，而是当问题被沉寂，好奇的沉寂缠绕和包裹着的时候。“那是什么？”当一个初学走路的孩子开始对这个世界发问的时候，成年人很容易曲解这个问题。在很多情况下，孩子想要的并不是一个简单的答案，而是期待得到一个空间去对话、去思考、去好奇、去惊讶。因此，成年人不应只是简单地告诉孩子他所指的东西是什么，还应该详细讲述那个物体区别于其他物体的不同方面。作为教师，我们应该如何回答一个孩子的问题呢？直接告知答案，会扼杀孩子天生的好奇心；不予理睬，甚至批判孩子问得太多，钻研不够，会扼杀孩子学习的兴趣。有一个孩子，他对昆虫有非常大的兴趣。他和父亲经常去小河边或森林里收集昆虫，然后通过显微镜观察它们。孩子的父亲是一位科学家，孩子因此懂得很多科学知识。然而，他在院里发现一只毛毛虫的时候，一脚踩死了它；他看到了一只大蜘蛛，懒洋洋的，一动不动，就飞奔进屋，拿来一瓶胶水，把胶水滴到可怜的蜘蛛身上，再观察结果。很显然，这个孩子由最初的好奇走向了歪路，他缺失的正是天性中的一些东西，以及对自然界的敬畏和尊重。所以，保护孩子正当的好奇心，并给予正确引导，才是正道。

对于学生来说，通过实践进行学习的机会还是很多的。如场馆学习。它是与人、场馆、展品和文化相关的具体的学习机制、学习方案与学习过程。场馆学习可以拓宽视野，丰富文化底蕴和精神生活，培养自主选择、主动探究的能力，推动场馆学习与学校课程的深度整合。再如社团学习，社团是校园文化的重要载体，是学生身心发展、拓宽兴趣和开阔视野的主要阵地，是完善学生知识结构，展示学生个性、发展特长、内化能力的第二课堂。对于学生来说，社团是一个熔炉，锻炼着自己的能力；社团更是一个舞台，展现着自我的风采。社团分为很多种，文学艺术类的诗社、学生报社、书画社，实践感悟类的爱心社、广播社、环保社，科学技术类的航模社、天文社，兴趣活动类的摄影社、吉他社，运动竞技类的足球社、乒乓球社等。社团学习能够满足学生的多元发展需求，培养学生的人文艺术素养和社会责任感，增强探究和创新意识。不论是场馆学习还是社团学习，都能提升学生的综合素养，丰富生活和学习经验，在此基础上，增强课堂教学的味道。

（八）仪式类的教学情趣

仪式多指典礼的秩序形式，如升旗仪式、开学典礼、成长礼、成人礼、毕业典礼等。仪式是人类历史长河中最古老、最普遍的一种社会文化现象，具有最直观、最生动、最具规范性和操作性的行为，是诸多文化现象的承载体。仪式是通过象征这样一个特殊的“知识系统”来释放符码、解读意义的。特纳认为，仪式象征具有“两极性”，一端浓缩着该社会的意识形态，另一端具有刺激人们感官、挑起人们情绪的效力。仪式是由模式化的、有秩序的话语与行动所组成的，经常以多重媒体来表达，它的内容与安排具有不同程度的形式化（传统）、刻板化（严格）、浓缩化（融合）与烦冗化（重复）的特征。

1. 仪式学习：让内隐的教育要求外显化

人的一生中会经历各种各样的仪式，每一种仪式都是一种生命的体验。因此，仪式学习往往扮演着非常重要的角色。仪式可以让一些抽象的品质、知识变得生动形象。如升旗仪式，通过齐唱国歌、行注目礼，让孩子明了爱国的重要性；如成人礼，应让孩子明白自己身上的责任，以及将要为自己的行为负责的承诺；如毕业典礼，应该让孩子懂得结束意味着新的开始，一段旅程的用心走过将为下一段旅程奠定扎实的基础。一种仪式就是一种学习。仪式学习就是要借助美的形式，使内隐的教育要求外显化，并产生持久的影响力。仪式整齐、庄重的特点，精心布置的会场，精心设计的流程，特定主题的情感表达，容易引起学生情感的共鸣，真正触动学生的心灵，从而形成持久的教育力量。在不同的时间点上，孩子们留下成长足迹，留下深刻印象和美好愿望，有利于唤醒每个学生对生命、对人生的体悟，让学生精神得到洗礼，心灵得到净化，思想受到启发。

除了典礼式的仪式外，更重要的是日常教学中的小小礼仪所传达的仪式感。仪式感是人们表达内心情感最直接的方式，一种让自己和自己学习、生活、工作变得更好、更与众不同的途径。可以说，仪式感无处不在。我们的生活和教学需要一些仪式感来加以提醒，但仪式感未必是一些具体的、物质层面的行为，也未必是某个特定的日子或时刻，它更多的是人对生活、对学习的一种态度、一种准备。开始学习时把需要用到的物品摆放整齐，是一种仪式；“上课”“起立”“同学们再见”“老师再见”是上课的一种礼仪；约定时的签名仪式，快乐时的交换仪式，取得进步时的分享时刻等，还有每天的认真学习、工作或努力锻炼，都能给人带来一种仪式感。所以，在追求仪式感时，不要拘泥于某一种形式，也不用拘泥于某一天或某一时刻，更重要的是通过追求仪式感，让自己和自己身边的人变得更好。

2. 节庆学习：用主题节日把学习生活点亮

节日是指生活中值得纪念的重要日子。它是人类物质文明与精神文明的载体，是世界民俗文化的重要组成部分。而历经千百年岁月沧桑的传统节日，更是一个民族文明的缩影，它体现着人与自然的关系，反映着人与人的联系。勤勉、平淡的生活因为有了节日，而显得非同寻常，生活充满了期待和愉悦。然而，时代化的生活方式，使越来越多的人忽略了传统节日的文化和精神价值，许多传统节日逐渐“淡化”出了人们生活的圈子。中国传统思想一直受着“天人合一”哲学观念的影响，人们的生产方式、生活方式、文化方式以适应自然为标准，民间文化就是在自然环境下产生的。所以，要扭转传统节日“淡化”的趋势，需要改变传统节日的生态环境，加强传统节日赖以生存的文化生态环境的重视与保护，传承尊重自然、亲近自然、与自然协调发展的精神，避免传统节日成为“人造节日”的附庸。节庆学习据此而生。

节庆学习是围绕一个或多个经过结构化的主题节日进行学习的一种方式。在这种学习方式中，“主题节日”成为学习的核心，而围绕该主题的结构化内容成了学习的主要对象。它不是针对节日的简单化的学习，而是借助节庆的时机，将节日蕴含的文化融于学习之中，通过节庆前的集体研究、主题策划，节庆中的多彩活动来吸引学生，给学生留下美好的回忆。如绚烂多彩的“涂鸦节”、热火朝天的“劳动节”、趣味无穷的“游戏节”、传递温情的“爱心节”等。开展这些活动，要与时俱进，在结合传统节日文化意蕴的基础上，融进时尚、艺术、娱乐等元素，充分发挥学生的积极性和主动性，可以让学生自己设计、策划、实施和评价，使学生更好地得到锻炼。在教学中，教师可以发挥学生的主观能动性，设计小型的节庆活动，如“节日名片”的打造，“节日卡通形象”的设计，“节日故事”的讲述，“节日之花”的奉献，等等，以活跃教学气氛，丰富精神生活。

三、激发情趣陶冶美

中国台湾著名作家林清玄说：“并非生命中缺乏美的事物，而是我们的心不美了。”心美，一切皆美。心美之人，往往有着高雅的性情志趣，有着对美好生活的追求，有着乐观的生活态度和健康的心理。

然而，在现实生活中，我们不难看到两种截然相反的情况。有的学生对什么都感兴趣，每天兴致勃勃、充满好奇，在生活里他们也是样样精通，经历丰富，收获很多，失败也不少；有的学生看似没有什么特别的爱好，也没有什么特长，学习没兴趣，行动力不足，只有当外在压力达到一定程度时，才被迫进入，怨声载道，牢骚满腹，看什么都不顺眼，他们失败很少，尝试也很少。这两种截然不同的情况，给教学带来了难度。如何找到教学的兴趣点，激发学生的情趣，使他们真正投入到当下的教学活动中，是教学的重要一环。“不知道自己有什么兴趣”，又或者“好像对什么都有兴趣”，细究起来，都是不敢投入的“无兴趣一族”，因为不敢投入，也就没有感到过真正的乐趣，没有什么情趣可言。他们总在想：“读这本书，有什么用？”“画这幅画，有什么好？”“万一做不好，怎么办？”担忧之墙把他们和乐趣隔离开来。减轻他们的担忧，激发他们的情趣，帮助他们全情投入，去享受、去体会。

激发情趣陶冶美，需要利用丰富的地方资源，以情趣来打造特色课堂；需要加强人文积淀，以阅读来温暖教学新时空；需要保持对生活的热情，焕发生命的活力，以摄影来留住教学瞬间。

（一）利用地方资源，以情趣打造特色课堂

苏州，以其小桥流水、亭台楼阁、青砖黛瓦闻名于世。苏式课堂与苏式景致一脉相承，以其江南特有的格调、版型、滋味，在课堂教学中散发着独特的魅力，令人推崇之际，不断加以探索与改进。在此，笔者以《增强民族文化认同感》一课内容为例，来说明苏式课堂在我心目中的样子。

1. 有调——寓色彩于模式之中，提升苏式课堂的明度

课堂教学模式，是教师针对不同学生、不同教学内容与目标采取的教学方法，因人而异，因材施教。将教学色彩寓于模式之中，使课堂呈现出更多的特色、亮色与气色，可圈可点，回归本色，从而提升课堂的明亮度。

（1）不忘乡调，显特色。苏式课堂凭借着地域优势，寄情于苏州这块园林式的土地上，得以成长与发展，利用好这一优势，离不开乡情民调的滋养，为此，笔者在讲解《增强民族文化认同感》一课内容时，紧紧抓住苏州的乡情民调，从苏绣、昆曲、苏州人的特质、苏州城市精神以及苏州话等方面加以探讨，凸显苏式课堂的地方特色。

（2）不忘影调，显亮色。影调是一节课的调色板，以其生动、直观的画面形象和美妙、动听的音乐节奏呈现在学生的面前，运用得当能极大地激发学生的情感、兴趣与参与度。尤其是苏州的影像资料，唯美的画面、优雅的曲风，深受学生的喜爱。据此，笔者在讲解本课内容时，引导学生在课前欣赏了精心剪辑的苏州宣传片《时间的重量》，营造苏州文化美的氛围；以一曲《苏州好风光》伴随着一组《苏州文化之美》的图片，让学生感悟苏州文化之美的同时，引入苏绣之美；又以一段精美视频《指尖上的传承》第三集苏绣，使学生认识了诗意的苏州；在寻新之旅——寻找苏州文化之新板块中，以一段音频展现了苏州新博馆的精巧设计，以一段昆曲短片青春版《牡丹亭》，让学生从中感悟苏州文化中经典的传承与创新，一堂课下来，收获了颇多的亮色。

（3）不忘主调，显本色。主调，本是乐谱中表达作者观点或感情的音符，犹如一篇文章的中心句，在这儿，是一节课的主线，是单一，还是有层次、有明度，取决于执教者的价值取向和学科信念，取决于执教者的内容设计和情景安排。因此，笔者在本课教学时，抓住苏州文化这一主线，从课内延伸到课外，从书中拓展到书外，据于书，又高于书，显现课堂教学的本色特征——为生活服务。

（4）不忘语调，显气色。一节好课，评价的标准有很多，可以从教师的精神面貌、学生的求知欲望、教学的方式与效率、知识与能力的提升以及目标的达成与延展等方面给予评判。其中，教师的精神面貌尤为重要，而语调是教师精神面貌的突出体现。试想一下，一个内敛的苏州人，遇见甜糯的苏州话，会有什么效果呢？笔者在《增强民族文化认同感》一课内容的教学中，融合了苏州话的元素，引发了学生学习苏州话的热情，为课堂增添了十足的气色。如玩——白相、崭新——嚓呱啦新、打个盹——眯特歇、小女孩——小娘鱼、表示惊讶的感叹词——哦哟喂、爱财如命——铜钿眼里千跟头等。

2. 有型——寓方法于建构之中，提升苏式课堂的精度

建构主义学习理论，强调了以学生发展为本，教学起点要符合学生实际，强调了学生的自主学习，以学定教，学思结合。所以，在注重教法的同时，更要注重学法，将学生的学法、思维方法寓于课堂建构之中，提升课堂的精准度。

（1）课中有造型。造型是一节课的框架，搭得好不好、通不通，关系着课堂教学的顺畅与优雅，关系着课堂效果的缩影与提升。在《增强民族文化认同感》一课教学中，笔者搭建了“寻美之旅——寻找苏州文化之美”“寻根之旅——寻找苏州文化之根”“寻新之旅——寻找苏州文化之新”三个平台，帮助学生寻找到了苏州文化中的风光之美、建筑之美、苏绣之美、崇文之根以及设计之新、昆曲之新，帮助学生寻找之时引起反思。

（2）课中有变型。课堂教学离不开设问，好的设问会引起学生的认真思考，一成不变的设问只会阻碍学生的思维。在一节课中，学生思维的活跃与敏捷、辩证与求异，似一根无形的线，牵动着课堂的神经，决定了课堂的内在与精度，马虎不得。因此，笔者在本课教学中，运用比较、归纳、迁移、递进、对比以及提炼等方法，增强学生的思维水平。如“认同”与“文化认同”的比较，对苏州传统文化、饮食文化、园林文化、茶文化的一字归纳，由苏州文化到中华文化的迁移，从外来文化的存在、影响到结论的递进，青春版《牡丹亭》的

轰动与苏州话现状堪忧的对比，以及苏州新博馆“苏而新”“中而新”设计理念的提炼等。

3. 有味——寓人文于情境之中，提升苏式课堂的厚度

一般来说，课堂教学是离不开情境设置的，苏式课堂也不例外。情境的适宜与巧妙，能创设一个良好的环境，增强师生双方的情感、认知与行为。正如杜威所说：“思维起于直接经验的情境”，创设好情境，非但能激发学生的思维，还能由此推进、引起情感的共鸣、认知的提升、行为的延续。

2016年9月，《中国学生发展核心素养》总体框架正式出台，框架中提出了六大学生核心素养，其中一项是人文底蕴，具体表现在学生学习、理解、运用人文领域知识和技能等方面所形成的基本能力、情感态度和价值取向，涉及人文积淀、人文情怀和审美情趣等基本要点。若将这些人文要点寓于课堂情景之中，收获的不仅是提升学生的人文素养，教师也能从课前准备、课堂实施、课后反思中提升自己的人文情怀，犹如一棵树，根、枝、叶、花、果，本是一体，难以分开。

（1）同气连枝，品出情味。同气连枝，本是比喻同胞的兄弟姐妹，也作夫妻恩爱之解。人文之于情景，结合在一起，犹如同胞的兄弟姐妹、恩爱的夫妻，倒也生出几番情味来。例如在讲解《增强民族文化认同感》一课内容时，在情境中融合了苏州文化中的人文图片与曲目，融合了苏州人的人文生活，以及苏州城市精神的提出与解说，使学生在相识的“朋友”面前多了几分亲近，多了几分交流，在生活化的人文情境中，焕发出“我爱苏州，我爱苏州人，我爱苏州文化”的情感呼声。

（2）花朝月夕，品出美味。花朝月夕，是指有鲜花的早晨，有明月的夜晚，泛指美好的时光和景物。而美，于一节课而言，是开心

果。朱光潜在《谈美书简》一书中，在美和美感、美的规律、美的范畴等一系列美学问题上进行了深入的探讨，启示我们要在亲身体验的基础上，认识美、理解美、掌握美。缺少了美的课堂，就如干瘪的花朵，难以散发出花的清香，也如浑浊的月色，难以散发出月的清辉。为此，在讲解《增强民族文化认同感》一课内容时，从类别上看，处处留美，服饰之美、风光之美、建筑之美、苏绣之美、传统文化之美、饮食文化之美、园林文化之美、茶文化之美、昆曲之美；从层次上看，层层有美，物质之美、精神之美、道德之美；从形式上看，时时蕴美，图片之美、音乐之美、戏曲之美、动感之美、静态之美。

（3）根深叶茂，品出余味。一棵树，只有根扎得深，枝叶才能繁茂；一节课，只有将人文深扎于情境之中，方能源远流长，品出余味。如将青春版《牡丹亭》的轰动与苏州话现状的堪忧进行了对比，让人印象深刻。《牡丹亭》的热恋期与冷战期，青春版《牡丹亭》轰动之前与之后的历程，苏州话在老年人、中年人、年轻人以及儿童中的普及率，让人不得不担忧其日渐衰落的现状，如何改变现状，保留地方的语言风味，是课堂外的一项长期的任务，余味悠长。

（4）果如所料，品出书味。一节好课，犹如一本好书，翻开时有一股淡淡的清香，雅致而又淡泊；合上时有一种厚厚的温度，舒适而不烫手。例如，在讲解《增强民族文化认同感》一课内容时，笔者分别以林清玄三本书中的一句话引入三段旅程。“心美，一切皆美”：“一个人的质量其实是与梅香相似，是无形的，是一种气息，我们如果光是赏花的外形，就很难知道梅花有极淡的清香……”带着一颗“心”，踏上了一段寻美之旅。“情深，万象皆深”：“我们如果心灵够高，也可以这样看着世界。我们如果心情够细，也能体贴一棵树的心。”怀着一份“情”，踏上了一段寻根之旅。“境明，千里皆明”：“时间无古无今，无旦无暮，只不过是一段无始无终连绵不断的长远罢了。”悟着一种“境”，踏上了一段寻新之旅。

如此种种，寓人文于情境之中，提升了苏式课堂的厚度，使苏式课堂变得有滋有味。

（二）加强人文积淀，以阅读温暖教学时空

人文是指先进的价值观及其规范。《辞海》中将其解释为“人类社会的各种文化现象”。“人文”一词最早出现于《周易》：“文明以止，人文也。”人文的核心是“人”，以人为本，关心人、爱护人、尊重人。这就是我们常常所说的人类关怀和生命关怀。它涵盖了文化、艺术、美学、教育、哲学、国学、历史、法律等方面。人文，首先是一种思想、一种观念，同时，也是一种制度、一种法律。人文，作为人类文化的一种基因，作为一种朴素的习惯和意识，自古就有；作为一种社会潮流，作为一种普遍的文化，则始于我国春秋时期。马斯洛的需求层次论和自我价值的实现，是现代人文思想最杰出的代表。积淀是指积累沉淀，也指积累沉淀下来的事物，或在长期积累中形成的某种精神。李泽厚提出了积淀说，这是针对美的本质提出的美学观点。“积淀”一词由李泽厚独创，他所说的“积淀”分为三个方面：原始积淀、艺术积淀和生活积淀。通过阅读，加强师生的人文积淀，使学生产生憧憬，能够于迷糊中找到突破口，感悟人文和谐；使学生得到体验，能够于诵读中加深感受，领悟人文精妙；使学生走向内省，能够于悬念中学会思考，顿悟人文哲理。

1. 憧憬——于哀伤中感悟人文和谐

憧憬，是对某种事物的期待与向往。茅盾在《创造》中说：“君实在二十岁时，满脑子装着未来生活的憧憬。”这里的憧憬，应该是对美好事物的向往。美好的憧憬往往与哀伤的记忆融合在一起。魏巍

在《东方》中说道：“悲苦的回忆与幸福的憧憬交织在一起，真是苦辣酸甜一齐兜上心头。”正确看待哀伤，找到突破口，才能真正感悟人文和谐。

（1）和在残缺。传统文化中有些诗词，是流传中的经典，却常常带有一些悲壮美。“少壮不努力，老大徒伤悲。”其觉醒式的淡淡哀伤、少年式的缕缕怅惘，给人以表面的悲伤与叹息。“少小离家老大回，乡音无改鬓毛衰。儿童相见不相识，笑问客从何处来。”是对久客异乡、缅怀故里的感怀，有自伤“老大”之情。“慈母手中线，游子身上衣。临行密密缝，意恐迟迟归。谁言寸草心，报得三春晖。”抒写了母子分离的痛苦时刻，表现了诗人深沉的内心情感。“从明天起，做一个幸福的人/喂马、劈柴，周游世界/从明天起，关心粮食和蔬菜/我有一所房子，面朝大海，春暖花开。”表现了诗人对质朴、单纯而自由的人生境界的向往，又有些孤独凄凉之情。“如果有来生，要做一棵树，站成永恒，没有悲欢的姿势。一半在尘土里安详，一半在风里飞扬，一半洒落阴凉，一半沐浴阳光。非常沉默，非常骄傲。从不依靠，从不寻找。”阳光与阴凉并存，骄傲与沉默同在。“如果有来生，要化成一阵风，一瞬间也能成为永恒。没有善感的情怀，没有多情的眼睛。一半在雨里洒脱，一半在春光里旅行。寂寞了，孤自去远行，把淡淡的思念统带走。从不思念，从不爱恋。如果有来生，要做一只鸟，飞越永恒，没有迷途的苦恼。”说尽了诗人迷茫下的向往自由、热爱生命的灵魂，想要逃脱精神世界的枷锁。阅读这些诗词，在生活的残缺、哀伤的情绪之下，我们看到更多的是一种对美好生活的期盼，是一种富有人文色彩的和谐。因此，教师要引领学生看到诗词透射出的憧憬与执着，领略诗词之美，感悟人文和谐，帮助学生树立积极的生活态度，塑造健康的人格。

（2）和在表象。表象是指基于知觉在头脑中形成的感性形象。在心理学中，表象是指过去感知过的事物形象在头脑中再现的过程。表象具有直观性和一定的概括性。其直观性指表象是外物的呈现方式，而构成表象的材料均来自过去知觉过的内容。一般来说，表象是多次知觉概括的结果，它有感知的原型，却不限于某个原型。因此，表象具有概括性，是对某一类对象的表面感性形象的概括性反映，常常表现为对象的轮廓而不是细节。综合起来，可以这样表达：表象是感知过的客观事物的外部特征在人脑中重现的形象，或者是由人的能动的想象力所创造的形象，是感性认识的高级形式，是由直接感知过渡到抽象思维的中间环节。丰富的表象，来自感知过的客观事物的多样性，以及强大的想象力、创造力，有利于抽象思维的培养。拓展阅读能丰富人的表象，提高学生积极的审美能力。俗话说，站得高才能望得远。人对事物的认识水平，与知识的厚薄、生活阅历的深浅有着很大的关系。广泛的阅读能使学生增进知识，开阔视野，丰富生活经验，感知更多的事物形象，提高文化素养，以便更好地透过表象感悟人文和谐。

（3）和在统一。统一是指部分联成整体，分歧归于一致，有融合、联合之意。这里的“统一”意在和谐。赫拉克利特认为，和谐产生于对立的东西。马克思真正把握了“和谐”的理念，提倡社会和谐。中国古代提出的“和而不同”，说的就是具有差异性的不同事物的结合与共存。和谐是对自然和人类社会变化、发展规律的认识，是人们所追求的美好事物和处事的价值观、方法论。和谐课堂应坚持以人为本，遵循事物发展的客观规律，追求人与自然、人与人之间的和谐。言显心声，行露思想。一个人的言行举止反映了他的内心，展现了他的精神风貌。作者写人，正是通过对人物想的、说的、做的，以及外貌、脸部、表情的描写，来展现人物内心世界的。因此，学生在阅读时，要抓住人物的外貌、神态、语言、动作和心理活动，统一起来，体会着读。这样才能很好地感受人物的精神风貌，感受人物之美和作品之美。

2. 体验——于诵读中领悟人文精妙

体验是指亲身经历，或通过亲身实践，来认识周围的事物，所获得的认识与经验。体验到的东西能使我们感到真实、感到现实，并在大脑记忆中留下深刻的印象。刘惊铎在《道德体验论》中，把“体验”定义为一种图景思维活动，一种震撼心灵、感动生命的魅力化育模式。在教学中，我们可以感受到，自己有意讲过的话，亲自参与的事件或者亲自动手的工作，往往记忆深刻。随着时光流逝，我们亲身体验到的内容会越来越丰富。当然，体验不仅表现在个人层面，也表现在更大范围内的社会层面。如果我们的作家缺乏对社会层面痛苦、现实的关注，而更多地停留在享乐、物质、欲望等狭隘的个人体验的层面上，那么，就会忽略对重要问题的关注，忽略对人文的关注，也就难以体会人文的精妙之处。曾国藩说：“非高声朗诵则不能得其雄伟之概，非密咏恬吟则不能探其深远之韵。”有节奏地反复诵读，时而凝重，时而欢快，时而缓慢，时而激昂，有利于更好地理解文字及背景，体会作者的感情，领悟文字背后的人文精妙。

（1）妙在愉悦。心理学研究表明：愉悦的情绪对学习有着明显的优越性，它能激发和保持学习的兴趣，给大脑带来明晰的状态。因此，适当而又得体的语言不仅能消除学生的疲劳，集中学生的注意力，而且能给学生一种愉悦的心理体验，感受愉悦美。特别是一堂课的开篇导语，设计得好，能够起到“投石激浪”的效果，瞬间调动学生的热情和积极性，引导学生进入精彩的课堂教学。如可以把导语设计成一段风趣生动的语言，或是一幅优美宜人的画面，一段轻松明快的音乐，也可以是一个蕴含哲理的问题，或是一次小小的热身活动，甚至可以设下一个悬念，吸引学生积极主动地参与到教学与阅读活动之中。在教学的中途或是结尾之处，也可以巧设方法，加强回味。

（2）妙在美感。美感就是审美意识，是审美主体对客观现实美的主观感受或体会。美感起源于人的社会实践。实践活动的扩大与发展，有利于美感的增强。所以说，美感有起点，但没有终点。在现实生活中，客观事物的美感与个人价值判断和价值需求有关，它能有效激励人的生活热情，增强人的生活信心，丰富人的生活内容。同时，我们可以感受到，客观事物给人带来的美感与人对客观事物产生的缺憾感是相互依存、相互促进的。美感愈强，缺憾感就会愈强。反之亦然，缺憾感愈强，美感就会愈强。就像我们平时常说或经常听到的那样，“距离产生美”“得不到的才是最好的”。学会正确地欣赏，能使人更好地协调美感与缺憾感之间的平衡，更充分地感受客观事物的美感，并增强由此带来的快乐感觉。如加强情趣化阅读，富有情趣的漫画或插图，阅读时的情趣化标记与注解，文本体验中的范读、自读、引读、议读，情感的熏陶、共鸣与抒发，将文本中的亲情之美、生命之美、气节之美、求知之美等通过诵读来体验。此外，可以将课内阅读与课外阅读结合起来。俄国教育家乌申斯基指出：“没有任何兴趣，被迫进行的学习会扼杀学生掌握知识的意愿。”教师要善于激发学生课外阅读的兴趣，有时出示书名或篇目，引导学生根据题目置疑；有时讲述书中的精彩片段后，戛然而止，让学生们带着满腹的疑惑主动走进阅读。苏联教育家苏霍姆林斯基曾说：“在人的心灵深处，都有一种根深蒂固的需要，就是希望自己是一个发现者、研究者、探索者，而在儿童的精神世界中，这种需要特别强烈。”所以，有故事性、探索性的唯美又有内涵的阅读更契合学生内在的精神需求，更能激发学生对阅读的渴望，从而在阅读积淀中提高审美情趣。

（3）妙在意境。“意境”一词出现在很多方面，甚至在日常生活中，经常会被我们用到。比如说，一首诗很好，我们就说：“这首诗很有意境。”一幅画很好，我们就说：“这幅画很有意境。”看完一场电影，走出电影院，我们也会听到有人议论：“今天的电影很有意境。”但是，究竟什么是意境，我们很多人可能并不太清楚。所谓意境，就是指文艺作品中描绘的生活图景与所表现的思想情感融为一体而形成的艺术境界，是一种能令人感受领悟、意味无穷却又难以用言语阐明的意蕴和境界。其中，“意”是情与理的统一，“境”是形与神的统一。在这两个统一的过程中，情理、形神相互渗透，相互制约，形成了“意境”。可见，意境寓心境于形象之中，具有情景交融、虚实相成，以及激发想象的特点，能使人身临其境，在韵味无穷的诗意空间或是审美想象空间中，活跃“生命律动”，得到审美愉悦。因此，教师在布置阅读任务时，要精心挑选阅读文章，把每篇文章当成是一件精心雕刻的艺术品，不仅要求言辞优美，形象生动，意境深远，还要巧妙布局，具有独具匠心的构思，要引领学生关注文本材料的构思与布局，所提问题要有层次和逻辑美，使学生感受读物的结构美，提高鉴赏美的能力。

3. 内省——于悬念中顿悟人文哲理

内省，是心理学基本研究方法之一。这里的内省，是指内心的省察，也就是在内心省察自己的思想、言行有无过失。它是发生在内部的，我们自己能够意识到的主观现象。也可以说是对于自己的主观经验及其变化的观察。另外，内省也可看作自我反省，也是儒家强调的自我思考。孔子曰“内省不疚，夫何忧何惧”，曾子要求人们“内省”“自讼”，孟子将“内省”修养称之为“存心”，也叫“求放心”。他们都强调了修养的重要性，讲究修养的方法。这种内省方法属于经验式内省，它以思辨方法为主，正好契合悬念的要求。悬念，反映的是一种急切期待的心情，它是小说、戏曲、影视等文艺作品的一种表现技法，能有效地使读者、听者、观者产生注意力，又能使他们保持这种注意力，是教学中吸引学生兴趣的重要手段。通过设置悬念，激发学生去思考与联想，从中顿悟一些人生哲理。如关于人生问题的哲学理论、人生观、价值观和生活智慧，指引人们生活，促使精神新生。

（1）理在变化。从哲学角度看，变化是改动的条件，变化决定发展。变化是导致结果的原因，是思维的终极目的，是世界的结局，是时间的开端、空间的结尾，是矛盾的主体，是运动的表里，是光明里的黑暗、黑暗里的生机，是有和无的前提，是自我的整个有意无意的全过程变动。恩格斯说，变化就是"呈现在我们眼前的，是一幅由种种联系和相互作用无穷无尽地交织起来的画面，其中没有任何东西是不动的和不变的，而是一切都在运动、变化、产生和消失"。一本好书，就如一个好的社会，它能陶冶人的感情和气质，使人变得高尚。书中的健康思想可以教育人，书中的感人事迹可以鼓舞人，书中的高尚情操可以陶冶人，书中的曲折情节可以吸引人，书中的科学知识可以丰富人。阅读好书，使学生受到美的熏陶，认识真善美，树立正确的审美观。

（2）理在内化。内化是将看、听、想等思想观点经过内证实践所领悟出的具有客观价值的认知体系。当个体的思想观点与他人的思想观点相一致时，自己所认同的新的思想就会和自己原有的观点、信念结合在一起，构成一个统一的态度体系。而这种态度往往是持久的，并且能够成为自己人格的一部分，最终达到"自我同一性"。当然，人的认知结构是会变化发展的，它有着自我调节、自我完善的能力，可以在不断接触新事物、适应新环境、解决新问题的过程中得以变化、发展和完善。内化在提高学生品德修养和审美情趣，形成良好个性和健全人格，促进德智体美劳和谐发展方面起着重要的作用。也就是说，在培养学生高尚道德情操、健康的审美情趣、正确的价值观和积极的人生态度时,不能仅仅当成一项外在的附加任务，而应根据学科特点，注重熏陶，把"情感、态度与价值观"的要求渗透于教学过程之中，并内化为自我要求。在阅读时，不仅要读知识、了解世界，更要读自己，懂得内在的生命力量，让自己变得更有智慧、更有内涵。

（3）理在深化。深化，意味着向更深的阶段发展。知识的深化，犹如一棵树的根系，不断地向着土壤的纵深拓展。深化体现在教学的每个环节，如课程设计、课堂教学、资源开发、概念形成、教学内涵、教学科研、实践活动以及教学评价等诸多方面。对于阅读来说，如何深化？我们可以让阅读走进生活，变“程序化阅读”为“个性化阅读”；可以开展主题阅读，采用“大主题小阅读”的针对性阅读，或者“小主题大阅读”的人文阅读；可以通过对比阅读深化思维，提升学生素养；可以教授阅读方法，采用“趣味性阅读”与“积累性阅读”“鉴赏性阅读”交叉进行的方式，在“有意思”的同时追求“有意义”，学会积累，拓宽知识背景，同时提高学生的审美能力和评价能力。

（三）保持生活热情，以摄影留住教学瞬间

摄影是一种现代感很强的视觉艺术。如今，已经成为人的视觉审美的主要表现工具之一，成为人类的“第三只眼睛”。摄影艺术独特的审美特征，主要表现为纪实性与艺术性的统一。摄影的纪实性，在于它强大而又长久的记录功能，这是其他技术或艺术所无法比拟或取代的。拍摄时，摄影师直接面对拍摄对象，需要从纷纭复杂、瞬息变化的对象运动中撷取生动感人的瞬间，作品具有高度的生活真实感，可以唤起人对生活现象特有的审美视觉感受。摄影的艺术性，在于艺术家的审美思想、审美选择和审美处理。它不仅需要有意识地审美选择，还需要摄影的技巧，如构图、用光等。因为摄影艺术的审美表现力、概括力和感染力，以及独有的客观、真实、快速、简便的优势，所以在教育教学工作中也得到了广泛的运用。

1. 真实——触摸生活，让教学有景象

真实是指与客观事实相符。艺术上的真实是事真、情真、理真的三位一体，高度统一。文学的艺术真实其实是作家提炼、加工、改造过的真实，所以比实际生活更集中、更典型、更强烈、更鲜明。真实需要用心去感受，否则无法体会真实所带来的景象。教学中的景象，来自生活，只有触摸生活，才能真正感受到真实所带来的情景、气象或迹象，才能真正感受教学中的环境之思、诚信之源和气氛之得。

景象一：环境之思。环境有很多种不同的解释。周围的地方和事物是环境，所处的情况和条件是环境，人类生存的空间是环境，直接或间接影响人类生活和发展的各种自然因素也是环境。对人的心理发生实际影响的整个生活环境，我们称之为心理环境。人类创造的物质的、非物质的成果的总和，我们称之为人文环境。其中，心理环境有内外之分。外部环境是学校以外的社会环境和家庭环境，内部环境主要包括校风、同学关系、师生关系、教育设施、师资水平等学校内部的条件之和。对于学生来说，内部环境十分重要。努力营造一个适合学生成长的内部心理环境，是每一位教师应该为之努力的事情。对于人文环境来说，物质成果包括文物古迹、绿地园林、建筑设施等；非物质成果包括社会风俗、语言文字、文化艺术、教育法律以及各种制度等。这些成果反映了一个民族的历史积淀，具有文化烙印，渗透着人文精神。利用好这些成果，对人的素质提高起着培育熏陶的作用，对于教学是十分有益的。通过摄影镜头，真实地记录环境，有利于发现环境中存在的问题，引发思考，着力解决，以完善环境，促进师生共同成长。

景象二：诚信之源。诚信，是一个人的名片，被称为公民的第二个"身份证"。它不仅体现在为人处事上，尊重事实，实事求是，也体现在信守承诺上，以真诚之心，行信义之事。孟子有云："诚者，

天之道也；诚之者，人之道也。”可见，“诚”是儒家为人之道的中心思想。许慎在《说文解字》中说：“诚，信也。”“信，诚也。”做到“内诚于心”“外信于人”，就是诚信。“诚实是人生的命脉，是一切价值的根基。”这是德莱说的，也是我们应该做的。过而能改，也是诚实，是善。《左传》曰：“人谁无过？过而能改，善莫大焉。”对此，韩愈把“过”称为“师”。韩愈曰：“告我以吾过者，吾之师也。”古今中外，文人雅士，都十分重视诚信品质的培养。儒家认为齐家、治国、平天下，都以自我修养为根本，诚信是自我修养的重要方面。孔子在回答子路“如何成为一个君子”时，把“修己”作为“安人”“安百姓”的前提，认为君子应先慎重地培养、训练自己的道德品质，然后再去治人、治百姓。诚信是一个人的立身之本。从艺要真诚，教学也要真诚。离开了真诚的从艺，教学都是虚假的，是站不住脚的，也是无法长久的。所以，我们在通过摄影记录生活、记录教学时，应坚守本心，坚守最本真的态度与最真诚的底线；为学生、为课堂提供影像图片时，应注重人格的呈现和智慧的展现，用始终如一的精观细察，还原生活的本来面貌，传递出对时代、对人民、对生活、对教学的正确理解和独特识见，培养学生技术美、形式美和真诚美。

景象三：气氛之得。气氛是特定环境中给人强烈感觉的景象或情调，是弥漫在空间中的心理因素的总和。气氛是看不见摸不着的，但它是客观存在的，能够影响观众的行为过程。所以，在很多情况下，我们可以通过调节气氛，来达到改善行为进程和结果的目的。气氛，在摄影中，是一种能够表达情绪，能够讲故事的媒介。同时也是一种引导观众思维，直击其内心深处的载体。拥有好气氛，不仅能够制造出一种空间感和时间感，更重要的是能够吸引注意力，引发思考，内心产生强烈的共鸣，将照片背后的感情和故事传达给观众。

要营造好的气氛，需要做好以下几点：一是运用好光线和色调。

如教学中欢快的活动场面，可用暖色调来表达，因为暖色调能体现活泼快乐的轻松氛围；若要营造清凉安静的氛围，不妨使用蓝色、绿色、青色等冷色调颜色。二是使用大光圈。如教学中充满情调的场景，可用大光圈来拍摄，因为大光圈导致的是浅景深，能虚化背景，创造出具有梦幻的气氛。三是根据所处的环境。热闹的大街传达热情的气氛，让人想到“有朋自远方来”；人烟稀少的地方传达孤独的气氛，但也能给人宁静的感觉。四是注意拍摄时间。日出时分拍摄校园，太阳发出的柔和散射光，使校园焕发出温暖的气息；正午时分拍摄校园，强烈的阳光照射，正面与背面的光影对比，使校园建筑产生立体感，显得更有张力；日落时分拍摄校园，暗部阴影为校园增添几分戏剧感与神秘感。五是拍摄质感与纹理。校园里的雕塑拍摄时若能抓住其质感和纹理，更有助于吸引学生感官，挖掘其内心深处的回忆，增强沉浸式的体验感。六是根据拍摄的内容。如拍摄没有波纹的水面，没有流云的天空，会让人感觉安静；有流云的天空，有波纹的水面，则可以体现出动感。七是利用一些装饰或点缀。如在拍摄学生学习场景时，可以加上一支笔、一本书或一个相框，以烘托气氛，给人以绘画的感觉。总之，摄影的气氛运用得好，有利于培养学生的审美情趣和审美能力。

特别是在数码技术迅速发展的今天，培养学生的摄影能力非常必要。摄影能将美凝固，并通过艺术的形式展示给大家。摄影教学能引起学生的关注和兴趣，提高学生对美的理解和认知，增强学生对事物的审美能力、想象力和创造力，促进学生身心的健康发展，培养学生积极乐观的成长心态，有利于构建完善的教学体系，推进学校美育教育，将美的感知与生活相联系，并反馈于教学，反馈于生活，真正做到从生活中来，到生活中去。

2. 真情——凝视生活，让教学有福流

“真情，本心也。”真情是指真实的情况、情感、情谊。拥抱真情，是教学有福流的前提。福流，是由全神贯注所产生的心理体验。这种体验往往出现在做自己特别喜欢的事情的时候。如果一件事让你产生浓厚的兴趣，专注而沉浸其中，你就会对周围的一切浑然不知，就会被一种愉悦的力量推动着，进入一种物我两忘、酣畅淋漓的状态。这种状态就是福流。美国著名心理学家米哈伊认为，福流的心理体验主要有六种特征：全神贯注，知行合一，物我两忘，时间飞逝，驾轻就熟，陶醉其中。可见，这种福流的体验既包括身心体验的因素，也包括行动与知觉的融合，以及结果因素的影响。福流与幸福是分不开的。彭凯平在《吾心可鉴：澎湃的福流》中提出：幸福的极致体验是澎湃的福流。在他看来，幸福不是虚幻的概念，也不是简单的满足，它有脑科学的定位，有多巴胺、血清素等神经递质的作用，还要有大脑前额叶的智慧参与，要有对人性的欣赏、满足和认识。他认为，要让年轻人找到幸福、找到人生的意义，有一个很重要又很简单的方法，那就是让他们自己经常想一想，我们在哪些时候、哪些地方，做哪些事情，让自己产生旺盛生命力的感觉，感动、喜悦、安定、希望、敬仰、热爱，去体验人世间最美好的事情，做一个善良的、美丽的、智慧的、有思想的人，这就是我们幸福的源泉。在日常生活中，拍一次视频，读一本书，看一部电影，画一幅画，看一次展览，与家人一起出游，做一次手工，我们有很多可以接触幸福的时刻，专注其中，澎湃的福流就可能产生。

福流一：涌动的诗意。诗意，是对现实或想象的描述与自我感受的表达。它既是一种艺术的方式，也是一种鲜明的艺术生活态度。诗意能够给人以美感，或有强烈的抒情意味。诗意表现在很多方面，除了诗歌中的意境，还有诗意美学、诗意画面、诗意音乐、诗意化摄

影、诗意生活、诗性思维等。诗意美学，就是像诗一样表达美感意境。研究诗意美学对于提升摄影艺术的文化内涵，传播中国文化艺术境界具有重要的现实意义。中国摄影中的诗意美学，唐诗里的摄影之美，离不开平时的生活积累和人文积淀。用摄影手法表达诗意，摄影画面中的诗意表达，摄影中的意境，画意摄影里的笔墨诗意，都将摄影与诗意糅合在一起。需要注意的是，摄影中的诗意不仅存在于精美的画面或词句之中，它也同样存在于肮脏的、凌乱的、灰扑扑的生活之中。而要在脏、乱、灰的生活中看见诗意，就需要观察者本身的一双慧眼，才能乱中取胜，发现别人看不到的意境。就像《50年代：五人诗选》中王小妮诗歌所言：“沿着长长的走廊，我，走下去……呵，迎面是刺眼的窗子，两边是反光的墙壁。阳光，我，我和阳光站在一起。——呵，阳光原来这样强烈！暖得人凝住了脚步，亮得人屏住了呼吸。全宇宙的光都在这里集聚。——我不知道还有什么存在。只有我。十秒，有时会长于一个世纪的四分之一！终于，我冲下楼梯，推开门，奔走在春天的阳光里，……”走廊、窗子、墙壁、阳光是我们日常所见，作者却在这里找到了春天，读来充满着诗意，尤其是“靠着阳光”的十秒钟站立，画面感极强。

福流二：触动的情怀。在很多情况下，情怀是指人的心境或心情。有的时候却难以界定和言说。情怀并非都是高尚的。这里的“情怀”是指摄影中的人文情怀。有人说，摄影就是用自己的无声语言讲述自己的故事，弥足珍贵的自我，想念的人，留恋的故事，甚至是一辈子的思念。我却认为，摄影不仅是一种记录、一种表达，更是一种文化、一种理念、一种追求和一种情怀。摄影情怀，就是通过镜头影像，领悟生命的真谛，表达自己对这个世界的珍惜与怜爱。它强调的是摄影中的温度和情感表达。而这种“温度和情感表达”，不仅是针对自己，也应落实在对社会、对国家、对人性的表达上。如纪实摄影中人文情怀的表达，可以透过画面的小窗口看到时代的大背景和大发展。要做到这一点，不但需要有摄影技术，更要有思路和悟性。每到一个拍摄环境，先要仔细观察，为什么拍它？它美在哪里？需要表现什么？要把最能感动自己的场景和细节，用心去表达。摄影是人生的体验，需要用自己的感官去扩展自己的视野，用自己的灵魂去寻求自己的感动，而不是人云亦云搬运别人海滩的沙子，更重要的是自己与自己的对话，要将自己的观念和美学意识，自己对自然、社会、教学的理解，以及自己的情感投影在摄影画面中，并通过镜头语言表现出来，实现自我修行。

福流三：颤动的同理心。同理心，泛指心理换位、将心比心，亦指设身处地地对他人的情绪和情感的认知性的觉知、把握与理解。它主要体现在情绪自控、换位思考、倾听能力以及表达尊重等方面。同理心在不同个体上有不同的体现。有人很少从他人的角度思考问题，做事情也很少考虑到他人的感受，不愿意倾听；有人能够从别人的角度思考问题，与人沟通比较真诚，愿意将自己的一部分想法表露出来，工作中会尽量考虑对方的需要；有人能够站在对方的角度考虑问题，能够用心倾听，安排事务时，尽量照顾到对方的需要，并愿意做出相应的调整；有人将心比心，设身处地感受和体谅别人，有优秀的洞察力与心理分析能力。可见，不同个体的同理心会带来为人处事的不同效果。所以，培养同理心先要学会倾听自己的感觉，然后选择适当的表达感受的方式，把自己的感觉表达出来，同时要善于倾听他人的感觉，用体谅来回答他人的感觉。孔子曰：“己所不欲，勿施于人。”说的就是要有同理心，要做到“推己及人”，也就是要坚持设身处地、将心比心。只有这样，才能更好地了解、尊重并重视他人的想法，也就更容易找到解决问题的方法。同理心体现在生活的方方面面。摄影就是一种同理心的“看见”，同理心是一个好的摄影师必备的能力之一，它能使你变得更好，直接体现在最细微的动作行为上。拍摄时去感觉你想要拍摄的对象，尽量让自己融入特定的环境，对于环境中的人物要保持同理心以及基本的道德感，而非刻意去消费他们。

3. 真谛——追寻生活，让教学有意义

真谛是指真实的道理或意义。真谛在不同方面有人生的真谛、爱的真谛、生活的真谛、生命的真谛、教学真谛等不同的体现。教学真谛就是教会人去发现问题、思考问题，形成正确的人生观、价值观、世界观，学会解决学习、生活中问题的方法。也就是说，实践是教学真谛，或者说，教学真谛是教、学、做合一。只有真正领会教学真谛，才能更好地追寻生活，使教学变得更有意义。纪录能让教师的教学有意义；有意义的学习理论对教学有指导作用；教学反思能使教学从单纯追求“有意思”，转变到“有意思”与“有意义”的完美融合。只有当课堂成为学生思维激活、神采飞扬、精神丰富的乐园，我们的课堂教学才谈得上有意义、有效益。美国教育心理学家布鲁纳认为：“教学是通过引导学习者对问题或知识体系循序渐进的学习来提高学习者正在学习中的理解、转换和迁移能力。”这意味着教学不仅要解决认识问题，还要力求在认识的基础上，“点燃”他们的求知欲望，进行深入的探索，争取有所突破，使教学更具有科学性，更能促进学生身心的全面发展，更能构建学生的生命意义。通过摄影去追寻生活的真谛，反馈作用于教学，使教学更有意义。

意义一：细微处见出静美。美在细处。细节决定成败。细节是起关键作用的小事，是能够影响全局的又容易被忽略的物件，或微观领域的事物形态。细节是“将有限（或局部）最佳化”的思维方式的最佳体现和寄托。细微处见真章，细微处最能体现事物的本质，就是说细节的地方最容易看出真实的、本质性的情况。如我们会说到的“微表情”，它是人们通过做一些表情把内心感受表达给对方看。这种表情通常一闪而过，难以察觉，甚至连清醒地做表情的人和观察者都察

觉不到。但微表情更能体现人们真实的感受和动机。所以，把握住细微的地方，正确理解“小即是美”的精神，进行富有小艺术的教学，是十分有效的。整洁大方的服装，教室里的精心布置、静美盆景，它们都在那里，散发着有形无痕的美。还有唾手可得的“人造物”，如书写的纸笔，饮食的杯碗，阅读的灯光、书籍，这些随处可见的“自然物”，与我们如影相随，无不透出拥有者的审美观念。我们提到的日常，不仅是生活之中那些完整的完美体验，还需要囊括一切生活的不完美与不值一提的琐事，它们显示着一切生活的本来面貌。如我在阅读《品园》时，就被其中的图片所吸引。图片不是什么大场景，相反，很多图片只是园林一角，却别有风味。不管是庭院、书屋，还是复廊、曲桥，甚至是漏窗、水井，都各具特色，都有一种细处的宁静之美。文字中的细节描写，也带来很多别样的感触。“多为折角的在庭院一面的复廊，一步步走去，它又柔了”，满溢着柔情之美；“园林的美，无非美在有静的意味”，给人以安静之气；“一块太湖石傍着粉墙而立，姿色平平，由于竹与天竺各站一边，就像是姿色平平的女子因为有教养，或许比美女更惹人爱怜”，令我有欣慰之感；“细节是智慧，智慧是玩味，玩得出味来的才叫智慧”，充满了辩证之理；“动观，静观，近观，远观，距离感也是节奏感”……很有一种哲理之味。

意义二：平凡中学会坚强。教学生活是平凡的，也是幸福的。沉浸在平凡幸福中的教学生活，总会有一些不平凡的瞬间值得留恋，回味绵长。如师生之间有情趣的互动，同学之间的爱心传递，学生学习过程中所蕴含的好奇、好问、好学的求知热情和探索精神，以及趣味游戏、情景再现等。若能在如水的平淡中活出精彩、挖出感动，把平凡日子过成鸟语花香，将满怀的惆怅挥手作别，那么，你就是幸福的，你就是快乐的。教学就像一场旅行，一路上，可以听见花开的声音，可以看见绽放的容颜。这些声音与容颜，犹如教学中的阳光、馨香、明媚与清欢，值得我们好好记录。而这份记录，藏着对教学的美好情怀，说着对生活的豁达乐观，不仅能芬芳自己，也能灿烂学生。教师要学会在平凡中坚守，在平凡中发现美好，在平凡中追求精彩，把握教育教学中的每一件小事，实现自己的人生价值。

意义三：不羁中找到幽默。幽默是一种情趣，也是一门哲学。其特点主要表现为机智、自嘲、调侃、风趣等。在教学中，我们可以发现，有的学生性格有些不羁，甚至倔强，有时还会与老师“对着干”，你说东，他说西。但如果细细观察，你就会发现，他们中有很多人是富有幽默感的。一本“另类”的富有幽默感的笔记本，一支套着有趣玩意的笔，书本上出现的别样的可爱“小人”，在不经意间，表达着有趣、可笑或是意味深长。对此，教师不能轻易责备，相反，可以带着幽默的心态，先欣赏一番，甚至可以化批评为肯定，“画得不错”“有创意”，或许能化尴尬为动力。若是再有心一点，将这些有趣的“笑点”记录下来，并聚集在一起，适当的时候呈现于课堂，定会给教学带来欢乐，有助于师生交流，收获良好的师生关系。另外生活中的幽默图片，有助于缓解学习压力，若能结合相关教学内容，更能使学生在轻松的心态下掌握知识，加深理解和印象，让教学既有意义，也有意思。同时，能够增强教师的亲切感，培养学生乐观的信念。

美育心理小课堂

“审美判断”就是审美主体依据一定的审美标准对客观事物具有的审美属性的判断，受个体审美趣味、审美理想和当时心境的影响，主要通过肯定事物的美与丑的形式表现出来，因审美个体的不同，而呈现出一定的差异性。

第六章 “三情三美”教学的情感升华

内容摘要

情感是人对客观事物是否满足自己需要而产生的态度体验，对学习活动具有定向、启动、调节和维持的作用。它包括道德感和价值感两个方面，美感是其中的一个具体表现。学会对教学情感的正确解读，是情感进化的需要，也是教学情感成熟化的需要。王国维“境界说”、庄子“天人合一”论、立普斯美学思想、罗杰斯人本主义情感教育理论、苏霍姆林斯基“情感动力”思想、卡特金情感教学思想等都对教学情感做出了很好的解读。美的教学情感，体现为有爱的、有神的、有形的、有情的、有感的、有度的教学情感，具体表现为尊严生活、情调工作、幸福教学的仁爱之心，饱含期待、满怀真诚、正面肯定的关爱之言，理性、公平、静待的疼爱之行，还有如影随形、无影无形的教学情感，传承、服务、思辨中的家国情怀，以及有感召力、有感染力、严慈有度、行有雅度的教学情感。在实际教学中，升华情感追求美，需要坚守教育幸福，使情感于拥有中凝聚美的澎湃；需要坚定精神宇宙，使情感于重塑中获得美的新生；需要坚持自我教育，使情感于觉悟中实现美的超越。通过正面引导，传授方法，借力训练，呼应渴求，改善沟通，把握规律，来增强师生的幸福感；通过舍“外相”以富“内相”，破“旧我”以立“新我”，弃“他悟”以盈“自悟”，内化践行，向美而生，双轮驱动，主动审视，抓“鼓点”，聚“焦点”；通过创优自我反省、自我激励、自我评价能力，创设自我教育的人文、认知、群体氛围，创新自我教育的心理、网络、实践载体，实现师生共长。

一、教学情感的理论解读

《心理学大辞典》中说：“情感是人对客观事物是否满足自己的需要而产生的态度体验。”从本质上说，情感是在生活现象与人心的相互作用下产生的感受。情感对学习活动具有定向、启动、调节和维持的作用，对学生的学习在一定的条件下会产生关键性的影响。情感包括道德感和价值感两个方面，具体表现为爱情、幸福、仇恨、厌恶、美感，等等。情感是人适应生存的心理工具，是能激发心理活动和行为的动机，是心理活动的组织者，也是人际通信交流的重要手段。情感在倾向性、深刻性、稳固性、效果性方面表现出个体差异。其中，情感的倾向性是指一个人的情感指向什么和为什么会引起，深刻性是指一个人的情感涉及有关事物的本质程度，稳固性是指情感的稳固程度和变化情况，效果性是指一个人的情感在其实践活动中发生作用的程度。情感在教学中的成熟与否，关系到情操的陶冶、健康的保持、环境的控制、情绪的化解等诸多方面，不仅对他人、对事物有影响，而且对自己也会产生影响。达尔文说：“人类机体状态与生物机体的发展是一个不断进化的过程，具体表现为生物种类不断分化而增多，细胞结构不断复杂而有序，组织功能不断深化而加强。”人类的情感发展也是一个不断进化的过程，是一个漫长的、曲折的、自然的、分层次、分阶段的进化过程。学会对教学情感的正确解读，是情感进化的需要，也是教学情感成熟化的需要。

王国维“境界说”对教学情感的解读。王国维认为，“词以境界为最上。有境界则自成高格，自有名句"。提出了"境界"为评词的基准。"有造境，有写境，此理想与写实二派之所由分。然二者颇难分别，因大诗人所造之境必合乎自然，所写之境亦必邻于理想故也。"由此根据境界的内容和所取材料的不同，提出了"造境"与"写境"之说。王国维从"我"与"物"之间关系的不同，提出了"有我之境"和"无我之境"，并进而分析"泪眼问花花不语，乱红飞过秋千去""可堪孤馆闭春寒，杜鹃声里斜阳暮"，属于"有我之境"；"采菊东篱下，悠然见南山""寒波淡淡起，白鸟悠悠下"，属于"无我之境"。王国维认为："有我之境，以我观物，故物皆著我之色彩。无我之境，以物观物，故不知何者为我，何者为物。""无我之境，人惟于静中得之。有我之境，于由动之静时得之。故一优美，一宏壮也。"这是"有我"与"无我"两种境界所产生的不同美感。"境非独谓景物也，喜怒哀乐，亦人心中之一境界。故能写真景物、真感情者，谓之有境界。否则谓之无境界。"可见，"境界"非但指景物，亦兼指内心的感情。他举了两例：一是"红杏枝头春意闹"，认为"著一'闹'字，而境界全出"。二是"云破月来花弄影"，因为"著一'弄'字而境界全出矣"。归纳起来，就是说"境界"较之"兴趣""神韵"，更体现其本质，要做到这一点，应融入情感，方能达成。

立普斯美学思想对教学情感的解读。立普斯是德国的心理学家、美学家，他在美学方面的最大贡献是提出了较系统的移情理论。立普斯认为，美学是关于美和审美价值的科学。由审美主体所赋予的生命和灵魂，使审美对象具有了审美价值。他认为审美对象必须是有感情的，并且是与审美主体相对的"唯一"对象。在立普斯看来，审美中的移情现象由两个基本方面构成：一是审美主体把自己的情感、意志和思想投射到对象上去；一是对象本身是由线段、色调和形状等所构成的空间意志，能使审美主体的内在意识向它转移。移情按其性质可分为"实用的移情"和"审美的移情"两种。他从三个方面界定了审美的移情作用的特征：①审美对象是一种受到主体灌注生命的有力量、能活动的形象；②审美主体是观照的自我；③主体和对象相互渗透，融为一体。这种向我们周围的现实灌注生命的一切活动之所以发生，而且能以独特的方式发生，都是因为我们把亲身经历的东西、我们的力量感觉移植到外在事物中去，移置到在这种事物身上发生的或和它一起发生的事件中去。这种向内移植的活动使事物更接近我们，因而显得更易理解。

庄子“天人合一”论对教学情感的解读。庄子在《逍遥游》中提出了道家的“三无”境界，即“无己、无功、无名”。道家认为“天”就是“自然”的代表。庄子曰：“人与天，一也。”即人与天是合一的，也就是说，人与自然是一个整体。在庄子看来“天地与我并生，而万物与我为一”的精神境界，就是“天人合一”的境界。“天人合一”的境界，强调顺应自然，遵循自然的规律，强调把外在的客观性内化为一种心灵的境界，这是一种“忘我之境”，也是最高层次的精神自由，展示的是最初的本真自我，旨在克服各种“异化”，摆脱各种“限制”，创造一个“精神乐园”，从而获得超越、永恒和宁静。“天人合一”不仅是一种思想，而且是一种状态，最重要的体现是合于“气”。而师生之间的“气”合在于“情感”合。庄子善于从草木的智慧中领悟生命的真谛。他认为人应该返璞归真，回归自然的本真状态，才能保持人性的完美，才能与自然和谐相处。这一观点具有朴素的辩证法思想，揭示了庄子对人性、人生态度、人生意义及价值的思考与探索，反映了庄子对人文精神的积极关注和追求。庄子发展起来的“天人合一”哲学体系构建了中华传统文化的主体。但庄子“天人合一”论中的人生观思想有着历史的局限性，它强调了要顺应自然，却忽略了人的主观能动性，所以，在教学中，教师要善于用其积极思想来加以指导，发挥它在当代人文精神建构中的重要现实意义。

罗杰斯的人本主义情感教育理论对教学情感的解读。罗杰斯人本主义理论中，把学习分为两类，一类学习是类似于心理学上的无意义音节的学习。这类学习只涉及心智，不涉及感情或个人意义。罗杰斯认为，“现代教育的悲剧之一，就是认为唯有认知学习是重要的”。另一类是意义学习。所谓意义学习，不是指那种仅仅涉及事实累积的学习，而是指一种使个体的行为、态度、个性以及在未来选择行动方针时发生重大变化的学习。这种学习主要包括四个要素：第一，学习具有个人参与，也就是说，需要有情感和认知的投入；第二，学习是由自我发起的，也就是说，要求发现、获得、掌握和领会的感觉是来自内部的；第三，学习是渗透性的，也就是说，它会使学生的行为、态度，乃至个性都发生变化；第四，学习是由学生自我评价的，因为学生最清楚这种学习是否能满足自己的需要、是否有助于找到他想要知道的东西、是否明了自己原来不甚清楚的某些方面。所以，罗杰斯认为教育的目的在于激发学生学习的动机，发展学生的潜能，形成积极向上的自我概念和价值观体系，最终使学生自己能够教育自己。他突出了情感在教育中的作用，认为教师应该用情感来进行教育，认为学生的认知过程与情感过程是有机的统一体，认为要创造师生情感交流的教育环境。

苏霍姆林斯基“情感动力”思想对教学情感的解读。苏霍姆林斯基的教育思想饱含着他对学生的爱和人道主义精神。他认为，学校的核心任务是培养全面、和谐发展的各个公民和幸福个人。“和谐教育”的精神成为其教育思想的精髓。而情感教育在苏霍姆林斯基教育理论体系中占有重要位置，它是实现学生个性全面、和谐发展的关键性因素。苏霍姆林斯基研究的和谐教育，是指通过丰富多彩的精神生活，保证个性全面发展，保证个人天赋才能的充分表现，使学习富有成效。和谐教育的内在、恒久的支柱在于建立学生学习的积极的“情感动力系统”。他把“和谐教育”分为三个方面，即“全面发展”“和谐发展”与“个性发展”，认为它们是互相融合在一起的整体教育，而这种整体教育是与情感教育紧密联系在一起的。他认为情感教育是全面和谐发展的外在诱因，也是全面和谐发展的内在动力。在他看来，学生在某一领域中取得成绩而产生自信和自豪感，这是具有头等意义的，因为这是一种内在的“情感动力”，能推动一个人再在别的领域里努力取得理想的成绩，从而促进人的全面发展，而这种情感动力来自情感教育，来自学校集体和个人丰富的精神生活。苏霍姆林斯基提出了“要让每个学生都抬起头来走路”的主张，并努力创设良好的教育环境，“让学校的墙壁也说话”。他认为，“没有情感，道德就会变成枯燥无味的空话，只能培养出伪君子”。情感是促进学生全面、和谐发展的前提条件。

卡特金情感教学思想对教学情感的解读。情感是教育的灵魂。关于情感，卡特金认为，“未经人的积极情感强化和加温的知识，将使人变得冷漠。由于不能拨动人的心弦，很快就会遗忘”。在他看来，教师在教学过程中必须注重激发学生的情感。在卡特金的情感教学思想中提到了三点：第一，情感是学生认知能力发展的动力；第二，要创造和谐的教学气氛；第三，首次提出了“教学的积极情感背景原则”。他认为“教学效果取决于学生的学习兴趣”。这就要求教师教学时不仅要讲明道理，更要以饱满之情全方位、多角度地激起学生学习之情，即进行情感教学。要抓住教材中贯穿着情感价值观教育的内容，根据各个年龄段学生的心理发展需求，用情感导入，引发学生的心灵震撼，用情感点燃思维的火花，注重情感培养，让情感成为学生学习的催化剂。

洛扎诺夫暗示教学理论对教学情感的解读。洛扎诺夫的暗示教学就是利用人的可暗示性，重视教学环境的情感渲染，实现理智与情感的统一，有意识功能和无意识功能的统一，特别是充分调动大脑无意识领域的潜能，使学生在精神愉快的气氛中不知不觉地接收信息。暗示教学的理论基础有三个方面：一是学习应成为一种趣事，应在无紧张的状态下进行；二是人的思维是在自觉意识和潜意识两种意识层面上进行的；三是利用通常不用的大脑储备手段进行暗示，目的在于加快学习。洛扎诺夫认为个体存在“暗示超常记忆力”，认为个人的理智和情感、分析和综合、有意识和无意识都是不可分割的，当它们处在最和谐状态时，是人活动最有效的时刻。而参与学习过程的有大脑、身体、有意识活动、无意识活动、理智、情感等。其中，特别要发挥好无意识活动对学习的作用。比如，我们在看电视的时候，对于节目中插入的广告，开始并不注意，但随着广告次数的增多，无意间对广告内容加深了印象，尤其是幼儿对电视广告的声音、色彩注意更为强烈。这种无意识学习是一种潜在的、内在的、本能的学习，实实在在地影响着每个人的学习活动。而且无意识比有意识更能促进孩子的学习。因此，教师要抓住机会，巧妙利用课堂间隙，加强对学生的无意识学习。同时，要创造高度的学习动机，建立和维持和谐的教学环境，用亲切和蔼的态度，对孩子多一些鼓励，激发个人潜力，树立自信，使学生在轻松愉快的学习环境中获得更好的学习效果。

二、美的教学情感

课堂教学不仅有知识的交流，而且有情感的交流，两者应该融合在一起。教师丰富恰当的情感，不仅有助于知识的传授，也有益于激发学生接受知识。课堂教学中师生的情感互动，需要师生在课堂中的情感投入，需要双方在教学中伴随着饱满的信心和积极的情绪。教学活动是传播知识的过程，同时也是情感交流的过程。情感教学是教师在课堂教学的过程中，创设有利于学生学习的和谐融洽的教学环境，妥善处理好教学过程中情感与认知的关系，能充分发挥情感因素的积极作用，通过情感交流，增强学生积极的情感体验，培养和发展学生丰富的情感，激发他们的求知欲和探索精神，促使他们形成独立健全的个性和人格特征。它既是一种教学模式，也是一种教学策略。

美的教学情感，应该是情绪、感悟、感思与美、与人文、与生命融合一起在教学中的呈现与表达，它是有爱的、有神的、有形的、有情的、有感的，也是有度的。具体体现在：有一颗仁爱之心，有一份关爱之言，有一种疼爱之行，它是有神韵和精气神的，是如影随形或无影无形的，具有家国情怀，能够触景生情，而且这种情感是富有感召力和感染力的，能够做到严慈有度、行有雅度。拥有美的教学情感，能够极大地发挥情感的积极作用，增强学生积极的情感体验，丰富学生的情感，培养学生健康的人格，真正落实新课程标准中“情感、态度、价值观”的目标。

（一）有爱的教学情感

要让课堂生活产生持久的魅力，首先在于教师对生活有执着的追求，在课堂中倾注自己的爱。没有爱，就没有教育，也就没有真正的教学。德国心理学家赫尔巴特说：“孩子需要爱，特别是当孩子不值得爱的时候。”爱是对人、对事、对物的深厚真挚的感情，是人之根，是人诞生和发展的推动力，是人最深沉的精神需要；爱是教育教学的基础和前提，是教育教学的灵魂和精神。《尔雅》有云：“惠，爱也。”我们每个人对爱都有切身的体会，对爱的体会都是具体的。《爱的教育》是意大利作家阿米琪斯创作的长篇日记体小说，写的是一个小学四年级学生安利柯一个学年的生活，其间穿插着老师每月给学生讲述的“故事”，还有父母为他写的许多具有启发意义的文章。很明显，老师讲述的“每月故事”和父母写的“启发文章”就是爱的体现、爱的活动，也是爱的教学、爱的教育。如果从美学大的方面来说，爱就是美。通过教学，使学生懂得人世间的爱，懂得人世间的真善美，懂得要有爱心，要爱父母、爱老师、爱家乡、爱祖国，才能做到追求真知、辨别真伪、趋善避害，这也是美学教育的内容。

1. 仁爱之心

仁爱，宽仁慈爱之意，或爱护、同情的感情。仁爱之心，就是要有一颗仁义慈爱的心，它是丰富我们内心的基本品德。中国传统的"仁爱"以"信"为基础，与理想有联系。教师的"仁爱之心"是习近平总书记提出的"四有好老师"的标准之一。教师只有做到"有理想信念、有道德情操、有扎实知识、有仁爱之心"，才是一个真正称职的教师。教师的"仁爱之心"不仅表现在对学生的关爱上，能够呵护学生、尊重学生，满怀欣喜地期待学生的健康成长，还表现在"仁爱之心"的付出与回馈上，它不应该是教师对学生爱的源源不断地单向付出，而应该是双向的，教师在付出的同时，能够获得社会、学校、家庭和学生的尊重，只有这样，教师的心灵才能得到及时补给，受到滋养，实现升华，才可能有更多的爱心奉献出去。

（1）要有尊严地生活。"爱"是一种责任。教师对学生的爱，是贯穿在教育教学过程中的崇高情感。热爱学生是教师的职责，也是对教师的基本要求；是教师应该具备的美德，也是教师做好教育教学工作的重要条件。师爱所投射出的正能量，能够满足学生想要得到呵护与肯定的内在需求，有利于激发学生的主动性和积极性，并在此基础上，推动其自觉执行。做到这一点，教师本身要有责任心，能够有自信、有尊严地生活。尤其在当下，教师面临着不小的压力，如果社会、学校能够给教师减负减压，让教师有更多的时间和精力去思考、去体会，回归本心，抛却一些功利性的目标，追求真善美的深层次问题，就能收获教学中的尊重、理解和美好的期望。

（2）要有情调地工作。“爱”是一种感觉。教师面对着教育的飞速发展，面对着飞扬的不同个性的学生，需要在教育教学中展现出丰富的观念和色彩，才能让学生在师爱的阳光下茁壮成长。师爱是师德的灵魂，爱是教育永恒的主题。没有爱的心灵，就像贫瘠的沙漠，长不出美德的鲜花和绿草，无法显出丰富多彩的内涵；没有爱的教育，就像干涸的河床，泛不起情感的涟漪和浪花，无法展现博大精深的教学功能。而教育情调的核心在爱，把爱献给每个孩子，在教育教学活动中就有了美好的情调；教育情调的表现在情，把情送到教学的每个环节，就能在教书育人的细微处见出真情。

（3）要有幸福地教学。“爱”是一种奉献。我国近代教育家夏丏尊先生说：“教育之没有情感，没有爱，犹如池塘里没有水一样。没有水，就不成其为池塘，没有爱，就没有教育。”教师对学生的爱与严是教学活动的一种催化剂，它能唤起受教育者幸福愉悦的心情，使学生乐于接受教育，投入学习中，产生内驱力。同时，学生的愉悦心情反过来促进了教师的教学，使教师产生一种如沐春风般明媚的心境，推动教学的良性循环。所以，教师要保持积极的情绪，善于发现教学中的小确幸，在人格平等的基础上，以无私的奉献与给予，用师爱搭起一座沟通学生心灵的桥梁，用师爱开启一把发展学生心智的钥匙。

2. 关爱之言

关爱，顾名思义，就是关心爱护。关爱之言，是通过饱含期待、真诚、肯定的话语，向学生传达出关心和爱护。关爱之言说得好，犹如一缕春风，给人身心的舒畅。短短的一句问候，给学生带去春天般的温暖；浅浅的一个微笑，给学生带去亲切的关怀。似春雨，滋润着人的心田。然而，在实际教学中，我们许多教师虽然对学生有满腔的师爱，却并不善于表达，常常以反话、丑话来“激励”学生，以至学生不能理解、感受老师的良苦用心，造成沟通上的不畅，甚至还造成师生情感上的障碍。所以，师爱的传导要讲究方法，做到好话也要好好说。

（1）多说饱含期待的话语。“爱”是一种希望。希望不是那种被动的、认为事情终归会得到解决的乐观主义。它包含着承诺和努力，即使在最荒谬、最痛苦的时候，也不会放弃对孩子的教育。因为孩子是有希望的。只有把孩子培养成充满活力和希望的孩子，我们的教育才是有希望的，才是有意义的。所以，教师要和孩子们在一起，要想办法让希望出现在孩子们中间。比如，常用“我希望……”来表述某些具体的期待和愿望，“我希望你在学校里表现好”“我希望你能自己做作业”，或者“我希望你能跟得上”。这些希望要符合学生的知识水平和个性特点，可以随着时间的变迁而更换，使他们敢说“我希望……”“我与希望同在”。多说饱含期待的话语，是为孩子打开一扇窗，让阳光可以透进来；是为孩子点上一盏灯，让明亮照耀前行的路。这是一种美好的愿景，是一种方向与目标，指引着学生走向未来。

（2）多说满怀真诚的话语。“爱”是一种尊重。关爱在我们身边无处不在。我们每个人都需要关爱，生活上也少不了关爱，学生如此，教师也是如此。教师与学生相处，学生会以其特有的敏感，感受到老师的态度。如果教师满怀真诚，学生就会对教师有亲切感，愿意听从教师的指导。反之，教师缺乏感情，经常说一些讽刺类的话语，就会过度地伤害学生的自尊心和积极性，产生逆反心理和反抗行为，影响教育教学效果，有百害而无一利。为此，教师要尊重学生，站在生命个体的角度，给予学生充分的关爱，以满怀真诚的话语，尽可能化解与学生之间因年龄、生活经历不同所带来的不可避免的隔阂，善待学生，以诚意赢得学生对教师的一片诚心。

（3）多说正面肯定的话语。“爱”是一种激励。语言，可以是一颗糖，也可以是一把刀。陶行知的“四颗糖”的故事，说的就是正面肯定语言的魅力。一是尊重和理解之糖，二是信任和支持之糖，三是赏识和鼓励之糖，四是宽容和体贴之糖。正面语言带有积极的色彩，能起到藐视困难、鼓舞斗志、振奋人心的功效。即使不好的事也要善于从正面的角度去理解，负面的话要善于正面说、积极地说。因为积极的说话是一种积极的暗示。教师经常对学生说正面肯定的话语，能使师生关系得到改善。父母经常说肯定的话、正面的话、积极的话来祝福孩子，孩子就容易养成健康的自我形象，在适当的自信下，进而生发出健康的人生态度，即使今后遭遇挫折，也有力量冲破横逆，取得成功。而这些成功反过来强化了孩子的自信心，促使孩子坚定向前，逐渐进入良性循环。关爱别人就是在关爱我们自己，这种“善性循环”有益于孩子，也有利于老师和家长。需要注意的是，我们在肯定他人的同时，要学会自我肯定。比如，每日为自己写一句肯定的话语等。

3. 疼爱之行

疼爱，指怜爱，是打心里爱。曹雪芹《红楼梦》第八十三回：“原来黛玉住在大观园中，虽靠着贾母疼爱，然在别人身上凡事终是寸步留心。”实质上，疼爱是一种信任、一种理解、一种体惜，是关心、帮助，是在你受伤时，对方会为你心疼。教师对学生的疼爱之行，应该建立在对学生的理解和信任的基础上，理解每个学生的各有所长与各有所短，理解每个学生现时的身心状态对学业的接受程度的影响与起伏，理解每个学生渴望得到肯定和支持的心态，信任每个学生都有向上、向善、向好的意愿，信任每个学生都拥有着巨大的潜力等。如此的理解与信任，能使教师的行为更有理性、更加公平，也更能以一种静待花开的心境，慢待学生的失误和错误。

（1）要有理性的疼爱。理性，和感性相对，是指处理问题按照事物发展的规律和自然进化原则来考虑的态度，处事不冲动，不凭感觉做事，能够识别、分析、判断和评估。理性的意义表现在社会责任上，是对自身或职业存在的社会使命负责；表现在心理素质上，是一种自信与勇气，是一种理性认识与理性思维。教师对学生要有理性的疼爱，体现的是一种科学精神，是实事求是，实质是尊重学生的身心发展规律，集中表现为教师对学生的尊重、期望、理解和宽容，能换位思考，有同理心，在课堂教学中能正确合理地给予学生师爱，必须防止爱心和同情心的泛滥，在必要时，需要正确运用批评，要注意批评的艺术，让批评成为学生自愿前行的动力。

（2）要有公平的疼爱。公平，意为大家平等。它是一个社会学名词，是法律所追求的基本价值之一。公平是指处理事情合情合理，不偏袒某一方或某一个人。即参与社会合作的每个人承担着他应承担的责任，得到他应得的利益。社会需要公平，教学也需要公平。教师对学生要有公平的疼爱，必须平等地对待每一位学生。“精诚所至，金石为开”，说的就是在教学实践中，教师对学生要把握爱的原则，用师爱去消除师生之间的情感障碍，用信任去填补师生之间的心理鸿沟，用期待去激发学生的智慧和潜力，培养学生的自信心，教师要善于将自己的爱心和耐心，化作无声的细雨，去滋润学生的心田，去洗涤学生精神上的尘埃，让公平之爱撑起师生关系的一片晴空。

（3）要有静待的疼爱。静待，就是慢慢地等待，等待成长，等待花开。在成长的过程中，学生难免会出现这样或那样的错误。教师要慢待错误，以“慢教育”的心态来对待教育，陪着孩子慢慢地走，慢慢地欣赏成长过程中的点滴快乐。教师要正确看待分数和名次，在提高教学实效和高效的同时，跳出来，摆脱功利性的束缚，注重激发学生的创造力，培养学生的审美力，以一份好心情，还有亲切的教态、热情的语言、鼓励的目光，回归教育的真谛，给予学生人文关怀，使学生懂得对生命的尊重，对自然的敬畏，关注身边人，关注校园景，关注社会事，关注世界态势，关注自我成长。

（二）有神的教学情感

有神即得神。表现在身体上，就是两目精彩、语言清晰、正气充足、反应灵敏、特别精神等。表现在心理上，是指一个人有主观能动的内动力。有神的教学情感，是富有正能量的、有神韵的、有精气神的、有主观能动性的教学情感。我国当代情感教育专家朱小蔓教授说：“对教育要做完整的理解，不能回避、抽离情感层面，离开情感层面，教育就不可能铸造个人的精神、个人的经验世界，不能发挥大脑的完整功能，不能保持道德的追求，也不能反映人类的人文文化世界。”将情感渗透于教育之中，要注重学生的情感体验，激发情感在学习活动中的内驱力作用；要注重学生在教学活动中的情感态度，培养学生的个性精神；要致力于发掘生活的情感因子，从主题的确定、教学的导入、情境的选择到问题的设置，都应充分考虑其所包含的情感因子。在情感体验方面，教师要从教学需要出发，善于创设与教学内容相适应的具体场景或氛围，创建一种互动的课堂交往形式，重视学生、欣赏学生、倾听学生，接纳感受、包容缺点、分享喜悦，让学生体验到亲切、温暖的情感，从而产生积极的情绪和良好的心境，显得有神、有韵。

1. 有神韵

神韵是指人的风度韵致，也指诗文书画的风格韵味。“神韵”属于中国古代美学范畴，指一种理想的艺术境界，其美学特征是自然传神、韵味深远，而无人工造作之迹，体现出清空淡远的意境。从神韵说的要求出发，王士祯说：“诗禅一致，等无差别。”认为植根于现实的诗的“化境”和以空为旨归的禅的“悟境”，是毫无区别的。神韵体现在人的风度和教学情感上，主要包括温暖的目光、丰富的品味和笃定的目标上。

（1）有温暖的目光。一个具有较高的情感能力和技巧的教师，能够以自己高尚的价值追求与突出的情感交往能力赢得学生的心，能够用语言、表情、手势、体态、目光、合理的距离等情感教学技巧，表现出对教学的爱、对学生的爱。温暖的目光表现在以下三个方面：当学生缺乏勇气时，温暖的目光能融化人的胆怯，给人以前进的力量；当学生情绪低迷时，温暖的目光能传递温馨的祝福和关怀；当学生寻求支持时，温暖的目光能表达殷切的希望和期盼。温暖的目光是无声的语言，它时而温柔、时而热情，用在不同个体、不同时间、不同事情上，总有奇妙的力量，给人无尽的鼓励，它能像落雪般抹平一个人心中的痕迹，使学生摆脱某些传统观念对思想的禁锢，内心得以觉醒，塑造个体精神，激发对美好生活的追求，以及对真善美的憧憬。

（2）有丰富的品味。品味，是指一个人的品质、趣味、情操和修养。它存在于生活中，是建立在物质生活满足之上的精神生活充足，既有生活质量上的高品味，又有生命质量上的高品位。品味生活，品味空间，品味人生，品味经典，品味文化。一个人品味的高低可以从他对生活、对工作、对学习的不同感受和态度中体现。品味高的人，往往生活优雅、精致、有情趣、有格调、有追求、有意义。相反，品位低的人，往往生活粗鲁、低俗、愚昧，还自以为是、丑态百出。丰富个人品位，最主要的一点就是要提高修养。品格修养和文化艺术修养的提升，有利于培养正直、宽容、有爱心、有责任感、进取、豁达等优秀的品质，有利于激发情趣陶冶美、升华情感追求美。比如，一个艺术修养比较高的人，懂得色彩的搭配和谐，在穿着打扮上有自己的审美，在教室的布置上别具一格，课件设计审美化，举手投足的体态、说话的声音、表情等都会自然而然地表现出一种优雅的美感。在业余爱好方面，会趋向于打球、游泳、健身等有益于身心的活动，或者参加音乐会、看电影、阅读、摄影、旅行等文艺活动上。所以，作为教师，面对着不同成长期的学生，要注意外树形象，做到穿着得体、举止大方，同时内强素质，懂得欣赏生活中点点滴滴的美，积极感受工作中丝丝缕缕的快乐；要注意领略文本中的情、志、理、趣、境、韵之美，品味情感，能够感受山川风物、家国天下、悲欢冷暖与优劣得失，丰富自己的生活世界，广阔自己的精神领域，深刻品读文本。比如，读陈子昂《登幽州台歌》：“前不见古人，后不见来者。念天地之悠悠，独怆然而涕下。”将人置于无限的时间与空间之中，在人的孤独悲怆外，品出其文约而意丰的味道。再如，读朱自清《荷塘月色》，透过通感的手法和大量的叠词，体会其月下荷塘的优雅、朦胧与幽静之美。

（3）有笃定的目标。目标，是指想要达到的境地或标准。它是对活动预期结果的主观设想，既是活动的预期目的，也为活动指明了方向。目标不同于目的，虽然两者都有一定的指向性，但目标需要通过努力、有步骤地去实现，而目的往往加入了自己的动机，更加具体化。目标有预设的主观性，有明确的方向性，有价值的现实性，有活动的实践性等特性。确立目标时，要考虑目标的网络化和多样性；要从全局出发，层次清楚；要注意目标的可行性和易操作性；要具有可考核性，能够尽可能用数量表示出来；还要具有一定的挑战性，能激起人的斗志，在保持相对稳定的前提下，依据内外环境的变化进行必要的调整。笃定的目标，是指那些有把握的、从容不迫的目标，它能给人带来安心与放心。也就是说，这些目标是恰当且适合的，执行者是有底气、有自信完成的。《孟子》有云：“夫志，气之帅也。”人生目标笃定，则人的情感定力持久，虽有磨难挫折而终不改。

2. 有精气神

精气神是指精、气、神。在人，“精”是指构成人体生命活动的各层次的有形元素；“气”是指构成人体生命活动的基本的无形元素；“神”是指构成人体生命活动的各层次的形态功能变化活力。中医认为，它们是人体生命活动的根本。而神是精神、意志、知觉、运动等一切生命活动的最高统帅，它包括魂、魄、意、志、思、虑、智等活动，精、气、神三者之间相互滋生、相互助长。精气神是生命中经过淬炼和提纯升华出来的最宝贵基因，它反映了一个人所具有的专注神情、清晰的思维、蓬勃向上的活力，也反映了由强大内力所投射出来的庄严而高尚的气质。

（1）庄严而高尚的气质。书法家经常写“精气神”，因为这是文化，也是文明的精华。精气神体现了一个人的气质和情绪的饱满有活力、稳定性和灵活性等，以及由此带来的不同的精神面貌，也是一个人的丰富情感、坚强意志、高尚灵魂和人格魅力的集中体现。一个精气神饱满的人，气质中透着坚定从容，往往关键时候敢于担当、甘于奉献，做事不屈不挠，具有独立精神、人文关怀和高尚情操。因此，教师要增强人文精神熏染，以提升人文情怀。

（2）坚强而独立的人格。内心强大是精神的基石，它由坚定的信念和定力等元素组成。通过阅读和思考，领悟文本中的丰富内涵，探讨人生价值和时代精神，以利于逐步形成自己的思想、行为准则，树立积极向上的人生理想。朱光潜说：“在文学，无论阅读或写作，我们必须有一字不肯放松的谨严。文学借文字表现思想情感，文字上面有含糊，就显得思想还没有透彻，情感还没有凝练。咬文嚼字，在表面上像只是斟酌文字的分量，在实际上是调整思想和情感。从来没有一句话变一个说法而意味仍完全不变。”其中反映出作者独立的思想情感，对文字的尊重和不断锤炼，体现的正是坚强而又独立的人格。

（3）平和而理性的韧劲。平和，指平正谐和，也指性情、言行温和，有平静、安宁之感。理性，体现在处理问题上的理智控制行为的能力，也指判断、推理的思想活动。比如，我们描述一个人时，“她是静默的，她是理性的，她是蕴藏深情却不肯轻易流露的”。从中我们看出的是，理性往往与少言、谨慎融合在一起。韧性，指物体受外力作用时，产生变形而不易折断的性质，也指顽强持久的精神，这里的“韧性”属于后者。平和而理性的韧劲，体现在文学作品中，是一种以小见大的境界和透彻高远的眼界，是一种怀揣梦想和充满希望的成长，是走向自然、社会最深处的桥梁，是“以人为镜，可以知得失”的自省意识，是超越情绪和遵从逻辑的理性精神，它构建了一个人的精神世界。就像把每一个早晨当成一次愉快的邀请，把每一节课当成一次精彩的修炼，学会自我聆听和凝视。就如汪曾祺先生所写的那样：“大概有十多年了，我养成了静坐的习惯。我家有一对旧沙发，有几十年了。我每天早上泡一杯茶，点一支烟，坐在沙发里，坐一个多小时。虽是犹然独坐，然而浮想联翩。一些故人往事，一些声音、一些颜色、一些语言、一些细节，会逐渐在我眼前清晰起来，生动起来。这样连续坐几个早晨，想得成熟了，就能落笔写出一点东西。我的一些小说散文，常得之于清晨静坐之中。”也如齐白石先生题画时的“心闲气静时一挥”。心若不“得空与闲”，灵感和光便进不来。所以，我们教师要学会“忙里偷闲”，忙的是事物，偷的是“时间缝隙里，心神醒来又专注的静气”，以利于培养平和而理性的韧劲。

（三）有形的教学情感

内在情感是无形的，但它可以通过有形的方式、手段、痕迹体现出来。有形的教学情感，表现在形状、形式、形色、形象、形迹等多个方面，它们如影随形，升华着师生的情感和美感，亦如无影无形，潜移默化地影响着学生的身心状态，健全师生的人格发展。

1. 如影随形

如影随形，意思是指影子与身体不分离。在这里，是指教学过程中所采取或采用的教学手段、教学方式、教学措施、教学情境、教学评价等与教学情感的密切融合。

（1）形迹：情景—反应联系理论。情景—反应联系理论认为，人做什么是由其本性以及环境力量的持续不断交替影响的结果。这就意味着，在某种特定的本性与某种特定的环境之间存在着天然的联系。例如，我饿了而面前有一碗饭，我对它的本能的反应便是吃掉它。现在，假如其中某个因素改变了，比方说我不饿了，那么我对这碗饭的态度也会有所不同，因为情况已经发生改变。这其中涉及三个方面：一是兴趣。当孩子的态度是愿意行动并有机会那样去做时，情感上他就会感到满意。相反，他如果没有做好准备而被强制行动，或者已做好准备却不允许他行动，这两种情况都会让他产生不满或恼怒，甚至引起孩子对抗性的反应。二是用进废退。当环境与反应之间建立起某种可改变的联系时，在其他条件不变的情况下，这种联系的强度会因之增长，反之则会消退。三是效果。当环境与反应之间有弹性的关系被建立，且伴随着或紧跟着的是满意的体验，这种联系就被巩固了。但如果伴随着或紧跟着的是烦恼的话，这种联系就被削弱了。这种体验式的情感，虽然是暂时的、知觉的满足，但是，当感到愉悦的状态与那些对社会和其他人有利的事物联系起来时，孩子的道德、品格就能得到培养与发展。

（2）形式：做学教合一。陶行知先生认为，“做学教合一”应集中在一个“做”字上面。“做”就是“在劳力上劳心”。单纯的劳力，只是蛮干，不能算“做”；单纯的劳心，只是空想，也不能算“做”。

真正的“做”，是“在劳力上劳心”。做事必须用器官。做什么事，用什么器官。耳、目、口、鼻、四肢、百体……都是要活用的。做要用什么器官，即学要用什么器官，教要用什么器官。做要用手，即学要用手，教要用手；做要用耳，即学要用耳，教要用耳；做要用眼，即学要用眼，教要用眼。“做”不但要用身上的器官，并且要用身外的工具。望远镜、显微镜、锄头、斧头、笔杆、枪杆、书本……都是工具，物虽死而要用活的工具。“做学教合一”，有个公共的中心，这“中心”就是“事”，就是实际生活。积日为年，积年为终身。实际生活，便是人生的一切。孔子曰：“举一隅，不以三隅反，则不复也。”荀子也说：“以一知万。”无论他是“一隅反三”，或是“以一知万”，我们可以知道那个“一”字，必定是安根在自己经验里的。通过“做”，丰富个体经验，用有意义的实践活化学习成果，增强社会责任意识，有助于较快适应、融入社会，培养社会情感，提升实践能力，实现自我价值。

（3）形状：整合式学习。整合式学习，可以让学习变得完整而有意义。整合就是将不同的部分连接成一个整体或将不同的部分纳入整体中。整合式学习的原因在于生活世界的整体性，它能把学生从单一的书本世界和封闭的知识体系中解放出来，而将学科内、学科间、学科与生活、学习方式等方面的知识进行整合，充分调动学生的学习情感和积极性。美国学者雅克布斯把整合式学习分为六种不同的设计策略：一是学校本位的设计，即在学科的框架之内实现课程内容的整合；二是平行设计，即将两门相关的学科的某些主题安排在同一时间教学；三是多学科设计，即围绕一个共同的主题将多个相关学科整合在一个正式的单元或学程里；四是跨学科设计，即将学校课程中的所有学科有意识地统合在一起，形成常规的大单元或学程；五是“统整日”设计，即完全从学生生活的世界或好奇心出发而开展活动；六是现场教学，这是跨学科设计的一种极端方式，以学生所在的学校环境及日常的生活为内容展开学习，是一种完全的整合设计。据此，教师在设计教学时可以根据学生的特点、学校的环境特征、社区的价值取向以及学习内容本身的结构，来选择不同的设计策略，营造不同的教学形状，丰富教学情感。

2. 无影无形

无影无形，意指不留形迹或者完全消失，也形容虚构的事物。这里的“无影无形”是指通过不明显的形迹，化无形于有形之中，以无声胜有声，丰富师生的教学情感。要实现这一点，可以通过留白，运用眼神、表情得以达成。

（1）留白的魅力。给教学留白，可以给学生留下足够的想象空间。留白是中国艺术作品创作中常用的一种手法，是创作者为使整个作品画面、章法更为协调精美而有意留下的空白和想象的空间，是教学者精心布下的学生的成长空间。留白主要分为词语留白、艺术留白、哲学留白和应用留白。摄影和绘画中的留白，可以使画面构图协调，减少构图太满给人的压抑感，引导读者把目光引向主体；书法中的留白，可以使字的结构和通篇布局疏密有致，形有起伏，状有对比，既矛盾又和谐，从而获得审美情趣；教学中的留白，是一门艺术，需要精心设计，要给学生留下足够的思考和想象的空间，留下充分的自主学习以及消化、吸收知识的时间，还要尊重孩子的天性，寓教于乐，调动学生的学习积极性和主动性。如在教学过程中，可以在习题设计上做些新的尝试，可以采取“我的作业我设计”的形式，给作业留白，让孩子自己设计、自己出题，通过文字式、图表式、漫画式的不同表达方式，对书本作业、兴趣分享等方面进行创造力、想象力、审美力的培养，使学生在紧张的学习之中，拥有一点闲暇时光，释放心灵。这种予人以想象余地和自由发挥的教学方式，能够有效地促进师生的共同成长。

（2）眼神的慧力。眼神，是眼睛的神态，是透过眼睛这个窗户传递出的内心世界的本质，也可反映一个人的眼力和眼光。冰心在《我们太太的客厅》中这样写道：“一样的笑靥，一样的眼神，也会使人想起一幅欧洲名画。”通过锻炼眼神，能够学会用敏锐的眼睛洞察他人的心理。不同的眼神，传递着不同的内容和情感；不同的成长时刻，需要不同的眼神呵护。遇到困难和挫折时，祈盼鼓励和帮助的眼神；尝试过程中出现失误时，祈盼接受和包容的眼神；内心困惑和孤独时，祁盼关爱和温暖的眼神；获得进步和成功时，流露的是自信的眼神。一个公正无私的人，眼神中流露的是公正、公平的力量，像一缕阳光，予人正气；一个与人为善的人，眼神中流动的是鼓励和肯定的力量，似一股暖流，鼓舞斗志；一个充满爱心的人，眼神中透出的是宁静、期盼和坚定，如一片海洋，荡涤着心灵。眼神反映了一个人的内在，它是一种更含蓄、更微妙、更复杂的无声语言。教师若能充分地发挥眼神的力量，于教学、于学生，都是一种幸运。无声的眼神语言，可以化无形为神奇，提醒学生该做什么、不该做什么，帮助学生在烦恼中冷静下来，用心寻找解决问题的方法。

（3）表情的引力。表情，表现在面部或姿态上，表达的是感情和情意。在网络时代，年轻人聊天多用图片类表情来代替语言进行交流，我们的学生也不例外。人的表情通常有三种方式：面部表情、语言声调表情和身体姿态表情。不管哪种表情，它们都是情绪的主观体验的外部表现。所以，在教学过程中，教师观察学生表情，有助于了解学生的情绪和内在体验；运用好教学表情，有助于传递教师的积极力量，活跃或平和学生的情绪，增强他们的内在感受。一段带着表情的朗诵，抒发的是情绪，激发的是情感；一双充满热情的眼睛，表达的是对生活和学习的热爱，体现的是温暖。表情是日常教学和生活的艺术化表达，被喻为语音与文字之外的第三种语言。教学过程中富有创意的表情，不仅可以增加乐趣，还能收到意想不到的表达效果。

（四）有情的教学情感

有情，旧指一切有情识的动物，而将草木金石、山河大地等称为无情。如“愿你为如意净明珠，能普照一切世间诸有情”。有情，也指有情感、有意思、有趣、有交情、有情义、有情致、有情怀。如“画外有情”。有情的教学情感，是指有情怀、有情义、有情致的教学情感，如家国情怀，可以培养学生热爱祖国、热爱家乡的深厚情感；又如触景生情，于情境中焕发情感。

1. 家国情怀

家是人生开始的地方，也是生活和情感的港湾；国是人生理想的源泉。情怀是一种感情，一种寄托，一种希望。家国情怀是主体对共同体的一种认同，并促使其发展的思想和理念，它是中国优秀传统文化的基本内涵之一，强调个人要注重修身、重视亲情与心怀天下。家国情怀与爱国主义、民族精神、乡土观念等传统文化有着重要的联系，又是对这些传统文化的超越。家国情怀有利于构建幸福家庭，有利于增强民族凝聚力，有利于提高公民意识。

（1）传承中的家国情怀。家国情怀，与其说是心灵感触，不如说是生命自觉和家教传承。传承，泛指学问、技艺、教义等的传授和继承，它是一个永恒不变的话题。永恒的是中华民族传统文化中经久不衰的精髓；不变的是道德与文化的真谛。经典文学的传承，传承的是文化，弘扬的是精神。家国情怀起源于士大夫的人文信仰和人文精神，在形成的过程中，与儒家思想密不可分，经过千锤百炼、浴火重生，在近代焕发出强烈的积极意义。修身齐家治国平天下的人文理想，“先天下之忧而忧，后天下之乐而乐”的责任担当，是家国情怀的体现。它不仅是一种文学表达，更是一种精神归属。它犹如一条川流不息的江河，流淌的是民族的精神信念，滋润的是每个人的精神家园。

（2）服务中的家国情怀。时代的推进，赋予家国情怀新的含义，它升华了民族、意识形态的优秀文化传统，在家庭建设、国家统一、民族团结等诸多方面发挥着强大的作用，成为个人在中国传统文化影响下对价值共同体的一种高度认同，成为一种积极的思想和理念。家国情怀是对家、对国的情怀。家是国的基础，国是家的延伸。家庭是精神成长的沃土，家国情怀的逻辑起点在于家风的涵养、家教的养成。在传承优良家风中筑牢责任意识和担当精神，是时代的课题。重视家风建设，在服务中培养责任感。这种服务可以在家庭、校园、社区，也可以是整个社会大环境。教师通过精心设计，将课堂教学与服务实践结合起来，在教学中增进知识和技能，运用到服务实践中，又将服务实践中获得的经验，运用到教学之中，促进学生反思，提升学习效果的同时，培养学生关注社会、关注身边、关注自我的意识和社会责任感，实现知行合一。

（3）思辨中的家国情怀。网络时代下，信息良莠不齐，家国情怀受到挑战和考验，加强思辨训练，有助于师生更好地滋润心灵。做到这一点，需要上好四堂课：一是生命教育课，学会敬畏生命、珍爱生命、呵护生命，理解生命之于家国的重要性；二是科学教育课，理解科学对个人和社会的影响，能够甄别网络谣言和伪科学，对家国葆有一种理性的情怀；三是公德教育课，增强公民意识和社会责任感，以国为家，奠定深厚的情感基础；四是自我教育课，学会自己安排和自我教育，有独立的、正确的思想，能明辨是非，有生命自觉，能主动吸收家庭、国家建设中的营养，获得内心的成长和丰盈。如在2020年1月发生的新冠肺炎疫情中，能够反求诸己、修身齐家，能够从为生命坚守阵地的交警和工人身上、为生命挺身而出的医护和科研工作者以及志愿者身上，看到情怀，看到责任感。再如“融媒思政”的提出，利用新兴媒体，尊重传播规律、认知规律，让思政小课堂和社会大课堂相结合，融国情教育、科研训练、创新实践于一体，让思政教育更有动力、更有活力，不断增强思政课的思想性、理论性和亲和力、针对性，发挥教师的积极性、主动性、创造性，并通过教师把握好青少年人生的“拔节育穗期”，引导学生扣好人生的第一粒扣子，让学生在交互学习中学会思辨、德润心灵，富有家国情怀。

2. 触景生情

触景生情，源于眼前景物与过去的联结，看着眼前景物，内心受到触动，引发联想，想起了某事、某人，产生了某种情感。这些景物，是曾经过去的切入点，它反映了人与人、人与自然、人与社会、人与自身的关系，产生的情感因景物的不同，以及与过去联结点的不同，发生着变化，可能是真情、温情、怡情，也可能是情理、情义等。

（1）身在路上。达·芬奇在谈到画家创作时说：“每逢到田野里去，须用心去看各种事物，细心看完一件再去看另一件，把比较有价值的东西选择出来，把这些不同的东西捆在一起。”身在路上，能将不期而遇的人、事、景都化作自己的成长经历。心爱着世界、爱着自然，就能在柔软的时光里触发情感。摄影是身在路上的见证。动感的瞬间，充满戏剧性的画面，胜利后的狂喜或平和，温情的依靠，专注的神情，在运动、表演、旅行中实时呈现。身在路上，可与世界站在一起。古人云：读万卷书，行万里路。教育不能仅仅局限在课堂上和书本里。教师可与学生一起精心设计行走的内容与路线，“行”前做好准备，查阅资料、了解景点；“行”中做好记录、欣赏风光、拍摄文化典故与动人瞬间；“行”后做好反思与分享。身在路上，不一定远行，也许就在身边。通过行走，让学生接触更为广阔而真实的世界，领略自然山水，感悟历史古迹，开阔他们的心胸，深远他们的目光，强大他们的内心，奔放他们的思想，学会领略生活的意义，过有意义的生活。

（2）心在路上。心在路上，离不开学习与聆听，离不开敏感性和反思。好的教育，一定离不开教学的敏感性和反思。好的学习与聆听，一定离不开情感的投入，因为人类自身的许多信息就是通过情感的变化来传递的。诗歌中的一个形声词，电影里的一句轻微叹息，音乐中平缓或激昂的流水声，绘画中的动物眼神，都能传递出异常丰富的认知信息和情感信息，产生震动心灵的效果。教学中的以情动人、以情育人，适当、优美地抒发自己的情感，对审美对象情感的激发、传达、剖析，既体验欢乐与昂扬，也体验苦楚与沮丧，有利于接受丰富情感的撞击和洗礼，增强学生情感体验的丰富性。同时，也有利于锻炼学生的情感承受力、语言表现力和对各种信息的判断力，使学生逐渐识别哪些情感是对社会和个体生命有益的，哪些情感是对社会和个体生命无益，甚至是有害的，从而增强学生的情感鉴别力和自制力，培养健康的情感。

（五）有感的教学情感

有感，可以解释为有感触、有感受。有感触、有感受的教学情感，往往是具有感召力和感染力的。教师有感召力的教学情感，能充分调动学生的士气，激发学生的主观能动性；有感染力的教学情感，能发挥思想情感的力量，启发学生的智慧。

1. 有感召力

感召力，是个人具有的一种人格特质，是一种神圣的、鼓舞人心的气质。具有感召力的人能对别人产生强大的吸引力和影响力，而且这种影响力不是建立在传统的职位权威上，而是建立在对施加影响人的非凡才能的感知上。成为富有感召力的人，要有远大的理想或愿景，信念坚定，不受外在不和谐因素的干扰；要有远见，具有与时俱进的精神，能够看清未来发展的方向和路径，并坚持不懈；要有稳定的情绪和人格魅力，为人随和，做事果敢、自信、有魄力；要有突出的能力和较高的智商，个人经历丰富，能带领大家不屈不挠地实现高远目标。

（1）教师的感召引领。一个具有感召力的教师，应该是一个班级集体的核心，是每个学生效仿的对象，能鼓舞学生的士气，充分调动他们的个性所长，发挥他们的主观能动性，激励学生向目标迈进。同时，一个具有感召力的教师，要能够做到以教人者教己，为了使自己能够恰当地引导学生，对学生提出的疑惑进行很好的解答，需要事先准备充分，有意识地加强知识储备和对时代脉搏的把握。我们不难发现，我们平常看报，在无心的情况下，多半是随随便便看的，不会引起注意。相反，如果有了一定的目标，就会有针对性地关注相关新闻知识和专业知识，提升自己的综合素养，做到“为教而学”，设身处地想学生所想，明明白白地稳步提升自己。

（2）学生的感召推动。学生群体中，由于不同年龄阶段学生身心发展的不同特征，教育目标是不同的。如在小学阶段，要经常给予学生积极的鼓励和肯定的评价，教会他们恰当地表达自己的情感需要和情感体验，培养他们初步的道德感和初步的美感，引导他们将美感与自己的生活结合起来。在初中阶段，要注重培养学生的自尊、自信、自强和自律的精神，加强他们自我情感的调控和释疑，引导他们树立远大的志向，组织多彩的文体活动，丰富他们的情感生活，同时防止不良情感的影响。在高中阶段，要帮助他们进一步发展自己的道德感和美感，可以就一些有争议的问题进行讨论或辩论，以促进道德态度与科学精神的结合，防止他们产生一些庸俗的美感等。

2. 有感染力

这里的感染力，是指能引起别人产生相同思想感情的力量，或启发智慧、激励感情的能力。比如：文学作品中深入人心的艺术形象，能对人产生强烈的感染力，使情感受到熏陶。有感染力的教学情感，是具有节奏感的，能焕发学生的感同身受，产生触感和美感。

（1）有情调的感染力。教学的情调在于对生命的尊重。因为每一堂课都是有生命的，每个学生都是一个个鲜活的生命体。尊重生命，尊重生命规律，激发生命活力的课堂是值得推崇的，也是富有教学情调、教学美感和感染力的。李咏吟在《价值论美学》中说：“审美意志是生命与文明进步的内在动力。”审美意志，是主体在审美中自觉调节自己的心理、行为，克服主客观障碍，以实现预期目的的心理活动，是审美意识活动和审美心理结构知、情、意系统的重要组成部分，与审美情感有着密切的关系。在审美情感中，人的理智（认识）、意志（需要）和情感处于和谐统一之中。审美情感以日常生活情感为基础，蕴含着理性认识，具有丰富、深刻的社会内容。了解审美意志和审美情感，有助于更好地理解生命的内涵，更能调动教学的感染力。

（2）有大爱的感染力。古人云：“滴水之恩，当涌泉相报。”大爱，是博爱，是对国家、对社会、对集体、对他人的一份爱心，一种奉献。怀有大爱之心的人，言行之中，流露出的是一份温暖和智慧。大爱是富有感染力的源头，它是人生活的哲学和崇高的信念，是人的工作、学习和生活的指南，是持久的真情、理性和道德力量。大爱的感染力能使人变得阳光，变得慎独，犹如风雨过后的彩虹与暖阳，也如风雨过后盛开的花朵，未曾停歇，向着幸福进发，朝着梦想拼搏。大爱的感染力能使人奔走在希望的路上不犹豫、不反悔，牢记自己的初心使命，与时代接轨，与人文融合，传递大美之艺，彰显大爱之心，深化教学改革，发挥大爱的浸润作用，以美固本和育人，传承中华民族的优秀传统文化，促进学生的全面发展。

（六）有度的教学情感

平时，我们经常说要张弛有度，意思是说工作、学习、生活要松紧有度，收放自如。严肃的时候严肃，活泼的时候活泼，工作的时候工作，学习的时候学习，休息的时候休息。可见，有度是指有节制能力，有分寸感。读书有度，艺术有度，情绪有度，严慈有度，凡事都要有度。只有做到有度，才能带来平衡的生活、和谐的工作，以及最佳的学习状态和健康的身体。

1. 严慈有度

《三字经》云：“教不严，师之惰。”说的是要“严”，教师要有规则。《学记》云：“亲其师，才能信其道。”说的是要“慈”，教师心中要有大爱。严慈相济，爱而不溺，营造管中有放、抑扬交互的教学氛围，既能严格管理，又能兼以宽容，尤其要把握好“慈”的度，做学生成长的伴路人和领路人。

（1）严在习惯与纪律。习惯，是积久养成的生活方式，是通过实践或经验而对新情况的适应，也是逐渐养成而不易改变的行为。纪律，是为维护集体利益而要求全体成员必须遵守的规章和条文，是维持人们一定关系的规则。它是通过施加外在约束达到纠正行为目的的手段，也是对自身行为起作用的内在约束力。歌德说：“如果你敢于宣称自己是受限制的，你就会感到自己是自由的。”学生在教学过程中的“限制”，主要来自习惯与纪律。良好的习惯和严明的纪律，是道德的重要组成部分，能够增强教学的有效性，能够使学生更好地感受到专心听讲和独立思考的自由。卢梭说：“无道德则不能存在。”但是，教师在强调“严”时，需要避免“唯理智教育倾向”。这种教育倾向的具体表现为三个方面：一是过分强调教学目标，忽略了情感发展，而把知识获得或智力训练的目标摆在教学目标的中心位置；二是在教学过程中漠视、扭曲和阻碍学生的情感发展，师生之间缺乏正常的情感交流；三是为了达到纯粹的理智训练的目的，或者为了维护教育者本人的权威，不尊重学生的人格。因此，教师在“严”的同时，要与“慈”融合在一起，真正做到严慈有度。

（2）慈在语言与兴趣。幽默、生动的教学语言容易吸引学生，调动他们学习的专注力和积极性。对学生兴趣的支持与培养，有利于激发学生的情感，得到学生发自心底的尊敬。教师在语言与兴趣方面给予学生慈母般的关爱，对学生的情感发展有着促进的作用。情感教育有着发展个体道德感、理智感、美感等社会性情感的任务。它关注教育过程中学生的情感状态，并把尊重、培养学生的情感作为教学的基本原则。它强调大教育目标的完成和健全人格的培养，在内容上，主要侧重培养学生的社会性情感，提高他们情绪情感的自我调控能力，帮助他们产生积极的情感体验。而且，孩子是天生的宽恕者，我们身为教育者，不应辜负孩子们给予我们的信任，不滥用他们的原谅和宽恕，对自己的教学要加强反思，不简单地以功利性的目标衡量自己工作，而应注重教学的实践与改进，以充满机智的行动和充满行动的机智来指导教学。

2. 行有雅度

雅度，是指高雅的风度，或是高雅的度量。雅度落实在行动上，就是行有规范、行有气度，不受外在功利性因素的影响，散发出由内而外的高雅气韵。做到这一点，离不开内在情感的自然抒发和外在行为的自觉调和。

（1）高雅的风度。风度，最早形容文采出众，后延伸至礼仪，指个人美好的言谈、举止、神情、姿态或气度。一个人的风度，是其内在实力的自然流露，是人最直观的素质，它只有通过打造内功、拥有实力才能具备。风度主要取决于人的气质、礼仪、口才、形象等，往往标志着一个人独有的个性。但是风度不同于“气质”，气质是心理学中的一个专用名词，是指人的心理行为的动力特征。马克思说：“人的本质在其现实性上是一切社会关系的总和。”面对现实生活中的社会关系，教师要反躬自省，凡事多从自己身上找原因。当我们愿意勇敢面对真实的自己时，就会主动地向内看自己，也就拥有了自我超越的勇气。高雅的风度，离不开一个人内在的审美实力，离不开超越自我的勇气。它的培养对人的发展具有积极意义，能够促进学生认知的发展，促进良好人际关系的建立，促进学生潜能的开发，提高学生的审美能力，完善学生的品德，有利于学生社会化的发展。

（2）高雅的度量。度量，经常是指一种用以计量物品的物理属性。在这里，度量指容忍、宽容别人的限度，也指一个人的器量和涵养。教学中高雅的度量，是指教师与学生之间的相互理解与包容，是碰到困难时依然能轻盈地踏上一段新的教学旅程的坚定，是面临代沟时依然能画上新的刻度重新规划与出发的从容，是对未知世界的期待，是情感思想上的统一，它是“理性内化”的认识能力、“理性凝聚”的道德能力，以及“理性融化”的审美能力的综合体现。高雅的度量能够和谐师生之间的关系，促进教学中美好情感的发现，有利于教学的良好推进和师生修养的提升。

三、升华情感追求美

情感是人对客观事物所持有的态度体验，包括道德感和价值感，具体表现为幸福、厌恶、美感等。从这一意义上说，“三情三美”教学就是一种情感教育，它注重师生之间的情感交流，增强师生的积极情感体验，丰富情感，升华美感，追求美的生命意义和行为。

升华情感追求美，可以通过一些外在的形式来加以实现，如在教学中开设情感栏目，分享情感故事，共读情感美文，感悟情感语录，撰写情感日志；在情感驿站上，加强情感咨询与情感帮助，解决情感困扰；通过情感图片或情感话题，学会情感分析；通过构建适当的情感模式，增强情感思维，加强师生之间的情感交流，以达到美的滋养与润化。

在教学中，增强师生的幸福感，使情感在拥有中凝聚美的澎湃；构建师生的精神宇宙，使情感在重塑中获得美的新生；培养师生的自我教育能力，使情感在觉悟中实现美的超越。实现美的超越，既要知，更要行。明代著名思想家王阳明提出了“知行合一”的观点，“知”是为了最终达到“行”的目标——追求美的生命意义和行为。

（一）教育幸福：情感于拥有中凝聚美的澎湃

教育的幸福在很多时候是得自于看起来很小的事情，例如某些难以忘怀的教学瞬间，例如有学生突然给我们送来了一张卡片或一份祝福，例如在教室里突然看见了学生的一幅有创意的画，或者听到一段随意哼唱的欢快的乐曲，例如在课桌上读到了一句感人的座右铭，例如看见读书角的书架上一段充满启示的话语，例如看见学生脸上花一样的笑容荡漾……总的来说，教育的幸福来自自我心扉的突然洞开，有如在阴云中突然阳光显露、彩虹当空，这些看起来平淡无奇的东西，是在一株草中看见了琼楼玉宇，是在一颗种子里感受到了澎湃的力量，是因为教师心中有一座有情的宝殿。而那种“心扉的突然洞开”，来自对教育、对教学的从容，来自对学生、对职业的有情。

师生的贫穷不是来自教育生活的困顿，而是来自在教育生活中失去人的尊严；师生的富有也不是来自成绩的累积，而是来自在教育生活里不失去人的有情。师生的富有实则是师生心灵中某些高贵特质的展现。

1. 一份来自初三学生群体的幸福习惯调查

初三学生，是一个特殊的群体，他们有着忙碌的生活，有着升学的压力，整天奔波于“两点一线”，即家庭与学校，整天围绕着“一件事”，即分数。他们对自己的生活状态满意吗？他们觉得幸福吗？他们快乐吗？这些问题在脑海中盘旋了好久，我一直不敢主动去揭开面纱，就怕自己的调查会引起学生内心的激荡，激起他们内在的不良情绪，从而对他们的学习、生活造成一定的负面影响。但是，作为一名任教初三道德与法治的基层教师，每天看着他们疲惫的身影，或阴或晴的面容，甚至部分学生脸上流露出的苦涩的表情，我的心里很不是滋味，总想为他们做点什么，总想着要引导他们，引导他们在幸福的心境中走过这段难忘的时光。所以，尽管上课任务很紧，内心也有些担心，我还是下定决心、立足自身，对自己所任班级的学生作了一份“幸福习惯”的简单调查，并在此基础上，尽自己的最大能力帮助他们。

下面是我调查的有关情况（参加这次调查的学生有82人）。

（1）你现在觉得幸福吗？结果显示：觉得“很幸福”的有26人，认为“比较幸福”的有42人，感觉“不太幸福”的有3人，回答“没感觉”的竟然有11人。

对此，我做了如下分析：幸福是什么?《现代汉语词典》上说“幸福是使人心情舒畅的境遇和生活，或（生活、境遇）称心如意”；《辞海》上解释为“在实现预定目标和追求理想过程中的一种体验”。确实，幸福是一种体验，是一种称心如意的感觉。从调查结果来看，大部分学生的幸福感还是比较强的，这一点令人欣喜。欣喜之余，我更关注那些感觉不太幸福甚至没感觉的学生，他们也占了不小的部分。

这使我想起了一个人，一位山村女教师——王升英，她“20年以校为家，10年以家为校，慈母般的光辉映照着寂静的山村，映照着山里孩子的心灵。崎岖的山路上，那个蹒跚的背影走得艰难，却走得坚定，那就是王升英用生命的全部能量负重前行，用生命为山里孩子踩踏出一条通往山外精彩世界的光明之路”。她说：“在温暖的阳光中给学生们上课，是我最幸福的事。”“让孩子们走出大山，昂起头走向社会，这就是我拥有的最大财富！”王升英的境遇和幸福观给我留下了很深的印象。帮助学生、引导学生，使学生在繁忙的学习生活中体验幸福、收获幸福，是我想做的，也是应该做的。著名教育家洛克雷曾经说过：“一切教育都归结为养成学生良好的习惯，往往自己的幸福都归结于自己的习惯。”幸福与习惯密不可分，养成良好的习惯是学生一生幸福的重要保证。这份幸福是教师对学生的情感流露，也是教师对教学美的不懈追求。

那么，我们初三学生的习惯养成得怎样呢？我摘录其中的八个习惯来加以说明。“与人为善”拥有人数占比78.27%，“给别人说话的机会”75.61%，“学会感恩”62.20%，“控制自己的情绪”48.78%，“相信自己”39.02%，“别怕犯错”14.63%，“比别人多做一点”9.76%，“每天自省五分钟”4.88%。

从上述数据，我们不难看出，学生在习惯的养成方面有可喜的一面，大多数学生能做到与人为善，尊重他人，给别人说话的机会，懂得感恩，这些习惯主要集中在与人交往方面，但学生自身方面的习惯还存在不少问题，调节情绪能力不强，对自己不够自信，害怕犯错，更不愿意比别人多做一点，自我反思能力非常欠缺。正是这样的习惯造成了部分学生幸福感的弱化，甚至感觉的消失。

（2）你曾经有过幸福的感觉吗？如果有，什么时候？什么事情？结果显示：回答"曾经有"75人，"没有"7人，"小时候有"26人，"现在有"42人，具体事情表现在多方面。

从调查结果看，大多数学生曾经有过幸福的感觉，少数学生从来没有过；大部分学生现在拥有幸福的感觉，相当一部分学生小时候有过，还有一小部分学生描述不出具体的事例。从学生的叙述中可以看出，引起学生幸福感的瞬间有不少。

①过年（吃团圆饭、看春晚、领压岁钱）和过生日时。

②生病住院（父母精心照顾）、成绩不佳（家人鼓励和关怀）、遇到困难（朋友及时帮助）时。

③和家人、同学在一起时（和家人一起吃饭、旅游，和同学一起春游、秋游）。

④别人认真倾听自己说话；伤心时有人倾听自己的烦恼并分担；与父母交流谈心时。

⑤学习到半夜，父母为自己做宵夜；每天回家就能吃到美味的晚饭；冬天早晨妈妈给我烧早餐；睡觉时父母帮我盖被子；收到礼物；上超市买好吃的食品时。

⑥获得成功、考试进步（或成绩优异）、学到特别知识时。

⑦小时候无忧无虑时。

⑧一家子父母、祖父母、舅舅阿姨在一起吃团圆饭、看春晚，虽然只有一次。

⑨在我7岁时，父亲见我手受伤了，掉下了他人生的第一滴泪。

⑩和爸爸妈妈吵架后，父母给我买了很多好吃的，感觉很幸福。

这些原生态的幸福瞬间全部来源于学生，来源于生活，鲜活多样。他们中有人感受到了物质上的幸福，有人感受到了精神上的幸福；有人体验到了特殊时刻的幸福，有人体验到了生活中细处的幸福；有人想到了喜悦时的幸福，有人想到了伤心处的幸福；有人的幸福“没心没肺”，有人的幸福“心痛欲泪”；有人的幸福让人放心，也有人的幸福让人担心……

2. 幸福调查中发现的两个疑问

从上述调查来看，我们可以发现有两个疑问：

一是幸福瞬间主要来自父母、自身和同学，为什么我们教师没有给学生带来较为深刻的幸福瞬间呢?

一个人在社会环境里能不能感到真正的幸福，通常取决于他的情感或思想是否自由舒展，并且与其他成员能否找到共鸣。从调查中可以看出，学生幸福瞬间大多来自父母、自身和同学，这是完全能够理解的。但令我疑惑的是，我们初三学生大部分的时间是在学校度过的，他们每天与老师接触的时间也不少，却很少有学生写到自己的幸福与教师有关，这值得我们深思。在平时的工作中，我们常常被学生的尊重所迷惑，却忽略了学生的内在需求；我们常常对学生“谆谆教诲”，却忽略了学生的“累与不快乐”。这种“忽略”直接导致了学生对我们的忽略。从现在开始，做一个幸福的教师，以幸福的心境去教育学生，还学生一份自在的情感，还学生一颗舒展的心灵，让学生在我们的宽容下行动起来、幸福起来，让学生在我们的帮助下积极进取、提升素质，让我们的学生真正成为一个敢于追求更好、敢于追求目标的幸福学生。

二是幸福瞬间主要来自温情的关怀，但也夹杂了一些无原则的

“妥协”。

温暖的早餐、美味的晚餐是关怀，认真倾听、促膝谈心是关怀，生病时的精心照顾是关怀，困境时的及时帮助是关怀，情绪低落时的鼓励也是关怀，那么，调查中反映出的“争吵后换来的食品”是幸福吗？肯定不是。但我们有些学生不知道，面对食品，他（她）竟然“感觉很幸福”；我们有些家长也不了解，面对争吵，企图通过“好吃的食品”来“收买”孩子的情感。殊不知，长此以往，这样的方式、这样的“妥协”，非但换不来孩子的尊重，更换不来孩子的幸福。所以，作为教师，在平时的工作中，不仅需要加强与学生的交流，而且需要加强与家长的沟通，同心协力，纠正学生的幸福观，使学生在生活中感受幸福、传递幸福，使幸福的接力棒在家长、教师、学生之间得到延伸。同时，在教学中，教师要抓住契机，利用教材中合适的成长点，引导学生正确看待幸福，丰富学生对生活、对学习的情感。

3. 增强学生幸福感的几个策略

幸福感是人类基于自身的满足感与安全感而主观产生的一系列欣喜与愉悦的情绪。它是社会心理体系中的一部分，受到许多复杂因素的影响，不仅涉及经济因素、社会因素、政治因素，还有人口因素和心理因素。如就业状况、收入水平、教育程度、参与机会、年龄层次、价值观念、生活态度、个性特征、成就动机等。在这些因素中，包含着认知与情感、个体与群体、横向与纵向等许多方面。细观现代社会，我们可以看到，有许多人虽然获得了可以带来幸福的事物，却很少感到幸福。究其原因，主要是因为经常比较、缺乏信念、不懂奉献以及不信任之故。从上述调查中我们也可以看到，有相当一部分学生缺乏幸福感，情感相对淡漠。那么，如何增强学生的幸福感呢？还是有法可寻的。

（1）正面引导，哺育学生的阳光心态。阳光心态，是一种积极的心态，说的是内心对一个好的结果存有希望。每个学生在自己的学习生活中，都会有陷入困境的时候。有的人在困境中沉沦，有的人则在困境中重生。之所以能获得重生，就是因为心中存有希望。所以，在教学中，当学生面临困境时，教师应伸出援手，给予学生战胜消极情绪的希望，增强学生的自信；当学生情绪不佳时，教师应及时开导，给予学生战胜消极情绪的希望，做情绪的主人。平时，可以结合学科特点，尽量利用美好的事例，结合身边小事，增加学生的小确幸，激发学生内在的希望；在教学中，教师要努力做到开心、敬业，无论何时何事，保持阳光心态，对学生少责备、多鼓劲，保持适当的期望，对生活不抱怨、重解决，享受当下的美好瞬间，在自然而然中感染学生、影响学生，帮助他们养成积极的心态，阳光地生活，使幸福感在阳光心态中得到增强。

（2）传授方法，培养学生管理时间的能力。初三学生，时间紧张，帮助学生学会规划、管理好时间，是十分重要的事情。时间管好了，比别人多做一点就有了可能，比原来进一步也有了可能。要管好时间，需要遵循“要事第一”原则，使学生分清学习生活中的“大石块、小石块和沙子”，逐一完成；还要遵循80/20原则，利用学习中20%的要点为学生带来80%的分数；另外，还需给任务设定完成的期限，同类事情可以一起做，明确写下要做的事情，然后落实在行动中，先后有序完成等。学会规划，从“帮孩子规划”到“一起规划”，再到“孩子自己规划”，让规划事情、安排生活变成一生的习惯。一个时时规划的人，通常也是能用心过日子、自我约束的人，这样的人通常充满自信，因为规划让他能预测生活的节奏，充满安全感。让孩子清楚地知道、体验自己将拥有的时间，以及何时拥有多少自由控制的弹性时间。通过这些方法，使学生改变观念、改变态度，从而改变习惯，提升学生管理时间的能力，增强学生的幸福感。

（3）借力训练，养成学生良好的学习与生活习惯。初三了，要改变一个习惯不容易，如何在时间的夹缝中求养成，需要多动些脑筋。"大"的习惯养成起来费时费力，"小"的习惯随时可以培养，却往往受用一生。例如"每天阅读10分钟的习惯""每天睡前5分钟反省的习惯"等。为了做到这一点，首先要让学生明确习惯养成的必要性，了解养成这个习惯并不妨碍自己的学习，相反还有促进作用；其次告诉学生养成习惯要注意"开头关"，关键是前三天，教育学生要循序渐进，随身带好一本有助于学习与生活的书籍，利用零碎时间读书；同时经常提醒、监督和检查。这样，每天学习一点点，每天改变一点点，坚持下去，就会一天比一天进步，一天比一天自信，每天都做最好的自己，这就是一种胜利，一种习惯的胜利，一种可能赢得幸福、赢得未来的胜利。

（4）呼应渴求，提升学生的幸福教养。幸福教养，不只是成功地生存，更要幸福地生活。要让孩子有教养，需要培养其教养能力；要让孩子未来幸福，就要培养让孩子将来幸福的能力。在学生的学习生活中，时时面临着竞争，有人成功，有人暂时落败。面对不同方面的竞争，情况又会发生改变，一个人不可能永远处于领先的状态。只有勇敢面对，才能真正发挥自己的特色。教师要了解学生的长处和不足，指导学生从控制情绪开始，让他们在与自己的天赋相遇的基础上，努力耕耘，战胜自己，做好每一件小事，克服每一道难关，在残酷的竞争中认识自己、喜欢自己、接纳自己、运用自己。学会与自己好好相处，才能正向、乐观、勇敢地面对竞争压力。同时，教师要呼应学生的成功渴求，激发学生的潜在创意，相信每个孩子的心中都是有梦想的，找到他们愿意主动学习的领域，将学生的学习热忱、好奇心与教学结合起来，使其茁壮成长。

4. 凝聚教师教育幸福的几个方法

有人说教育的理想在于让学生提高学习成绩，有人说教育的理想在于让学生掌握生存本领，有人说教育的理想在于让学生成为有道德的人。不同的人对教育的理想有不同的解读。苏联教育家苏霍姆林斯基曾经说过，教育的理想就在于使所有儿童都成为幸福的人，幸福是现代教育的终极价值。幸福是什么？幸福就是春天里偶然闻到路边阵阵花香，夏天里穿着鲜艳的T恤坐在海边看潮起潮落，秋天里走在满是法国梧桐的小街上，冬天里在飘雪的时候站在路边吃热气腾腾的烤红薯。教师的幸福是看见学生的进步，学生的幸福是感受到生活的美好。当学生难过的时候，有教师在后面安慰他；当学生孤单时，有教师在身边陪伴他；当学生哭泣时，有教师为他擦掉泪水；当学生失败时，有教师鼓励他；当学生成功时，有教师为他喝彩。凝聚教师教育幸福，需要珍视当下，培养积极的教学信念；需要改善沟通，营造和谐的课堂教学氛围；需要把握规律，维护重要的师生情感关系。

（1）珍视当下，培养积极的教学信念。教师的幸福在当下的教学。有人说幸福是可遇而不可求的，其实幸福把握在我们每个人的手中。作为教师，要让学生和自己都成为幸福的人，不仅要把握教学内容，更要注重教育的内涵。善待每一个学子，做好每一件小事，珍惜每一份真情，上好每一节课，这些都是教师的幸福。珍视当下的事件，培养积极的教学信念，平和自己的情绪，避免悲观情绪影响教学与生活。《菜根谭》有言：“机动的，弓影疑为蛇蝎，寝石视为伏虎，此中浑是杀气。念息的，石虎可作海鸥，蛙声可当鼓吹，触处俱见真机。”意思是说，善用心机的人，经常把杯中的弓影看作是蛇蝎，把草间的卧石看作是隐藏其中的老虎，心里面到处都是危险的杀机。心气平和的人，可以把凶恶的石虎看作是温顺的海鸥，把嘈杂的蛙鸣当作是和谐的音乐，处处都能看到生命的真正真谛。一个心气平和的教师，懂得反省自己，善于通过业余爱好发展自我、促进教学，乐于通过帮助别人滋养自己、成就他人。同时，懂得分寸和尺度，既不会过分地做善事，也不会因为追求宏大的意义，而忽视了身边可以做到的小事的意义。

教育要成为一份幸福的事业，首先要唤起对生命的热爱、对学校的热爱、对生活的热爱，让孩子体验到成长的幸福，能够遇见自己内心狂热的追求，将自己的天赋开拓并发展起来。要知道，每个孩子往往生了一两块挡住美景的石头，让人无法领略到一望无际的辽阔景致，反而拥有了在石头上作画的能力。与其对抗，不如逐渐领会如何顺应它与生俱来的美丽纹路，成就出另一番耳目一新的美景。我们常常可以看到，当一个教师不爱自己的工作的时候，工作于他而言，就是最沉重的负担。相反，如果一个教师对工作拥有热情，又能够发挥自己的才情，那么，工作于他而言，就是最轻松不过了。只有感受到自己幸福的教师才可能到达全面而恒久的成功之境。教师要善于觉察到学生刚硬外表下的柔软而善感的心思，在积极的教学信念下，融合自己的个人魅力、亲和力、说服力以及张力，与学生一起成长。

（2）改善沟通，营造和谐的课堂教学氛围。沟通是人与人、人与群体之间思想与感情的传递和反馈的过程，以求得思想的一致和感情的通畅。它主要通过口头、书面或形体语言，个人的习气和方式，以及物质环境所赋予的信息含义来达成。师生之间沟通的改善，有利于营造和谐的课堂教学氛围。教师可以通过语言沟通和非语言沟通相结合的有效方式，恰当聆听，积极询问，用眼睛、面部表情、手势、身体姿态，以及声音起伏，以示尊重，调节课堂气氛，把自己的内心感受、感情、痛苦、想法和期望讲出来，而不是以批评、责备、抱怨、攻击来替代。否则，只会使情绪紧张、气氛压抑。此外，教师要学会真诚，即使一定要说些批评性和否定性的话语，也应该抱着真心，注意说话技巧、方式和场合，避免不假思索地表达感受，不加修饰地表达看法。虽然良药苦口利于病，忠言逆耳利于行，但是，现实教学中，良药不一定苦口，忠言不一定逆耳。只要通过适合的、恰当的表达方式，“良药”和“忠言”也能够焕发出真、善、美的光彩。

和谐的课堂教学氛围，是一种教育幸福。它遵从了师生内心的热情，即使辛苦，也觉快乐；它能感染学生的积极情绪，激发他们尝试新事物的勇气；它能消亡忙碌奔波型教学方式所带来的痛苦，能结束享乐主义型教学方式所设下的陷阱，帮助学生寻求内心的幸福，求得积极的快乐，以及有意义的学习。和谐的课堂教学氛围，是用想象的“隐形的翅膀”，用有意义的目标这匹“好马”，去发现学生内心最深的渴望，为他们掌握幸福的方向，在追求幸福的路上，愉快地接纳学生，让“早知道”变成早准备、早领悟，面对学生，不能只看到他们的负面行为，而应排除内心的偏见和障碍，让教学方式、教师观念能够追上学生灵动而又疲惫的灵魂，给他们一个温暖的出口，积累小细节，收获教学的大幸福，调整好心态，用一颗从容的心，放慢自己的脚步，寻求师生之间有意义的交流，舒缓内外的压力，接受学生个体的不完美，让教学的价值在对工作、对学生的认可和付出中得到增值，让自己的“心理课堂”保持理性的状态，找到教学中的“信仰”，培养师生的教学情趣、教学情感，让教学变得丰富和生动起来，提升幸福感。

（3）把握规律，维护重要的师生情感关系。人与人之间的吸引是有规律可循的。如“近水楼台先得月，向阳花木早逢春”的邻近律，“酒逢知己千杯少，话不投机半句多”的相似律，“君子和而不同，小人同而不和”的互补律，“投我以木桃，报之以琼瑶”的对等律，说的就是交往的规律在人际关系中的表现。运用到师生之间的情感维护，让学生内心充满幸福，一方面培养学生的自信，使学生相信自己能处理学习生活中的种种困难；另一方面培养学生对生活的热情，成为积极乐观、充满活力的人，要让学生学会感恩。感谢父母的辛勤养育，感谢教师的引领指点，感谢朋友的分享点滴，感谢学校提供的宽广平台。因为只有感恩，内心才会充满丰盈的美好，生活中才会快乐许多。

幸福与教育是可以同行的。孔子曰：“大道之行也，天下为公。”“天下为公”的精神就是乐于助人的精神。教师对学生的帮助，是赠人玫瑰，手留余香，帮助了学生就是帮助了自己，快乐了学生就是快乐了自己。为学生的幸福快乐而工作，才能达到教师自身的幸福。求真方可善，积善才为美，尚美即幸福。教师的最大幸福，在于能与学子们进行情与情的交流，心与心的碰撞。教师的微笑，是学子的幸福；学子的成功，就是教师最大的幸福。教师最大的幸福在于让每一位学子内在的天赋秉性得到有效和谐的发展。创设幸福的校园，争做幸福的教师，培育幸福的孩子。让所有生命脸上都洋溢着幸福的微笑。我是一片绿叶，虽然我的绿意有限，但我相信播撒开来会是浓浓的爱意；投射到孩子身上，就会是满园春色。幸福在于让学子享受学习的快乐，从而幸福地成长。幸福是把平平凡凡的教学工作干出色，把平平淡淡的教育生活过精彩，幸福就是看到学子求知若渴的眼睛闪烁着满足的光芒。一个幸福的教师每一天都会从发自内心的微笑开始。

（二）精神宇宙：情感于重塑中获得美的新生

精神是指人的情感、意志等生命体征和一般心理状态。按照黑格尔哲学，人类意识包含精神与思维两个部分，人的精神又包含人的情感、意志等生命体征和自我意识。宇宙是所有空间、时间、物质的总称。综合起来，精神宇宙是指人的情感、意志在时间、空间、物质上的体现和融合。情感的倾向性、深刻性、稳固性和效果性，在一定程度上反映了精神宇宙的广度与深度。

情感，隶属于态度这一整体，它与态度中的内向感受、意向具有协调一致性，是态度在生理上一种较复杂而又稳定的生理评价和体验。《心理学大辞典》认为：“情感是人对客观事物是否满足自己的需要而产生的态度体验。”一个情感成熟的人，能够做到不管个人需要是否得到满足，都能自觉地调节情感，对物、对人、对己以及对特殊事物的情感保持平衡，洞察理解社会，使之保持健康、控制环境，使紧张的情绪化解到无害的方面。同样的道理，一个情感成熟的教师，能够正确审视自己的需求，对教学、对教育、对学生保持理性的态度，在道德感和价值感两个方面，恰当地要求学生，以实现自我需求和教学要求。为了实现这一点，教师需要根据学生的实际情况和教学的实际要求，进行必要的调整，重新塑造自己的精神宇宙，甚至突破一些社会规则的束缚，获得思想和精神上的再生和创造。

“三情三美”教学就是一种观念上和实践上的再生与突破。其中，情感的升华除了培育教育幸福，还要重塑师生的精神宇宙，做到教学中的断舍离，永葆空杯心，把握边界感，舍“外相”以富“内相”，破“旧我”以立“新我”，弃“他悟”以盈“自悟”。

1. 断舍离：舍“外相”以富“内相”

断舍离，原是一种家居整理的收纳术。断，就是不买、不收取不需要的东西；舍，就是处理掉堆放在家里的无用之物；离，就是舍弃对物质的迷恋。断舍离的本质是做减法，让自己处于宽敞整洁的空间里，以此收获舒适自在的生活。这是表层次的断舍离。从深层次来看，断舍离是一种活在当下的人生整理观。扔掉看得见的东西，改变看不见的世界。很多时候，每一次断舍离，可能就意味着一次新生。做好人生的断舍离，就是将不需要、不适合、不舒服的东西替换为需要、适合、舒服的。其核心思想，就是要降低不需要的物欲，重塑精神世界；就是要放下不适合的人和事，专心做自己。从教育教学来看，断舍离是一种回归本质的精神整理观。做好教学的断舍离，就是将“外相”转换为“内相”，寻求师生心灵的归位与丰盈，注重教学的归因与价值，增添精神的底色与宽厚。

（1）去繁就简，寻求心灵的归位与丰盈。心灵的归位与丰盈，是真正高层次的断舍离。一花一世界，一叶一菩提。梭罗在《瓦尔登湖》中说过这样的话：“我们每一天努力忙碌，用力地生活，却总在不知不觉间遗失了什么。这是隐居者的寂寞日记，却将浮世与人生看得真真切切，明明白白。有时候，我们需要的，只是一颗静下来的心。”生活如此，教学亦是如此。生活中，面对不断膨胀的物欲，我们需要的是一颗能静下来的心。多余的财富只能够购买多余的东西，人的灵魂必需的东西，是不需要花钱购买的。人生需要去繁就简，把更好更有价值的事物请进生活中来。了解、选择、专注于自己真正想从事的精神活动，静享内心中的蓬勃与丰富。教学中的心灵归位，讲究身心合一，讲究丰盈富足，它强调的是内在的“盈”。

以欢喜心教学。林清玄说：“如果你要享受清欢，唯一的方法是守住自己小小的天地，洗涤自己的心灵，放下执念，不浮不躁，不慌不忙，以清净心看世界，以欢喜心过生活，以平常心生情味，以柔软心除挂碍，淡定从容地过好每一天。”教学中的清欢，来自教师内心的淡定与从容，来自教学精神的素与简。教师对学生的期盼与要求，越是接近素简，越能听见内心的声音，越能体会到教学中的欢喜心，领悟到心灵的清澈与丰盈。

以平和心教学。毛姆在《月亮和六便士》中有一句话：“要记得在庸常的物质生活之上，还有更为迷人的精神世界。”教学中的平和在于教师能够清楚自己的不完满，了解自己的不足与局限，理解学生的情绪起伏、状态变化，以及有时的言行不一。只有这样，才能做到逢山开路，遇水架桥，见招拆招，灵活机变，始终保持平和的心态，接受教学中的遗憾与无奈，并在今后的教学过程中，有勇气，坦然地不断寻求良策，收获从容的教育人生。

以期许心教学。教学充满无数的可能性，总有一个属于自己的“金色时刻”。教学像一条行船，顺流而下，有时这条支流叫作“但愿”，是期许和希望；有时这条支流叫作“要是……”，是悔过和无奈。教学又像穿梭的风，一阵推进了水势，一阵逆行，提醒你奇遇美丽，也提醒你处处隐藏危险。在教学的行进过程中，满怀期许之心，能使师生看到前行路上的光亮，哪怕有时十分微弱，但总能吸引着学生的目光，决定着逐梦的方向。

以单纯心教学。周国平先生认为，一个人活得太累的根本原因，源自贫乏的复杂。一个教师时常感觉到教得太累，原因也在此。有时要求太多，有时道理太多，有时期许太高，显得十分复杂。同时，教学观念、教学思想、教学方式等的单调乏味，显得十分贫乏，由此带来了教与学的“双累”。一个教师，心灵中拥有开阔的空间是最重要的，如此才会有思想的自由、观念的更新和方式的灵动。无论你多么热爱自己的事业，多么热爱自己的学生，都要为自己保留一个开阔的心灵空间，一种内在的从容和悠闲。唯有在这个心灵空间中，你才能把你的事业作为你的生命果实来品尝，才能获得丰富的单纯。其核心是单纯，却又能够包容丰富的情感、体验和思想。这样的教学，既能让自己的心灵得到休息，又能让自己的心灵有超越的追求。

以创美心教学。美的最高境界就是对生命的热爱和对生活的热爱。教学如果不能激发孩子对生命、对生活的热情，无论如何都算不上是一种成功的教育。教学之中，带孩子领略天地之美、文字之美、思维之美、人性之美、评价之美、时代之美，再用文字和图画表现出来，是对教学美的追求与创造，它能培养学生健康的美感，丰富学生的情感色彩和思想内涵，以美动人、以美感人，才能更好地促进学生素质的全面发展。

以灵动心教学。让每个孩子心里都有动人的音符，让音乐犹如一粒粒美的种子播撒在他们心中，成为教学的一部分。教学中的音乐选择，应强调育人的功能，强调乐曲的舒展与审美，强调学生的个体经验与情感表达，强调灵慧生成中的收获和灵气彰显中的成长，侧重生命灵动中的破茧而出，站稳学生立场，遵守教学本心，避免过于高大上的表现形式，而脱离了学生的实际需求。

以清净心教学。“实墨无声空墨响，满瓶不动半瓶摇。”“人稳不言，水深无声。”“虚心竹有低头叶，傲骨梅无仰面花。”说的都是同一个道理。以清净心教学，可以透过教学表面的浮华，看清教学的本质，进而对教学做出正确的判断和决策，不被功利心所困扰，而是秉承外在的干净清爽，以执着细致的教学态度，寻觅教学中的每一个小确幸，丰沛心灵，深耕自己。

以学习心教学。一个人的无知不在于他真的不懂得文化知识，而在于他认为知识和学习是阶段性的目标，于长远而言是无用的。事实上，一个人只有不断学习，不断充实自己，才能在跌宕起伏的生活中，拥有处变不惊的内心，才能汲取足够我们一生前行的力量。通过教学，师生之间共同学习，既学习知识，也在学习中提升能力，更要在学习中培养正确的情感、态度、价值观。在教学中，学习的途径有很多种，可以通过教学提供的素材、教学设计、教学方式、教学细节、教学仪式等多个方面，增强学习的实效，丰富学习的体验，感知并逐渐内化自身在学习生活中的责任和义务。

（2）内化践行，注重教学的归因与价值。归因是指人们对他人或自己行为原因的推论过程。关于归因，很多社会心理学家给出了相关的理论。如海德、维纳、阿布拉姆森、凯利、琼斯等人，均有过相关的论述。首次提出归因理论的海德将归因分为三个维度：内部归因和外部归因、稳定性归因和非稳定性归因、可控制归因和不可控制归因。教学归因是教师对学生学习结果的原因的解释和推测。对教学的正确归因、需要了解学生的归因风格特点、给学生适当的评价，克服性别偏见，提供适时适度的帮助指导，把握好教材和考题的难度。根据归因理论，人们通常把成败的结果归结为个人的能力水平、努力程度、任务难度和运气四个方面的因素。师生对教学成效的归因，离不开对教学价值的理解。教学价值，反映了教学主体需要与教学客体属性之间的关系。在多种可能性价值中，教学活动过程的自足性的“实践智慧”是一种值得追求并可以实现的价值。

其一，始终保持思维的独特性，正确看待教学的最终趋向。司马光砸缸，是一种打破惯性的思维模式；你想要战胜对手，首先要了解对手，说的是“知己知彼”的全面思维；拿破仑说：在我的字典里，没有“不可能”这样的字眼——其思维的核心是：不被外界干扰，始终保持自己的主见；“山不走到我这里来，我就到它那里去”，说的是亚历山大成大事的思维；不破不立，敢想敢干，是哥伦布的思维；费米提出，面对一个大的目标，你要善于把它分解成若干个次一级目标的思维；“我不靠天赐的运气活着，但我靠策划运气发达”是洛克菲勒的思维。思维方式的独特性，反映了个性的特点与优势。教学中对学生思维的培养，是基于学生的个性特点和教学的功能价值而设，须斟酌使用。

有电视台用28年的时间，追踪了13个孩子，结果发现，如果不出意外，孩子终将平凡。7岁时，13个孩子都上一年级，那时的他们都有华丽的梦想；7年后，14岁，有人的梦想改变了，有人执着地坚持；7年后，21岁……怎样的孩子最接近幸福？追踪发现：有孩子在工作中找到了价值，找到了想做的事，眼神里有了自信的光芒；有孩子生活按部就班，从平凡生活里得到快乐和平静的能力；有孩子努力、积极、正向地面对生活中的逆境。当孩子有追求的勇气、有健康的心态、有悦纳自己的智慧，就会以自己的方式趋向幸福。教学的价值就在于培养孩子追求卓越的能力和韧性，更有接受平凡的智慧和勇气。

其二，坚持正面事物的美好出发，发挥教学“上价值”作用。“破窗效应”告诉我们，在教学中，尽可能不要去打破学生的“窗户”。如果窗户已经被打破，要及时去修补，尽快消除不良信号和影响，用正面事物替代，要善于从外在形式看到教学的本质东西，要善于感受教学中的明媚与美好，趁一切正好，重新出发，在日复一日的努力中，成就自己、造就自己，从而变得越来越美好。注重事物的归因方式，及时调整适应教学需要，经常思考自己的方向是否正确，还有没有需要反思的地方，相信自己可以创造属于自己的美好生活，相信学生在合适方法的激励下，可以不断取得进步，依靠内在的信念与动力支撑着教学的美好前行，真正地从内心深处改变。

“上价值”，不仅是教育科研和写作的头等大事，也是学校管理甚至日常教学工作中的头等大事。同样的素材怎么提升教学价值？如何在教学中学会讲故事？怎么保持一节课的高品质？值得每一位教师思索。价值是教学的灵魂。一节课开始之前，成熟的教师都会首先掂量，这些内容和设计对学生、对学校、对社会的当下与未来的意义所在，厘清教学价值的贴切度、清晰度和前瞻度，让素材说话，找到意义和价值，产生价值驱动。对于思政课教师来说，尤其要引领学生关心时事、关心媒体，在讨论或辩论的基础上，展开呼应、叠加、深化、创新与升华，将个人价值融入社会价值之中；教师自身要采用阅读笔记、灵感记录、价值判断、反复体会的方式，把随时读到、想到的有价值的点记下来，做到常翻常新，从中发现更多的与时俱进的价值，并与更深度的现代科学、哲学、社会学、心理学、美学等价值维度相结合，得出更有宽度的、更多维度的价值。

其三，加强情感的内心体验，内化践行主体的创美能力。“登山则情满于山，观海则意溢于海。”情感是一种内心体验，是人整个生命的重要组成部分，情感体验是学科教学的至高至美的境界。培养审美情趣，通过美的形象、美的案例，以美的方式呈现出来，引起学生的情感共鸣。教师可以利用校本资源和熟悉的自然资源、社会资源，使教学内容更丰富开放，更贴近学生实际，让学生在有限的时间和空间里，感悟、体验、升华情感。同时，师生间的彼此分享，让课堂教学成为师生共同参与、共同追求、共同成长的阵地，在这样的课堂中，教师的角色不仅仅是“教”者、“述”者、“问”者或是“导”者，而且是“学”者、“思”者、“听”者或“领”者，更是师生共长的同行者。

教学的主体在于学生，课本中的人文意识、美感因素只有通过学生的学，才能达到主体与客体互渗互融的审美效果。教师在教学中应关注学生的内心需求，根据学生的心理特征与个性差异，设计教学活动，唤起学生的主体意识，使之自觉成为审美活动的主人，从而获得主体的创美能力。如语文教学，可以通过读、思、议、练、评的训练环节，把知识转化为听说读写的语文能力。学生读通、读懂、读出感情，能使文章中的佳句、美词、意境以及人物精神、缜密思路、观点主张主动积累于学生头脑中，有利于文章中美的表现、方法、技巧内化为学生的言论与思想，有利于培养学生创造美的能力。

（3）向美而生，增添精神的底色与宽厚。文化是一座城市的精神底色。那些有着梦想与追求，能够于困惑中获得成长的年轻人，他们利用乘坐地铁的间隙读经典、读新知、读世界，在他们的身上，我们看到了一座城市的希望与底色。身为教师，我们可以问问自己：当校园里充斥着实用主义和功利主义的教学行为时，我是否还能静下心来读一读康德、黑格尔、叔本华的那些哲学经典？人生有底色，学校有底色，教学也有底色。不同底色往往决定了人生发展的不同路径。构成人生底色的东西很多，有先天的禀赋和出身，有后天的读书与实践，有严和实的处事原则，有宽与厚的待人准则。每个人受教育程度和人生阅历不同，对精神底色的理解和定位也就不同。选择不同的精神底色，会驱动不同的精神状态，焕发不同的精神力量。唯有志存高远、向美而生，才能打好精神底色。

一是去“情绪化”规则先行，培养向下扎根的同理心。费斯汀格法则认为：“生活中的10%是由发生在你身上的事情组成，而另外的90%则是由你对所发生的事情如何反应所决定。”一个人的生命里，只有20%的人和事是需要你花时间、花精力去经营的，其余80%的人和事都无关紧要。在教学中，教师要抛开垃圾情绪，做情绪的主人，把情绪留给那些值得的事、值得的人，不要让情绪被80%的不重要给左右了。如果用心观察，我们可以发现，教师几乎所有垃圾情绪的背后，归根到底都指向同一个问题，那就是未能处理好与自己的关系，不懂自己、不接纳自己、不放过自己，心灵没能追上教学的脚步，走得越快，要得越多，情绪化就越明显。不良情绪，甚至焦虑，实质是因为没有看清自己。

同理心，是一个心理学概念，泛指心理换位、将心比心，也就是设身处地地对他人的情绪和情感的认知性的觉知、把握与理解。主要体现在情绪自控、换位思考、倾听能力以及表达尊重等与情商相关的方面。同理心运用在教学中，就是指能够根据材料中的人或事，去了解、理解，不带任何评价地感受对方的感受和经验，敏锐觉察对方经验意义的改变，在情感上有所共鸣。培养学生的同理心，首先需要学会倾听自己的感觉，了解自己内在的真正感受；然后选择合适的方式，表达出自己的感觉，并学会倾听他人的感觉，用体谅来回答他人的感受。可见，倾听自己以找出自己的感受、表达它们、体会他人的感觉并与之产生共鸣，是同理心发生的四个过程。一个拥有同理心的孩子，能够更好地体会眼前的人或事，能够更好地在潜移默化中吸收，能够更好地感受到足够的爱，向下扎根，向上开花。

二是加强值得回味的旁白教育，以阅读摄影增添精神亮色。“风吹枯叶落，落叶生肥土，肥土丰香果。孜孜不倦，不紧不慢。”这是纪录片《人生果实》中值得回味的旁白。一年嗖的过去，转眼就到了年底，没事总是惦记，将一年中发生的教学事件或趣事，以画的形式画下来，或以图片的形式保存下来，这是一种独特的教学方式，若能配上意境深远的旁白，将提升事件本身所带来的精神意义和价值。曾国藩说：“人之气质，由于天生，很难改变，唯读书则可以变其气质。古之精于相法者，并言读书可以变换骨相。”德国作家斯特里马特《随想录》描述过一次旅途所见：“我乘着快车从各个车站旁飞驰而过，连车站的名称都未能认出，一路上几乎自始至终都未弄清我在起点与终点之间的什么地方。”教学犹如飞车，若是一路狂奔，便不能留下教学中的点滴与痕迹。不如稍作停顿，加上些旁白，才能带着谦卑、虔诚的表情，看清教学中的美妙与浪花，增添教学的精神底色与宽厚。

阅读是无声的交谈，旅行是想象的归宿。借助生活中的旅行，书写阅读摄影中的所思所想，为教学所用，既感受阅读的美好和旅行的快乐，也能体会教学生活化、生活教学化的蕴涵。生活中的阅读是为了更好地行走，通过行走后的阅读去印证自然与社会中的繁星闪耀、长河流淌，以及伟大荣光、悲悯情怀，有利于看到美，有利于重构新时代语境下的家国情怀。家国情怀是个人对家庭、对国家等共同体的认同与热爱，是对家庭、家乡和国家以及人民所表现出的深情大爱，是一种高度的认同感、归属感、责任感和使命感。家国情怀的整体性思维是对信息化时代所造成的碎片化成长状态最积极、最必要的补充和矫正，可以为学生的健康成长提供强大的动力，是引领个体生命从小我走向大我，不断超越自我的最好路径。

三是注重教育情怀带来的敬意，做塑造学生“三品”的“大先生”。王国维先生提出了三种境界，核心是超越。第一种是有知识，无行动；第二种是有行动，苦苦思索无顿悟，未找到意义和价值；第三种是恍然大悟，找到了意义和价值。“意义和价值”体现在教育教学的多个侧面，教育情怀带来的敬意，是其中的一个体现。在教师之中，熟知苏霍姆林斯基和摘花女孩、陶行知与四块糖故事的不在少数。故事中，苏霍姆林斯基和陶行知的教育情怀跃然而出。有什么样的教育情怀，就有什么样的教育评价，也就有什么样的教育。向孩子学习，不认为他们是被教育者，对孩子充满敬意，是苏霍姆林斯基的教育情怀。尊重学生，以糖为教育道具，对孩子充满善意，是陶行知先生的教育情怀。教师要培养教育情怀，需要有目标意识和行动规划；需要有旋涡意识，能够不断加强研究，变不利为有利；需要树立品牌意识，创出自己的特色、风格和主张，让工作变得有滋有味。一个拥有教育情怀的教师，才能对学生充满敬意、充满爱。就如斯霞老师，毕生从事母语启蒙教育，独创"字不离词、词不离句、句不离文"的"随课文识字"的教学经验，注重学生的文化传承，拓展学生的文化视野，以"童心母爱"的教育品格，走近孩子，历经苦难生活而不改单纯热爱孩子的教育情怀，令人尊敬。

教师，是以教育为生的职业，是引导、帮助和促进学生成长的人。先生，是对教师的最历史悠久的尊称。为人师表是教师职业的内在要求，终身学习是教师专业发展的动力。教师之于学生，不仅是传播知识、传播思想、传播真理的师者，更肩负着塑造灵魂、塑造生命、塑造新人的时代重任。教师是专业的，他们面对的是有思想、有个性、有生命尊严的学生群体，做一个在任时学生称颂、分别时学生怀念的好教师，需要有专业的情怀、专业的眼光和专业的技能，这就需要教师不断学习。只有这样，教师才能得心应手、从容淡定地把学生塑造为有品格、品行、品味的"大先生"。

四是养好心有境界的精神长相，以延伸教育教学的宽度。心有境界行则正，腹有诗书气自华。一个人的精神长相，是一种看不到的能力，这种能力决定了一个人的精神力量。每个人都有自己的精神标杆，阅读可以构筑自己的精神家园。阅读经典、阅读人物、阅读自然、阅读社会、阅读生活，通过阅读，向爱而行、向美而生。如果说五官之美如花开艳阳，那么精神之美则似暗香浮动，丝丝缕缕，不张扬、不间断，在面临挫折、困难、迷惑的时候，似心中的那盏明灯，引领着美的发现、陶冶与创造，塑造“美”的青春共同体，营造美的心灵空间站。在这一点上，于教师或是于学生，都是一样的，养好心有境界的精神长相，需要自我融合，在了解“我是谁”的基础上，做好情绪管理和生涯规划，做自己的人生导师；需要天人融合，在追寻自然美的基础上，拾遗教学珍珠，记录学习之美；需要人我融合，在不断发现生活之美、身边之美的基础上，创造社会美，加强社会实践活动，以延伸教育教学的宽度。

2. 空杯心：破“旧我”以立“新我”

空杯心态，喻指做事的前提是先要有好心态。它是为“寻觅更高的山峰”而挑战自我的永不满足，是对自我的不断扬弃和否定。舍得，有舍有得，舍去的是过去的荣耀、挫折，得到的是找到了自己的差距、不足和努力的方向。在舍去的过程中，需要很大的勇气。当然，“空杯心态”并不是一味地否定过去，而是要怀着否定或者说放空过去的一种态度，去融入新的环境、对待新的工作、接受新的事物。事物的发展是经过否定之否定实现的，是“外在否定”和“内在否定”协同促成的结果，是事物自我完善、自我发展的运动过程。

空杯心态运用在教学中，指的是不断学习、与时俱进。对于学习，王国维提出了三种境界：第一种境界是“昨夜西风凋碧树，独上高楼，望尽天涯路”，为“知”之境界；第二种境界是“衣带渐宽终不悔，为伊消得人憔悴”，为“行”之境界；第三种境界是“众里寻他千百度，蓦然回首，那人却在灯火阑珊处”，为“得”之境界。孔子关于学习的三境界是“知之”“好之”“乐之”。如果用充满禅机的语言来说明的话，学习的三境界包括：第一境界是“看山是山，看水是水”；第二境界是“看山不是山，看水不是水”；第三境界是“看山还是山，看水还是水”。俗语云：“常存空杯心，不为所知障。”说的就是要善于清空一些负重，留出精力和空白，以便更好地前行，不断打破“旧我”，走向“新我”，收获成功。

（1）双轮驱动，走出教学的“舒适圈”。平时我们所说的舒适圈，大致包括三个方面：一是习惯圈，如下班后有人习惯窝在沙发上看电视、玩手机，有人习惯多看点书、学新知；二是喜好圈，有人喜欢悠闲的生活，有人喜欢运动与挑战的生活；三是能力圈，这涉及人的阅读能力、写作能力、沟通能力、思维能力等多个方面。在人的习惯、喜好和能力的范围内，人们会感到舒适，在舒服的环境下，会因为生活安逸而不想动脑筋。而一旦超越了自己所控的范围，则会感到不适和难受，同时因为经历了挑战和痛苦，会变得成熟。对于教学而言，我们不难发现，有很多教师常年待在“舒适圈”内，不想有丝毫的改变，教学方法单一，教学内容依葫芦画瓢，教学评价偏颇，教学效果低下。如何改变与创新，走出教学的“舒适圈”？不妨采取双轮驱动的方式，使两个轮子相互协调、持续发力，才能使教学行稳致远。

一是坚持学与做的并进，让课堂“立”起来。学与做的并进，体现在教师培养上，就是说教师要加强对教育理论、教育技巧和专业知识的学习，以提升自己的理论水平和业务能力，同时也要加强教学观摩、教学实践和教学反思，使抽象的理论得以实践，业务能力得以发挥，以此激发学生的主观能动性，创建具有品牌特色与品格特征的课堂教学模式，通过增量提质、协同发力，激活学科元素，让课堂“立”起来，让教育教学的内容在学生心中扎下根去。

要做到这一点，教师要善于走出舒适圈，学会调整习惯和改善喜好，学会扩大核心能力。其一，加强提示，让习惯显而易见，写下并执行；其二，增进渴求，让习惯有吸引力，把习惯与喜好绑定；其三，及时反应，让习惯简便易行，建立承诺机制，削弱养成习惯过程中的阻力，优化环境和驱动力；其四，学会奖励，让习惯令人愉悦，通过及时、有效的奖励，促成习惯的养成；其五，认清自己的优势和不足，寻找能力提升的突破口；其六，明确培养目标和方向，长期培养阅读、写作、沟通、优势竞争力等核心能力；其七，通过细化目标、思维导图、便签读书法、九宫格笔记法等方法，达成行动实施。对于调整和改善过程中出现的“不适”，要善于用成长型思维去勇敢面对，一次次试错，一次次调整，一次次完善，一次次提高。要找到“努力的正确方法”，不断“刻意练习”，以克服职业的“倦怠感”，以此提升教师素养，从而由教师传递到课堂和学生，使课堂真正“立”起来。

二是坚持教与学的融合，让课堂“动”起来。教学实效，不仅在教师的“教”，更在学生的“学”。教师教了多少，最终体现到效果上，还是要看学生“吃”进了多少，“消化”了多少，又“吸收”了多少。而吸收的数量与质量，取决于学生学习的主动性和积极性，也就是取决于我们的课堂和学生能不能“动”起来。这里的“动”不仅指动手、动口，更是指动脑、动心，也就是思维要动起来。

要做到这一点，教师应教得有层次一些，富有针对性一些，能够突破文本教学的重点和难点，把握体会文章所蕴含的丰富情感，积极引导学生投入到当下的学习之中。有人说，教师“教授一科学问，并不是教学生把教师所讲牢牢记得便了，注重的在教他们懂得研究这门学问的方法。然后多发问题令他们自己去研究。越研究得多，判断力自然越丰富；越研究得精，判断力自然越深刻”。同时，教师应教得客观些，富有导向性一点，避免好高骛远，不切实际，教师不宜用过多的时间来表现自己的“富有”，而应腾出尽可能多的时间与空间让学生去研究与创造，可以邀请学生参与教学设计，用学生喜欢的方式来引导学生一起思考、争论、探究，让学生体会自由、自助的学习之乐，使课堂真正“动”起来，同时也为课堂减负、为教师减负。

三是坚持教学与科研的并重，让课堂“精”起来。苏霍姆林斯基在《给教师的一百条建议》中记载了一个故事：一个在学校工作了33年的历史教师，上了一节非常出色的观摩课，邻校一位教师听课结束后问他：“你的每一句话都具有巨大的思想威力，请问你花了多长时间来准备这堂课？”那位教师回答说：“这节课我准备了一辈子，而且，一般来说，每堂课我都准备了一辈子。但是，直接针对这个课题的准备，则花了约十五分钟。”一辈子与十五分钟的区别，在于不同的教材内容、不同的学生和学情。这其中需要注意的是，教师在教学内外的积累、创新与反思。只有坚持教学与科研的并重，加强对课堂教学的研究，方能使课堂“精”起来，使每节课成为经典。

要做到这一点，教师要坚持“三结合”。首先，要坚持教学与生活相结合。教学应从生活中来，到生活中去。如果教学不能为生活服务，不能更好地指导生活、引领生活，教学也就失去了底气和价值。其次，要坚持教学与时代相结合。教学内容、教学手法、教学评价等只有与时代元素、时代特征、时代优势结合在一起，才能发挥出更快、更好、更深远的作用。相反，如果一味待在“舒适圈”内不求改进和完善，只愿守着安逸，将会逐渐失去探索新事物、挑战新知识的勇气。加强科研，主动打破“舒适圈”，能够很好地弥补这一点。最后，坚持教学与美学相结合。教学与美学的结合，能够有效地填补现实课堂的漏洞。长期以来，美学与教学的结合，往往体现在艺术学科之中，而在别的学科中渗透较少。教师应加强对美学的研究，并将美学理念融入学科教学中，使课堂变得更“美”、变得更精彩。

四是坚持教学与德育的契合，让课堂“富”起来。《教学勇气》中有这样三句话：“没有比教师更重要的社会角色”；“教育的落脚点应该是培养一个完整的人”；“当热情重新被点燃，他们就有了教学的激情。”教师不是一份简单的职业，教育不是一份粗线条的事业，教学也不是直行的工作。做好它们，涉及很多方面。如教师的形象管理，包括外在的着装、发型，还有内在的阅读、写作、旅行、生活等方面渗透并融为一体的修养等。这些方面，既是教学的元素，也是真实的德育素材，能够帮助课堂“富”起来。

“富”的本义是完备。课堂教学的“富”，不仅在于外在显见的教学内容、教学形式、教学手段，更在于教学的精神内涵、审美价值和人文情怀。教学中的精神内涵，能够提升课堂的品位和深度；教学中的审美价值，能够增强课堂的艺术氛围和审美判断；教学中的人文情怀更能打动人心、走近学生、走入内心。这种发自课堂的独特的教学韵味，是与师生的个体经验、人文素养密切相关，是与师生接触过的人、走过的路、读过的书、经历过的事密切相关。所以，教师要有意识地对学生进行价值引领，于适当的时间、适当的内容处，插入相应的德育素材，以学生喜闻乐见的形式加以呈现，慢慢形成课堂教学的精神特色和精神长相。

（2）改变思路，营造教学的“森林公园”。在保罗迪克“森林公园”里，树木参天而立，花卉争相斗艳，鸟儿欢快歌唱。然而，这里曾是一片被大火烧尽的废墟。年少时，保罗从祖父那儿继承了这个美丽的庄园。不幸的是，因为一道闪电，庄园被烧毁。面对着一片废墟，保罗每日茶饭不思、闭门不出。在祖母的启发下，保罗改变了思路。他首先尝试着改变自己的心态，决定出门散心，意外地留意到市场上木炭的需求量很大。于是他聘请了几个烧炭工，把那些烧焦的树木加工成木炭出售，得到了一笔财富。再用这笔资金，购买了树苗，重新打理庄园，直至形成绿树成荫的“森林公园”。正是因为保罗改变了思路、调整了心态，才从灾难和打击中看到了希望和机遇，收获了一片森林。对于教学而言，改变思路亦是如此，它有助于营造教学的“森林公园”，有助于收获教学的成功和幸福。

首先，以全人理念"熬"出教学的"三立"品格。全人教育理念已在前面章节中有过论述，简单可以归纳为培养全面发展、全程发展、和谐发展的人的教育。全人教育是基于人的生命，为了人的生命发展，伴随着人的生命发展全过程的教育。它强调人的智力、情感、社会性、物质性、艺术性、创造性与潜力的全面挖掘。这里的"熬"，不是指煎熬、逆来顺受、妥协，而是指能量的积累和生命的升华，犹如平静等待后的春暖花开，山重水复后的柳暗花明，以及经历风雨后的美丽彩虹。教学的"三立"品格是指立德、立功、立言三方面，也就是教师要增强教学的德育价值、人文价值和引领价值。

要做到这一点，学校要与流俗文化保持一定的距离，正确引导，培养学生的媒体素养，引领他们正确看待和利用媒体，注重生活教育，培养学生创造美好生活、美好学习的意识。教师要努力成为一个阳光明亮、具有"钝感力"的人，不仅关注学生的学习，更要关注学生的身心健康和人格健全。面对学生的失败、退缩行为，不会敏感易怒，而是用鼓励不断激起孩子的斗志，鼓励孩子"以长带短"，哪里跌倒，换个地方爬起来，发展自己的智力，成为更好的自己。同时，凝聚学校、家庭、社会三方合力，将生命教育、全人教育融于日常教学之中，激起课堂教学中学生思维的碰撞与融合，发展学生的思辨力和主动性。就如《窗边的小豆豆》中巴学园亲切、随和的教学方式，教师在关注知识学习的同时，注重孩子学习兴趣、好奇心和求知欲的培养，注重孩子良好心理素质和健康身体素质的培养，以培养"完整的人"。

其次，以积极心态"养"出教学的"三有"方式。积极心态，反映了一个人对待人、事、物的积极态度、积极看法以及由此带来的积极行为。万物皆由心生，心中有快乐，所见皆快乐；心中有烦恼，所见皆烦恼。清水无忧，皆因随性；落叶无憾，皆因心空。物随心转，境由心造，相由心生。用欣赏的心情，去看待生活、看待教学，收效是诗，遗憾是画。教学的“三有”方式，是指有管、有教、有罚。管的是态度，教的是方法，罚的是规矩。通过积极心态滋养教学，给学生带去爱的精神财富，带去生活、学习的坚韧态度，带去赞美的力量，带去时间的管理，带去真知，带去沟通，帮助学生从教学中汲取养料，找到价值和意义。

要做到这一点，教师自身首先要有积极的心态，能保持内心的丰盈与安稳，在日久而又略显平淡的教学中恪守静寂，不断提高自身的认知与修行，专注于教学，沉浸于研究，可以理性思考，温和坚定地做好自己的工作，理直气壮地讲好教学内容，营造出一种温馨向上的课堂氛围。对于那些“心穷”的学生，要加强对他们的目标教育和归因教育。引领学生树立明确的目标，可以是长期目标，也可以是短期目标，甚至可以是一节课、一个环节、一道题的微目标。还要引领学生正确对待事件的归因，将外因与内因结合起来分析，特别注重内因的作用，多从自身找原因，这样才能更好地改变与提升。同时，教师要始终保持心平气和，针对教学，面对学生，没有心理逆转、没有短路，也没有接触不良，能够稳定地释放出明亮而祥和的能量和气场，影响学生，增强教学的实效和内涵。

最后，以审美心理“转”出教学的“三变”路径。审美心理是指人对客观对象的美的主观反映。它包括人的审美感知、审美情感、审美想象、审美态度、审美理解、审美体验等，是人在审美实践中，面对审美对象，以审美态度感知对象，从而在审美体验中获得情感愉悦的心情。审美心理运用到教学中，能够使教学产生“三变”，即改变认知、改变思维和改变节奏。改变认知，可以改变对教学的看法，看到教学的多元功能；改变思维，可以改变对教学的预设，看到教学过程中更多的生成；改变节奏，可以改变对教学的期待，看到教学本身蕴含的内驱功能，而忽略外在功利性的比较。

要做到这一点，教师要善于以勤补拙，依靠自己的勤奋，学到更多的新知，坚定文化自信和教育的“生态化”发展，通过回溯历史、观照现实，从中汲取智慧、吸收经验，才能丰富课堂。要善于见微知著，从细节开始，观察学生，体悟教学。如看到孩子课堂笔记太花哨，不能轻易批评和责罚，而要带着审美的心理、欣赏的眼光看之、待之，因为这有可能是孩子某方面天赋的体现。还要善于以柔克刚，抱有一颗童心，以微笑面对日常工作与教学，坚持身与心的旅行，对美好生活与教学有追求，注重教学情调，以温和的气息软化孩子的内心。就如同样一张枯枝的图片，无情调之人看到的是一地落叶和衰败，有情调之人却看到了内蕴的力量和美。要引领学生在有些功利的教学里，修得一颗温柔心，能够感受到教学中的美好和期待，这样才能在通往梦想的路上，学会与困难、失败握手言和，学会珍惜，学会坚强。

（3）同舟共济，用好教学的“运动场”。教学的“运动场”，是指教学的一方天地，在这方天地里，有教师，有学生，有教学的各种素材和媒介。用好教学的“运动场”，需要充分发挥教师、学生、素材、媒介的独特作用，更需要充分发挥它们之间的“化合作用”，同舟共济，师生协力，通过媒介、数据将素材作用发挥到极致，通过发现问题、框架问题、使用数据，将数据转化为信息，将信息转化为决策，最后评估成果。具体而言，我们可以这样来做：

其一，习得积淀，在教育自由与教育规范中沉静。人的成长和发展过程，是对某种文化及其所体现的生活方式的习得和积淀成型的过程。教学，传达的就是某种文化及相应的方式。其习得和积淀的过程，就是学生成长和发展的过程。所以，教师不能让已有的文化成为制约孩子生命发展的障碍和生命成长的“监狱”，而要想方设法，帮助孩子不断地“越狱”。

要做到这一点，教师就要有自己的教育个性，能够在教育自由与教育规范中沉静下来，明确教育自由与规范的边界，审视教育的得失，再造教育的立足点，以一颗踏实之心，摒弃浮躁，苦修内安之气，加强对自主自由和严谨规范的双重追求，寻求教育中的文化意义和文化中的教育功能。还要养成阅读的习惯，重塑自己的思想和精神宇宙，改变教学方式、生活方式和生命方式，以一颗平和朴实之心，突破教学的“运动场”，培养思考力，将教学变成富有内涵的文化。

其二，多方学习，在教学品位与教学成效中沉浸。教师成长，需要苦练内功。所谓内功，就是用“脑”去思考教育，用“心”去品味学生，用“情”去感化学生。用“脑”，即用思想、正确的教育理念指导自己的教育教学活动，教师要有“魂”，需要终身学习。用“心”，即心中有学生。教师要用心去倾听，这是前提；然后用心去观察学生，用心去理解学生，进行换位思考。用“情”，即用教师爱学生的一片真情，去调动、发掘和影响学生潜在的力量。用“情”时要注意两点：一是要“真”，二是要有“度”。只有真正做到“脑”“心”“情”并用，教师才能沉浸于教学之中，增添教学品位，提升教学实效。

要做到这一点，教师需要多方学习，特别是年轻教师，更要向同行学，从细处行，学设计，学管理；向学生学，觉察亮点和创意火花，做到教学相长；向书本学，构建知识体系，发挥主动性；向社会学，汲取社会大课堂中源源不断的素材和能量，为教学所用；向实践学，知行合一，提升素养。正所谓“操千曲而后晓声，观千剑而后识器”，通过多方学习，择高处立，向宽处行，持凌云志，怀谦卑心，培养正确的价值观念、成长型思维方式和恰到好处的行为方式，实现教学品位与教学成效的和谐发展。

其三，主动审视，在教学反思与教学美感中沉醉。任何教育方法都是个案，都不可复制。教师要提高自身的教学水平，需要在研究的状态下工作，主动审视，加强教学反思，力争成为教育领域的孤本，成为独特的、有思想、有情调的自己。教学反思有很多种，它可以是对他人教学实践的反思，也可以是对自身教学实践的反思；可以是个人反思，也可以是集体反思。但不管哪一种反思，都应该以具体的教学活动为基础，选好切入点，依据一定的理论（如教育学、心理学、社会学、美学等）进行分析阐释，对已有的教学实践加以激活、评判、再认识，才能发挥出对教学实践应有的提升作用。

要做到这一点，教师要善于学习先进的教育教学理论和专业理论，增强综合素养和关键技能；要善于对日常教育教学进行总结与反思，能够对过去的教学行为做出理性审视和评判，在看似无问题的地方发现问题，促进问题的解决和智慧的生成；要善于对学生的个性特征、人格差异作出合理的分析，认可不同层次的学生，走进他们独特的世界，营造成长的明媚之光；要善于从创造、从美学角度评价教学，注重教学的人性关怀和人文情怀，创造教师工作的愉悦感，增强教育科研的成就感，提升课堂教学的审美感。

3. 边界感：弃"他悟"以盈"自悟"

边界感，是指对界限的判定或重视程度。一个缺乏边界感的人，往往会将自己的意愿强加于人，或者将他人的需求和感受看得比自己的更重要，这就会导致一些不良行为的发生。具有健康的个人边界是对自己的行为和情绪负责，也是和谐人际交往所必需的条件。家庭成员之间、师生之间，都需要有边界感。

教师对学生要有边界感。教师只有学会谨言慎行、不抱怨、不逾矩、不盲信，才能掌控自己的一方教学天地，才能建立起充盈而笃定的内心世界，不畏任何教学偏见与诘难，不畏功利性的高压目标，勇敢去做不一样的自己。在教育教学实践中，与光明同行，从他人的觉悟中走出来，走向自我教育、自我觉醒的境地。

（1）沉淀，现场学习力下的自我觉醒。现场学习力，是教师最重要的学习能力。它是指教师通过自己每天的教学现场、同行教师的教育现场，或是学校教研组、备课组日常教研活动现场，以及各种培训、讲座现场来提升自己的专注力、捕捉力和转化力。教师要提高自己的现场学习力，以求自我觉醒，需要不断沉淀自我。具体可从以下三个方面来做。

其一，不动声色，增强专注力。专注力，是指一个人专心于某一事物或活动时的心理状态。它就如钉子，“钉”在当下所做的事情上，不受外界干扰，专心致志地去达成目标。专注力，因为不受外界干扰，它的增强往往是不动声色的。周国平说：“人生最好的境界是丰富的安静。安静，是因为摆脱了外界虚名浮利的诱惑；丰富，是因为拥有了内在精神世界的宝藏。”我想，教学亦是如此。教师只有真正摆脱外界的虚名浮利，才能去发现学生身上、教学之中的“宝藏”。当你真正想做一件事，你就去做、去努力，当一点一滴的量变积累到一定程度时，就会达到质的飞跃。

如何来增强专注力呢？一是参加培训，找到适合自己、有益教学的培训内容，如专业知识、生活知识、情绪管理等，加强学习，改变对专注力的认知，发展自我。二是设定一个积极目标，通过运用积极目标的力量，自觉提高自己的专注力。三是培养对专注力素质训练的兴趣和自信，教师在素质训练中，要善于排除外界干扰和内心干扰，能够正确处理学习与休息的关系，劳逸结合，同时，保持空间清静，遭遇难点不停留，始终保持良好的感知、记忆、思维等认识活动。四是回归自然、审视自我，教学要回归自然中的美和幸福，审视自己想要的教学模式，让自我更好地贴近自然，让心态安静下来，把思维沉浸下来，把心境开阔，清楚意识到自己的需求，专注做好教学，收获教学纯粹的美感、幸福感和满足感。

其二，保持敏感，提升捕捉力。捕捉力，是指一个人瞬间抓住某人、动物和信息的能力与状态。它就如钩子，通过敏锐的观察力，精准地钩住了所需要的内容。教学是一个动态的过程，因为不同教学内容，在不同学生群体的催化下，呈现出不一样的形态，不一样的感人瞬间，这就需要教师及时捕捉有益的生发点，生成不一样的精彩的灵动课堂。

那么，如何提升捕捉力呢？首先，教师要拥有敏感之心。教什么，教了什么，怎么教，都要做到心中有数。其次，教师要善于向学生学习。教师教学，容易受到经验和条条框框的限制。相反，学生因为经验不足，反而不容易受到束缚，更容易产生思维碰撞与创造的火花。最后，教师要培养积极的学科思维。“览群山阔视野，孕灼见育真知。”教师积极的心态、坚定的信念、持续的热情、开阔的眼光、成长型的思维，能够帮助教师提升捕捉力，捕获到有效信息，生成教学智慧。

其三，丰厚积累，促进转化力。课堂是教师教学和学生学习的场所，也是知识转化的场所。教师通过课堂教学将教材中的知识传递给学生，使学生能够掌握教材的知识。转化力是教师现场学习力中最关键的能力，也是教育者最基本的教育能力，它集中体现了教师学习的宗旨是为转化而学习。教师把听到的上出来，把上出来的说出来，把说出来的写出来，就是转化力的体现。教育的转化是指教师和学生间、学生和书本间、学生和学生间的生命能量转化。

促进转化力，实现教育的转化，需要从以下三个方面做起：一是正确处理好师生关系，将教师能力转化为学生能力。教师自己要不断积累，通过阅读积累、时间积累和写作积累，培养勇于自省的态度、敢于迎接挑战甚至创造挑战的精神，以及由此带来的丰富、丰沛、丰盈的精神储存和精神能量，尤其要增强教学现场的“学习自觉”，养成自我更新的意识、能力与习惯。二是正确处理好学生与书本的关系，将教材知识转化为学生知识，进而转化为学生文化。提醒学生正确处理自由和规则的关系，培养根植于内心的修养，学会选择，传递美好，自我完善。三是因材施教，调整教学进度、教学内容、教学方式和教学评价。教师要少一点评价，多一点引领；少一点外驱，多一点内驱；少一点模棱两可，多一点确定性思维，给学生更多自由发展的时间和空间，创设适宜的环境，激发他们内在的力量和知识的转化。

（2）守望，跨文化能力下的自我重生。跨文化能力在涉及范围上，包含很多方面的能力，如交流意愿、乐观开放的态度、倾听他人的能力、移情能力、学习能力、自我适应调整的能力和社会团队合作能力等。教师在教学过程中，与来自不同家庭、拥有不同个性的孩子交往与协作，需要具备多种类型的跨文化能力，才能守望相助、从容应对教育教学中随时可能发生的情境。因此，教师要注重不同文化背景下的学生群体的研究，注重不同个体对文化的归因，树立自我反思和重建自我宇宙的勇气，重视美的艺术对承载情感、表达情感与熏陶情感的作用，于断裂与弥合中实现自我重生。

一是抓“鼓点”，融入与再现，升华美的亲和力。这里的“鼓点”是指时代的节拍和最强音。将“鼓点”融入教学，并以灵活、恰当、美的形式再现出来，更能发挥“鼓点”的教育意义。比如，可以通过摄影师的眼光和视角，去看待新时代的“鼓点”。摄影师面对时代大发展、社会大变革、生活大改观的时代画卷、社会影像、生活瞬间，用小镜头展现大情怀，摒弃“小我、小圈子”，融入时代洪流，摄出精彩图片，融于课堂，学生首先被图片吸引，而后通过教师层层分析讲解，走进图片背后对生活的热爱与情怀中，升华美的亲和力。

因此，教师可以学一点美学知识，掌握一点摄影技巧。空闲之余，将平民故事中的传统文化元素，日常生活中的动人瞬间，教学过程中的精彩亮相，摄录下来，加强艺术的积累和沉淀。然后，在合适的教学内容、合适的教学时机下呈现于课堂上，这既是一种责任与担当，也是一份珍贵的记忆，为教学、为学生留下精彩瞬间、永恒画面和鲜明印记，体会鲜花和掌声背后的汗水与努力，为不断前行，以及“文”和“化”的融通、转化，打下温暖的精神基石。

二是聚“焦点”，冲突与整合，增强美的感染力。焦点，在物理学上指平行光线经透镜折射或曲面镜反射后的会聚点，在社会上比喻事情的关键所在或争论的集中点，现在多引申为人们对重大事件、国家政策、新闻事件以及人物等的关注集中点。学校离不开社会，学生也不可能脱离社会而独立存在。社会中的“焦点”时常通过大众媒体传播到学校，传递给学生，引发学生的争论与探讨。

如何整合“焦点”中不同元素，增强美的感染力？喜欢摄影的教师不妨这样做：树立换位意识，消弭“角色冲突”。教师要葆有对自然、对人物的敬畏与尊重，自觉放下“身段”，去掉“标签”，想一想“我是谁、我在哪里、我为谁创作”这些问题，拒绝走马观花、浮光掠影的记录，真正感受紧贴教学、伴随时代的长久心灵观照下的影响力量。还要从地域起飞，从身边着手，带着人性关怀，创新“事像构图”，拍出具有一定知识性、趣味性、时代性、冲突性的图片，引起学生探讨，然后在思想观点的深与浅、兴趣爱好的广与狭、审美能力的高与低，以及图片的虚实、主次、主体、氛围方面进行分析，以增强美的感染力和引导力，并经由图片传播美丽、传播文明、传播正能量，提升课堂教学的文化软实力。

（三）自我教育：情感于觉悟中实现美的超越

《义务教育思想品德课程标准》在“能力”方面提出了“学会调控自己的情绪，能够自我调适、自我控制”的内容，特别是在“认识自我”部分，对成长中的学生提出了生理、心理、情绪、调控、挫折、环境、评价、接纳以及自尊、自立、自强等方面的细化目标，加以引导。这一内容，与《中国教育现代化2035》提出的“更加注重终身学习”基本理念十分契合。这一理念启示我们在实际的教学工作中，要树立终身教育思想，帮助学生学会学习，更重要的是培养学生自主探索、自我更新的良好习惯，实现自我教育。

自我教育是一个过程，一个动态结构，通过自我认识、自我要求、自我践行、自我评价四个环节的相互作用，达到内化、提升的效果，最终形成自尊自信、自立自强的人格。其中，自我认识是基础，关系着一个人如何要求自己，如何推动行为以及如何评价自己；自我要求是标准，也是最薄弱的一环，往往当局者迷，旁观者清；自我践行是关键，需要自我监督、自我控制、自我调节来保证，否则，只能是海市蜃楼、昙花一现；自我评价是方向，影响着自我教育的深远效果。自我教育将课堂与生活、理想与现实有机结合，唤醒教育者与受教育者双方的自我教育意识，引领双方正确地认识自我，恰当要求自我，并将课堂所学知识回归生活、回归现实，加强实践、升华情感，实现美的超越。

自我教育意识的发展得益于自我意识的觉醒。叔本华认为，“每个人都发现自己是主体，不过，只有在从事认识活动的时候，他才真的是主体；如果成为知识的对象，就不是主体了”。而“美感快乐的来源多半在对被感知表象的了解中，有时又在那儿摆脱一切意志活动，因而也摆脱一切个体性以及由个体性而来的痛苦与纯粹认知主体的快乐和精神宁静之中”。这两句话反映了对自己身心活动的觉察，包含了对自己以及状态、思维、情感、意志、审美等方面的认识。伴随着自我意识的觉醒，个体的内在情感变得丰富复杂，自尊心得以强化，为实现期盼，他们开始在内心省察自己的思想和言行，当这种自我省察的能力达到一定程度时，自我教育意识便在自然而然中得到增强与内化，正所谓“择善而固执之”，一个富有内省力的学生，能选择外在真、善、美的行为与现象内化为自我成长的力量。

然而，在实际教学中，我们不难发现，缺乏自我教育的现象仍然普遍存在。教学缺乏明确目标，学生自主学习表现为动力不足、学习拖延、兴趣单一、情感淡薄、审美感悟与追求欠缺等多个方面。

如何改变这种状况，在自我教育的过程中升华情感，实现美的超越？我们不妨从自我教育能力的创优、自我教育氛围的创设以及自我教育载体的创新三个方面来做。

1. 创优自我教育能力

何谓自我教育能力？它是指个人自觉主动地理解、体验社会要求的思想道德规范，对生活中遭遇的事项进行取舍，内化为自身的价值观，并通过实践转化为比较稳定的自觉行为的能力。其实质是一种取舍能力，是认知、情感、意志和行为的综合系统，是一个人接受全部教育的关键所在。

如今，“互联网+”时代，各类热门事件频出，学生评论不一，折射出不同的价值观，影响着学生的发展。面对同一事件，有学生同情，也有学生愤慨；有学生感性，也有学生理性；有学生流于表面，也有学生深究内心；有学生停滞不前，也有学生收获良多。如此种种，在很大程度上反映了学生自我教育能力的差异。只有增进自我教育能力，方能抵住不良诱惑，明辨是非，走得更坚定、更高远。相反，如果缺乏这一能力，难免会在社会大潮下湿了手脚、迷了方向、走了弯路，甚至走向不归路。

如何来创优自我教育能力？需要教师在课堂教学中，以社会热门事件与人物为契机，结合学生的实际想法，以及教材适当的内容，创优学生的自我反省、自我激励、自我评价等能力，促进学生情感、态度、价值观的正确树立。

下面，我主要以初中道德与法治教学课例《在品味情感中成长》为抓手，就学生的自我反省、自我激励、自我评价能力的培养方面展开分析。

《在品味情感中成长》是部编版七年级下册的内容，它以“情感”为主线，在“体味美好情感”与“传递情感正能量”两方面展开了叙述。笔者在讲解本课内容时，主要以身边事件与人物为契机，结合学生的实际想法，在“品”“味”两个字上做文章。一是寻求“真”味，品出美好；二是访求“美”味，品出意义；三是探求“善”味，品出助力；四是追求“情”味，品出能量。以此，从真实的情境、审美的活动，以及负面感受背后的善念、情感交流的共鸣中，帮助学生获得生命成长的力量，创优学生的自我反省、自我激励、自我评价能力，促进学生情感、态度、价值观的正确树立。

（1）因小见大，在反省中实现自我成长。叔本华说：“反省思维是表现最原始的知觉世界的摹本或复制品，却也是一种内容完全不同的特殊摹本。”

在学生的实际生活与学习中，“大事”不多见，“小事”随处可见。而这里的“小”是指一些小习惯、微细节，“大”是指大作用、久功效。通过培养一些良好的小习惯，引发学生内心的思考；通过注重一些优雅的微细节，悟出内心的愿景。因此达到“见微知著”的功效。同时，通过对一些不良习惯和细节的解读，以“一叶知秋”之势发现问题，进而寻求解决问题之道。在道德与法治课堂教学中，教师可以坚持“一分钟尝试回忆”“两分钟自我小结”“三分钟热点展播”的方式，引导学生关注学习、关爱自身、关心社会，以长久的坚持引起学生的自我反省，实现自我的成长。因为，在“回忆”“小结”“展播”的过程中，难免会遇到困难或问题，而不断破局、克服困难、解决问题的过程，就是一个自我反省的过程，也是一个自我成长的过程。

如在“寻求‘真’味”环节，设置“一张小脸”情境。在人的成长过程中，童年始终是人之牵挂，也是美好所在。“一张小脸”，可以是教师或学生自己的童年照，也可以是祖辈、父辈的童年照，通过观察、询问、对比，体会拍摄场景，觉察照片细节，了解拍摄背后的感人故事，因小见大，从"一张小脸"开始，通过师生个人童年照与当下照片的对比，以及亲子两代或三代人童年照的对比，感受社会与家庭的美好变化，看见自己的成长，引发反省，实现二次成长。

（2）水清石见，在激励中促进自我发展。水至清，石可见。说的是先要搞清楚情况，然后才能明了事情的性质。而要搞清楚情况，就需要了解事情的前因后果、逻辑关系以及人物的性格特征，才能有的放矢，显现成效。事情的前因后果，实指事情的整个陈述，既包括背景、起因和结果，也包括走势与走向。逻辑关系通常反映了事情内外或内部之间的某种规律性联系。人物的性格特征，是一个人独特的、稳定的个性心理特征，分别体现在个体的态度、意志、理智和情绪四个方面。性格贯穿于人的全部行为中，标志着个人的品德与修养，以及人生观、价值观和世界观，在个体的自我发展中具有核心意义。

因此，教师在道德与法治课堂教学中，要善于讲清事情原委，明白事情发展过程，找到思维规律，依据不同学生的性格特征，采取多样化的激励方式。如对学生不良行为的"歪打正着"法，通过有意"歪曲"学生的行为，使其不良行为得到纠正；对信心不足学生的"自我吹捧"法，通过"附加作业"，使学生的一技之长得以展露，等到适当的时机在全班展示，强化弱势群体的自尊，增强他们的信心；对放松自我要求学生的"故弄玄虚"法，通过量身定做，设计实力相当的"隐形"对手，唤起其竞争意识；对有强烈自尊心学生的"声东击西"法，实施此法时，教师要有一颗爱心，维护学生的自尊心，于无形中指出不足，激励其向前走；对性格内向学生的"抬高身价"法，以微笑、眼神、姿态等无声的语言感染学生、关注学生，适当夸大其能力，激发他们的内心渴望；对屡教不改学生的"难得糊涂"法，这是对那些经常犯错学生采取的迂回策略，它能使教师避免难堪，确保教学任务的顺利完成，又能恰到好处地教育学生，收获意外的惊喜。如此，通过不同的激励方式，促进学生的发展。同时，教师在与学生的互动过程中，要善于发现自身存在的问题，以生为师、以学促教，实现自我发展。

如在“访求‘美’味”环节，设置“一份欢喜”情境。每个人都有自己的个性特长与兴趣爱好。“一份欢喜”源自内心的渴求，于个人学习、生活的不同侧面发挥着不同寻常的意义。它涉及学生对天文、科技、建筑、服饰、美食、自然、网络、流行语、思想、思维、志愿服务等众多层面的看法与思考。通过学生制作课件，直观地将自己的“欢喜”呈现在眼前；通过分享课件，丰富学生对生活、对人生的美好情感；通过点评课件，促进学生交流和精神、思维的发展。

（3）见仁见智，在评价中完成自我提升。“横看成岭侧成峰”，不同的角度，不同的风景。正所谓“仁者见仁，智者见智”，说的就是面对同一个问题，各有各的看法、各有各的方法。对于学生来说，学习诸事、生活杂事，忍不住要来上一段星星点评，说上几句网络评语，而这番“点评”与“评语”，真切地反映了学生的道德与素养。所以，教师可以利用一些多面性的事件或争议性的人物，或经典，或现实，在课堂教学中展开辩论，辨明真相；还可以结合教师自身、学生本人所遇之事，进行自我评价和相互评价，以人为镜，达到自我的正确认识，完成自我的提升。

如在“探求‘善’味”环节，设置“一种选择”情境。“一种选择”实质反映了道德两难问题。美国儿童发展心理学家科尔伯格提出了“道德发展阶段”理论，他认为学生道德发展的关键是道德判断能力的发展，具有冲突性的交往和生活情境最适合个体道德判断能力的发展。据此，为提高学生的道德判断能力，教师可以设置审美化的“道德两难问题”，具体可以这样做：一是借助“网络舆论”，优化价值观念；二是设置“两难问题”，开放结局想象；三是关注“现实存在"，进行角色辩论。在课堂教学中，教师要抓住主题、核心、重点以及薄弱环节，寻找教学突破口，探求"善"味，发挥家庭、学校、社会"三位一体"的合力育人力量，提升学生的道德判断能力。

再如，在"追求'情'味"环节中，设置"一段故事"情境。故事是指真实的或虚构的事情，因其富有吸引力和感染力，被经常用于课堂教学之中。为更好地引导学生，发挥其身临其境之效，当以真实故事为佳。一段故事，可以是一次旅行、一份回忆、一段经历，或者是一种成长，也可以是你的故事、他的故事，或者是我们的故事。设置"一段故事"情境时，教师首先要善于讲故事、乐于讲故事，要在说出故事的同时讲出评价、讲出哲理、讲出能量。然后带动学生愿讲故事、能讲故事、会讲故事，从故事中走进去、走出来，真正领会故事之中、之外的"情"味，产生共鸣，学会共情，传递美好的情感，传递生命的正能量，完成自我的提升。

2. 创设自我教育氛围

自我教育的氛围，犹如自我教育过程中的珍珠，明亮了学生的眼睛，点燃了学生的情绪。它的创设，不仅需要教师个人的兴趣特长、人格魅力和课堂的把控能力，也需要学生群体的主人意识、环境布置和整体的情绪导向，更需要教师摈弃功利心的干扰，设身处地为学生的自我发展着想。其中，教师的兴趣特长，丰富了教学的内容与形式；教师的人格魅力，提升了教学目标与品味；教师对课堂的把控能力，引领着教学方向与节奏。

（1）温润而泽，浓厚自我教育的人文氛围。教师温和的言语、柔顺的态度，滋润着学生的心田。"润物细无声"说的是教师对学生成长的滋养不仅在于知识的传授，更在于无言的熏陶。这种"熏陶"可以是当下的师生情绪，也可以是课堂的人文氛围。积极的师生情绪可以带来晴朗的心境，温馨的人文氛围可以唤起明媚的气息。

在《窗边的小豆豆》一书中，巴学园里的孩子们度过了人生最美好的时光，书中记载了巴学园与众不同的午餐。每到午餐开始的时候，校长就会问：“大家都带了‘海的味道’和‘山的味道’来了吗？”此外，巴学园还有着与众不同的教育方法，教师在每一天的第一节课时，就把当天要上的课和每一节课的学习重点都写在黑板上，于是，小朋友就从自己喜欢的那门课开始，慢慢地，老师就会知道每一个学生的兴趣所在。很显然，这种浓厚的人文氛围给孩子们留下了美好的深刻印象，促进了孩子们的自主学习。

在课堂教学中，人文氛围主要体现在教学环境的人文布置、教学媒体的人文选择、教学过程的人文设计以及教学环节的人文关怀等方面。据此，教师可以依托个人特长，以书为本，以校为园，将晴朗天空下的学生活动、雨后校园内的花草丽影，装点教学环境，引领学生发现美、体验美；可以借助网络力量，在感人事件、热点新闻发生时，及时进行影像记录和积累，恰当选择，适时展现，引发学生深层次的思考；可以依据学生心理，在教学过程中，教师通过身边事例、地方特色的人文呈现，设置灵活的自我教育情境，通过角色互动、思想交流、个性展示以及自主探究等形式，激发学生情感，促其感思、导其践行；可以在教学的不同环节，于细微处见真情，寓人文关怀于点滴之中，营造温暖的自我教育氛围，如黑板上每日“幸福一言”，练习上的“星星点评”等，在无声中丰富自我教育的人文氛围，润泽学生的内心。

（2）自成一格，清新自我教育的认知氛围。“清水出芙蓉，天然去雕饰。”质朴明媚的自我教育，要如出水的芙蓉般清新自然，须剔除一些虚空的技巧、无谓的修饰，形成自己独特的风格。

要做到这一点，首先，要认识到认知氛围的重要性。认知氛围是人们认识过程中信息加工的思维习惯所带来的独特气氛。不同的人，在接受、加工信息时，有不同的判断、归纳、推理习惯，即思维习惯，有些是积极、正面的，有些是消极、负面的，而由此带来的认知氛围也是不同的。克服认知的局限性，避免人云亦云的状况发生，是我们道德与法治教师要做的，也是能做到的。其次，要注重学生思辨能力的提升。只有抓住思维点，多角度训练，才能使学生感受到思维的广阔性和严谨性，体会到由此带来的认知氛围。再次，要明晰自己的内在需求。《老人与海》的历程，《假如给我三天光明》的愿景，《摩西奶奶》的故事，说的虽是别人的事，清新的是我们的需求、我们的认知。

在实际教学中，教师要注重学生的认知培养与认知发展。如从单元教学发展到单元类结构教学，凸显类的意识，强化结构和育人价值。在学生犯错时，别急着批评，多问问学生：“发生什么事情了？”“你想要怎样？”“你觉得有些什么办法？”“这些方法的后果会怎样？”“你决定怎么做？”“你希望我做什么？”引起学生思考，促进学生认知。在学习新知识时，注重迁移的正向发展，善于把各自独立的教学内容整合起来，强调简单知识技能与复杂知识技能、新旧知识技能之间的联系，注重问题的有效解决。

（3）雅人清致，温馨自我教育的群体氛围。雅人清致，本是形容个人有着不俗的言谈举止。对于学生群体来说，因年龄相仿、环境相似，其一言一行，容易受到环境和群体氛围的影响。因此，群体成员的言谈举止雅不雅、清不清，对学生个人的成长至关重要。我们不难发现，在一个班级、一个群体内，关注点往往较为一致，说话风格也较为接近，当这种“关注点”和“说话风格”渐渐成为一个班级或群体的舆论主导时，就会散发出不容忽视的能量，影响学生的成长。

因此，在道德与法治课堂教学中，教师可以根据教材知识，根据学生的关注点及说话风格，精心制作一些小短片、小课件，适时播放，正面激励，反面引导，营造积极、向上、清雅的群体氛围；可以组织学生进行道德与法治方面的相关调查，如“我的自由观”“平等你我他”“网络新词的影响力”等。教师还可以旁观式的态度，冷静待之，从容悠闲地发表看法，吸引群体眼球；或者保持置身式的态度，置身于自己关注的群体之间，和他们一起思考、一起体验，彼此联结，相互启慧。同时，通过分享调查结果，引发学生对当下学习与生活的思考，帮助学生发现丢失的美好，学会珍惜，完成对自我的教育。

3. 创新自我教育载体

自我教育的载体，比较宽泛，因人而异。有教师信奉传统的“一书一纸一笔”，认为它们实在、有效、久远；有教师笃定新的才是好的，时不时用手机拍个图片或录个语音，在QQ群、微信群递个消息、传个作业，认为这样快捷、高效、刺激。但是，传统的局限性和创新的刺激性，都有一定的负面影响。唯有将传统的文化载体与新颖的时尚手段巧妙结合，避免不良因素，方能在自我教育课堂中真正发挥其独特的作用。

改变教育必先改变自我。当我们赋予教育以纯粹、学校以宁静、孩子以陪伴、心灵以自由时，教育就变得简单而深邃，教育的一切在静悄悄地发展着、成长着。相反，当我们赋予教育以功利、学校以喧嚣、成长以“速成”时，教育就变得混浊而浅薄，所有的改变、所有的成功也就注定是一种失败。自我教育载体的创新，应重在纯粹与宁静，重在陪伴与成长，要载出知识、情感、思想和精神，载出思维、审美、语言和价值等多个视角。

（1）和风细雨，融和自我教育的心理载体。和煦的风，细小的雨，在这里说的是一种温和有爱的教育方式，也是一种心理载体。这种心理载体来自内心深处，往往是无形的，却是有力的，它可以软化学生的“盔甲”、融化学生的情感，给学生的心理带去温暖和爱的共情。爱的共情是指教学遭遇困难时，对方的情绪变化和想法立场。这种共情能力不是单方面的，而是双方面的。

罗杰斯论学习原则认为，人生来就对世界充满好奇心，但这种好奇心往往因他们在学校教育中的经验而变得迟钝了。在罗杰斯看来，学习者总是怀着一种心理矛盾渴望发展和学习。当学生觉察到学习内容与他自己的目的有关时，意义学习便发生了。这种目的反映了学生的心理需求。当外部威胁降到最低限度时，就比较容易觉察和同化那些威胁到自我的学习内容。比如，阅读迟钝的儿童始终会由于自己这方面的缺陷而感到不适应或受到威胁。当他不得不面对全班同学大声朗读时，或者当他因朗读而受到嘲笑时，再或者当他的成绩反映了这种失败时，那么，他在以后几年的学校学习中，阅读能力肯定不会有长足的进步。但是，如果在一种相互理解和相互支持的环境里，在没有等级评分和鼓励自我评价的环境里，就可以消除上述这些外部威胁，同时也不会出现因恐惧引起的心理崩溃，从而使阅读取得进步。

所以，只有师生双方彼此尊重、彼此理解，才能在教学中改变对自己看法，优化自我结构，实现自我成长，促进人性向善。就如泰戈尔所说："教育的目的应当是向人传递生命的气息。"传递生命的气息，唤起的正是人的善良、尊重和理解。和风细雨的教育方式，正是想做到这一点。在课堂教学中，教师要引导学生自己选择学习方向、参与发现自己的学习资源、阐述自己的问题、决定自己的行动路线、承担自己选择的后果；引导学生全身心地投入学习，尝试发现自己得出的新观念、自己学习难度较高的新技能，或从事艺术创作活动；引导学生学会自我批判和自我评价，学会独立自主和自我判断。

（2）天朗气清，净化自我教育的网络载体。天明朗，气清和。良莠不齐的网络信息，既可以优化我们的头脑，坚定我们的心志，也可能污染我们的眼睛，摧垮我们的意志。净化网络载体，选择明朗、清和的网络信息，有利于培养学生明辨是非的能力，发挥网络载体的时尚性和独创性。时尚性的网络手段，可以充分利用信息化时代带来的便捷，克服传统、单一教学手段的不足，与大量的教育名家、教学新闻、教育话题、教学案例等无缝对接，给沉闷的课堂带来鲜味和活力。独创性的网络手段，应甄别良莠，避免碎片化的教育教学方法，化碎片为一个整体、一个专题，或一个系列，以生动形象的方式，将生活中的真善美呈现于课堂上。同时，可以将课堂所学来指导自己的生活，从而激发学生更大范围的自我教育与成长。

（3）力学笃行，提点自我教育的实践载体。力学笃行，强调的是客体与主体、学习与实践的融合，应做到学行并重、协同提升。只有立足于“学”，把“学”和“行”统一起来，才能依“学”而“行”，促使人性向真。只有向真，才能真正发挥“学”的力量，推动“行”的步伐。在课堂教学中，教师可以利用周边的社会、校园、家庭中的资源，抓住有利资源，身先士卒，鼓励学生学以致用，利用节假日、寒暑假时间，积极投身实践之中。同时，可以针对“行”中出现的问题，进行有效研究，并结合学生生活中的美好瞬间与不良倾向，激发“学”的正能量，再增“行”的力度，以点带面，促进师生的自我成长。

自我教育，其根本是为了实践“教是为了不教”的理念，学会终身学习。针对教育教学中的现象，我们必须坚持以日常生活为原点，时刻保持一种对生活的好奇，通过探究、体验，领悟日常生活中的教育意蕴。既要关注课堂的显性情况，更要关注其隐性方面；既要关注课堂内的情况，更要关注课堂之外学生的生活世界；既要关注教之“学”，更要关注教之“育”；既要关注教师工作的技术层面，更要关注教师的实践智慧，也就是教师的教育机智；既要关注现象哲学的理论，更要关注现象学方法在教育中的实践。从而彰显教育中的人文关怀，恢复和增强对生活的敏感性，对生活现象保持关注，形成反思力，让成年人生成一种特有的教育机智。

在罗杰斯看来，促进学习的最有效的方式之一是让学生直接体验到面临实际问题、社会问题、伦理和哲学问题、个人问题和研究的问题等。这可以通过设计各种场景，让学生扮演各种角色，以便让学生对各种角色有切身的体会；也可以通过安排一些短期的实践活动，让他们到生活中去，直接面临教师、医生、农民和咨询人员所面临的问题，做到知行合一。

知行合一，就是要坚持以“知行合一”教学理念为指导，运用“以知导行”“知行并进”的教学组织方式，以达到“知而必行”的教学实践效果。在“知行合一”的教学中，知行合一既是教学方式，强调教学要引导学生在知中行、在行中知，将二者有机融合起来；又是教学目标，强调教学不仅要让学生形成一定的道德认知，还要转化成相应的道德行为。在教学过程中，教师要做到四步：第一步，明确任务。教师在备课时要根据教学内容，设计学生开展实践活动的主题，向学生解释主题，布置学生开展实践活动的任务，而学生则以小组为单位，讨论任务分工，明确如何开展实践活动。第二步，实践体验。学生根据任务分工，采取不同的实践活动，教师则做好对学生活动的指导和管理工作。在这一过程中，引导学生收集、保存好过程性资料和记录好实践活动体验是提高教学实效性的关键。第三步，班级研讨。各小组在汇总、筛选、整合信息的基础上，通过一定的方式在班级中展示学习成果。在学生展示的过程中，教师根据教学内容学习的需要，适时提出问题供学生讨论，以实现学生实践体验与教材知识的有机融合。第四步，反思提升。在教师的引导下，学生以小组为单位交流学习心得，既可以交流对知识的认识，也可以交流自己在行为上需要改进的地方。在最后的总结提升环节，教师要在知识学习和实践方法方面对学生进行指导，尤其是在价值观方面要做出正确的引领。在教学过程中，为提高实践体验活动的效果，教师需要注意课内学习与课外学习有机融合，注意长时间实践活动与短时间实践活动相结合，注意学科活动与学校其他德育活动相结合，注意学科教师与家长、社会人士之间形成教育合力。

美育心理小课堂

“审美逻辑”包括审美外在逻辑和内在心理逻辑两方面，也就是审美对象所具有的外在形式美的张力倾向性，以及主体审美心理发生、发展的规律和审美对象的特征与主体审美心理活动的关系。

第七章　“三情三美”教学的审美化设计

内容摘要

教学审美化，就是让教学有美的韵味，以美启真，以美储善。在教学过程中，教师按美与审美的规律来设计和实施教学活动，实现教学活动向审美活动的转化和融合，从而促进师生身心愉悦且健康发展，使教学达到“立美于教”和“施教于美”的和谐统一。实现教学审美化需要教师充分了解学生的审美心理发展水平，保持教育的敏感性和机智；需要教学活动注意引导学生进入审美心理状态，“看到”孩子的期待；需要教学输入审美信息和审美化的教学信息，回到对人生命、情感的观照。通过富有自然美、社会美和艺术美的审美教学活动，来培养学生发现美、陶冶美、追求美的意识和能力，促进师生发展。教师在设计审美化教学时要遵循一定的原则，主要应从审美性、情感性、过程性、活动性、阶段性和创造性六个方面来进行考量，注意审美的艺术化、形象化、协调化，关注情感的审美化、双重化和功能化，重视审美个体与群体、审美感性与理性、学生审美素质与其他素质的和谐发展，讲究活动的方式美、自由美、主题美，强调学生个性特征、年龄阶段和审美群体的差异性，引导学生积极主动、富有想象力地感知、理解美，并通过自己的实践、体验与分享去创造美的成果。同时，教学审美化设计时要根据课程标准的要求和教学对象的特点，将教学诸要素合理安排，从教学目标、教学内容、教学方法、教学评价、教学过程方面入手，确定合适的教学方案的设想和计划，对各教学要素进行审美转化，制订审美化教学目标，确定达到审美化目标的教学策略，设计审美化的教学结构，适时进行审美化教学评价与反馈，以检查预期目标的达成与否。

一、教学审美化的内涵

前面三章，分别就“三情三美”教学中情境的创设、情趣的激发、情感的升华做了较为详尽的阐述。本章主要就教学的审美化设计进行论述。教学审美化，就是让教学有美的韵味。当然，要使教学有美的韵味，做起来并不简单，因为这其中涉及很多美学理论、知识、内容和技能。如情绪美学、实践美学、时间美学、生活美学、哲学美学、实用美学、科学美学，等等，也包括美的感知、美的判断、美的思维、美的对象，并且，美可与真、善联系在一起，因为它们本身就不可分。

李泽厚在《美学四讲》中，以一张表格说明了哲学包含真善美的内容，具体见表7–1。

表7–1 《美学四讲》哲学的真善美

真	善	美
知识	意志	情感
工艺技术、自然科学、社会科学	行为、制度、道德、人文学科	各类艺术
认识论	伦理学	美学
描述语言，事实世界	指令语言，价值世界	感觉语言，心理世界

朱光潜说：“美是客观方面某些事物、性质和形态适合主观方面的意识形态，可以交融在一起而成为一个完整形象的那种特质。”就是说人的主观情感、意识与对象结合起来，达到主客观在“意识形

态"上的交融，才能真正产生美。同时，以美启真，以美储善。"以美启真"，即在审美双螺旋结构中由自由想象的审美感受导致科技认识的发现和发明。"以美储善"是由审美感受导致情本体和物自体的信仰与追求。情本体是指人的道德和本能在生命中的多种多样不同比例的配置和组合，它不会建构为某种固定的框架、体系或超越的本体。情本体强调通过审美活动来塑造新的人性，在个体、感性的形式中实现理性的、社会的飞跃。物自体，一般是指事物自身。

在实际教学中，我们时常可以看到或亲身感受到这样的现象：今天是一个阳光灿烂的日子，教师心情不错，带着一大堆批改好的作业本，面带微笑轻快地走进教室，满意地注视着班上的每一个学生，希望自己的情绪能感染大家。事实上也确实如此，这节课学生们表现得十分踊跃，教师得到了积极的回应。但有些时候，情况正好相反。如果今天教师的心情不好，这份心情可能来自自身的身心状态，也可能来自学生的学习状况，当教师踏入教室的时候，教室里的所有情况也让人感觉不对劲，也许前一节课的影响还未散去，学生情绪低落、教师心情烦躁，课堂就像生了病一样的缺乏生气。可见，教学情绪的美与不美，导致了教学的不同效果。此外，教学语言、教学结构、教学方法、教学内容等方面的审美与否，都能影响教学的质量与内涵。课堂教学的审美化能提升教学的品位。

（一）教学审美化的含义

教学审美化，是指在教学过程中，按美与审美的规律来设计和实施教学活动，实现教学活动向审美活动的转化和融合，从而促进师生身心愉悦且健康发展。教学审美化要求教学活动既要深入挖掘和科学揭示教学内容本身所蕴含的美，使学生感受、体验到教学内容的美，又要充分运用教学艺术形式的外在美来改造教学，采用具有审美属性的教学手段，科学设计艺术化的教学形式来组织教学过程，充分激发和调动学生学习的积极情感体验，使学生在“美”和“艺术”的形式中有效地接受“教”的影响，使教学达到“立美于教”和“施教于美”的和谐统一。其中，“立美于教”是目的，“施教于美”是过程。“施教于美”的教学过程是施教者依据教学目标，按照美的规律进行教学，使受教育者得以全面发展的教学过程。这一过程不仅指单项的教学过程，如融德育为心灵之美，融智育为灵秀之美，融体育为健壮之美，融劳动为创造之美，亦指由德、智、体、美、劳诸育相互渗透和交融所呈现出来的完美、统一的教育过程。

教学审美化主要包括三个方面的转化：一是将教学要素转化为具有审美品质或审美价值的审美对象。教学要素包括受教者（学生）、施教者（教师）、教学目的、教学内容 、教学方法、教学环境、教学设备，这些要素之间存在着相互制约的关系，影响着教学的效果。如教学目的是教学活动的出发点，也是教学活动的落脚点，影响着教学内容的选择和编排；施教者和受教者是教学活动的基础，在一定程度上决定了教学方法、教学环境的选择和利用。教学活动是教师通过各门学科知识和技能的传授引导学生获得各种学习经验和促进其发展的过程。在引导学生获得经验和促进发展的过程中，包括了教学目标、教学内容、教学行为、教学评价的审美转化，而至关重要的是教学内容的审美化。二是将教学过程转化为师生共同进行的审美活动，即审美感知、审美表达与审美创造活动。对教师来说，教学过程是对教学内容逻辑美、艺术美的审美表达，是对学生学习的评价、赞美与欣赏，是按照理想目标对学生进行刻画与塑造的审美创造活动与过程。于学生而言，是对教学内容美、结构美，以及教师教学行为美、情感美的欣赏，是在学习活动中充分展现个性、发表独到见解和做出成绩的审美创造活动与过程。三是将纯粹的教学关系转化为师生共同欣赏的审美关系。审美化教学需要一种与审美活动相适应的独特的教学关系，就是将原本生硬、呆板、紧张的教学关系转化为师生共同欣赏、共同成长的审美关系。教学活动一旦实现了这三个方面的审美转化，就意味着实现了审美化，意味着教学达到了外在形式美和内在逻辑美的高度统一。外在形式美，是指教学因素及教学过程直观部分在内在逻辑控制范围内尽可能地舒展和多样化，做到形、声、色兼具，充分显示出形象、生动、丰富的美学特质。内在逻辑美，是指教学因素及其相互关系以及教学过程内在关系的清晰化，排列有序、层次分明、环环相扣，充分显示出简洁、缜密、雅致的美学特质。

（二）教学审美化的条件

在充分了解和理解教学审美化含义的基础上，我们需要进一步清楚，实现教学审美化所需要的条件。

1. 教师要充分了解学生审美心理的发展水平，保持教育的敏感性和机智

审美心理是指人对客观对象的美的主观反映，包括人的审美感知、情感、想象、理解、判断等。它是指人在审美实践中面对审美对象，以审美态度感知对象，从而在审美体验中获得情感愉悦和精神快乐的自由心情。不同年龄阶段的学生，以及接受教学影响和已有的知识经验不同的相同年龄阶段的学生，审美心理发展水平和特点是不同的。这是进行教学审美化的前提。就像中小学生可能喜欢教师工整板书的整洁美，而大学生则更欣赏教师潇洒板书的动态美。

因此，教师要充分了解学生审美心理的发展水平和特点，还要了解孩子充满可能性的世界，尽自己最大的努力去了解学生的生活情景，以及对生活的体验。我们不能仅仅期待学生去发现生活，也要允许

他们去行动、去实践、去创造生活，使学生在他们的生活探索中，向我们展现出生活中的美好愿景和多姿多彩的可能性。同时，教师要保持教育的敏感性和机智，面对不同个性、不同特长的学生，要善于激发学生的审美心理，善于敏锐捕捉学生的情绪变化，满怀热情地肯定他们的积极表现，将一些常规练习的内容融进美的思维结构之中，变单纯的练习为愉悦身心的实践体验，这有助于振奋情绪、滋养身心。

2. 教学活动要注意引导学生进入审美心理状态，“看到”孩子的期待

心理状态，尤其是注意状态，是学生认知过程的积极准备状态。审美心理状态，是在审美需要和愿望的基础上产生的一种积极的心理准备状态，其审美需要和愿望本身就是个体产生审美实践活动的内在动力，更是激发其认知活动的加速器和助推剂。

因此，教师要注意引导学生进入审美心理状态，要“看到”每个孩子的内在期待。被“看到”是每个孩子的诉求和渴望。我们试想一下，当我们以双手或笑脸回应孩子的时候，师生将共同创造和分享着这段美妙的时空。一个优秀的教师知道该怎么去“看”孩子，会注意到孩子害羞的表情，注意到孩子情绪的流露，注意到孩子期待的心情，注意到“问题孩子”身上一些令人烦扰行为背后对美的心理需求和希冀。做到这一点，教师不仅需要用眼睛看，更要用全部身心去“看”，用恰当的肢体语言，使学生体会到被老师“看到”的喜悦感觉。

3. 教学要输入审美信息和审美化教学信息，回到对人生命、情感的观照

审美信息和审美化的教学信息是教学审美化的基础和前提，是产

生审美心理的具体刺激物。审美信息是指审美对象中包含的数据、指令、内在情感等。教学中输入审美信息和审美化的教学信息，能使教学产生美感，使学生产生审美体验。如教师可以采用不同的教学手段，充分调动学生的情感，增强语言的艺术美、板书的流畅美、教态的优雅美，挖掘学科的内在美、知识的结构美、思维的逻辑美，发挥语音语调的节奏韵律之美、语言文字的意境之美，以及教学媒体的直观美、教学目标的和谐美、教学内容的形象美等。要做到这一点，除了教师自身的努力，也离不开学校对审美化教学的支持。

因此，学校要整体一盘棋，既要有整体水平较高的教师队伍，也要有较高组织能力和审美修养的学校领导，对教育事业有深刻的理解，对人性有真切的认知。教师本人要善于观照人的生命与情感，既包括对自身的观照，也包括对学生的细微观照。由于情感的传递性、感染性，以及有信号放大、强化作用等特征，在一个班级、一所学校，或一个特定的空间里，它所形成的特殊情绪氛围会笼罩、裹挟身处其中的个体，使人产生正面或负面的情绪体验，直接影响人的学习动机、态度、自我评价、价值观和精神状态等。因而，教师要注重教学情感的激发与升华，在升华情感中创造美，实现教学的审美化。中国情感教育研究开拓者朱小蔓认为，情感教育是指在学校教育、教学中关注学生的情绪、情感状态，对那些关涉学生身体、智力、道德、审美、精神成长的情绪与情感品质予以正向的引导和培育。优质的情感是孕育人性真善美的种子。教师对所教学科的挚爱，甚至痴迷、执着的情感，以及情感观察能力与敏感性、情感理解与表达能力，都会对教学审美化的实现产生促进作用。教师要善于发现与捕捉，主动建构学科知识中蕴含的具有情感教育价值的内容，结合学科史实与典型人物进行拓展，然后艺术地呈现出来。

（三）教学审美化的作用

教学审美化是教学的一种理想境界，是教师在教学过程中，依据人的审美心理规律，运用人的审美经验，通过自然美、社会美和艺术美的审美活动，来培养学生发现美、陶冶美、追求美的意识和能力，这对师生个体的发展都具有巨大的促进作用。

1. 丰富的审美元素使学生感受美、体验美、创造美，提高其审美能力

在教学审美化的过程中，存在着教师和学生两个审美主体。教师的主要任务是揭示教学内容的美育因子，运用审美化的教学方法，设计审美化的教学结构，组织和谐温馨的课堂秩序和氛围，展现自身情绪、语言、姿态、表情等审美形象，调动积极的教学情感来实施教学，按照美的规律把教师形象所体现的美、教学内容所蕴含的美、教学手段所表现的美、教学思维所包含的美等审美信息传递给学生。学生的主要任务是感受、理解、接受和运用教师所创造和体现的审美内容和审美形式。学生只有在教学审美活动中，其审美心理素质才能得到发展。

通过审美化教学，培养学生的审美感知，为鉴赏美和创造美奠定基础。审美感知是人对于能够引起心理愉悦的事物形象的反应。如对事物的形状、色彩、空间、质感、强度等要素组成的整体性的感知。审美感知是审美过程和审美能力提升的起点，也是鉴赏美、陶冶美、追求美、创造美的基础。在审美感知中，审美主体辨别事物的美丑，产生愉悦或是厌恶的情绪体验，形成自己的审美感受和审美判断。审美感知与人的审美经验以及由此产生的审美情趣、审美态度相联系，它不只是对美的外在形态的感知，还将激起审美活动的旨趣和好恶情

感，而情感是感知美、理解美的关键要素。

通过审美化教学，创设审美鉴赏活动，发展学生的审美判断力。学生在审美感知的基础上产生的审美兴趣和情绪体验，就是对审美对象形象性、情感性的鉴别和评价，也就是做出了审美判断。例如，有的孩子喜欢画猫，有的喜欢画马、兔子，有的喜欢画花、草、树木，这些就是欣赏动植物的美，不仅欣赏它们的外在的形态美，而且把握它们内在的品格美。审美判断不是对审美对象美不美的简单感知，而是对审美对象的评价与分析，要揭示美在哪里？为什么美？美的价值何在？所以，教师在教学中，要引导学生深入思考，进行鉴别和评析，掌握美的本质与特点。同时，要对学生进行情感激励和理性思维的培养，以此不断促进学生的审美能力。

通过审美化教学，开展审美创造活动，增强学生创造美的能力。创造性是审美的特性，也是一个人审美能力的最高境界。在审美化的教学过程中，学生通过美的赏析和评价活动，可以使自己的想象力和创造力得到充分的发展。例如，地理知识告诉学生，黄河发源于青藏高原巴颜喀拉山北麓海拔4500米的约古宗列盆地，而李白描写的不一样，“黄河之水天上来”，王之涣“黄河远上白云间”，要能欣赏和理解这两句名诗的意境，不仅要具备一些文学、美学及文化方面的知识，还要有很高的想象力和鉴赏力。学生正是在这样艺术美的鉴赏活动中，发展着自己的想象力和创造力。

2. 富有美感的教学元素能有效地调动教与学的潜能，提高教学效率

教学审美化通过富有美感的教学形式、教学手段，挖掘、揭示教材美的内涵，科学组织教学内容、教学结构，使其以富有逻辑、美的形式展示。这种具有美感的教学元素符合学生的心理期待，容易被学

生接受，更能激发、调动学生学习的主动性、积极性，激发学生的学习潜能，让学生成为学习的主人，让学习真实发生，从而提高学习的效率。同时，审美化教学从每个孩子的健康成长和发展出发，遵循教育教学规律，在认同教育共性的基础上，尊重学生个体，突出了“以人的发展为本”的理念，亲善友好的师生关系，注重媒介的运用、课堂的审美设计，以及课堂节奏的把控，是适合学生的教学，能激发教师积极的教学情绪和学生积极的学习情绪，充分发挥情绪的带动作用，变“苦学”为“乐学”，从而提高教学效率。

3. 具有审美价值的材料能有助于学生集中注意力和陶冶情感

教学审美化强调为教学活动提供具有审美价值的材料，这种材料不仅能够高度集中学生的注意力，而且能激发其积极的情感体验，比如，产生乐观的情绪、良好的心境、饱满的热情等，还能够增强思维的灵活性与敏捷性。审美化的教学材料易于引起大脑的深加工，激励学生积极思考、大胆探索，从而提高思维的效率。

审美化教学没有直接明显的功利目的，它不是为了训练人的某种技能，而是为了提高人的综合素质，使人的身心得到全面健康的发展。比如，在学校教育中，有的课程（比如书法课）表面看来似乎是美育、是艺术，但一旦它只是为了追求某个明确划一、时间一定的课程目标，而忽视学生的喜欢，那它就成了一种技能训练（有时也是必要的），不能算是审美化的教学。而如果能充分调动学生对书法的喜爱，使学生自觉地进行学习，并逐渐形成自己独特的书法创作个性，那便是真正意义上的审美教学。

4. 积极的审美评价有利于减轻师生的心理压力，促进他们心理的健康发展

审美评价，是指在审美活动中，审美主体以其独特的审美价值观，对审美对象的属性作出价值判断的过程，是审美主体从自己的审美经验、审美情感和审美需要出发，去把握审美对象，并对其作出评定的综合思维过程，是一种极为丰富而复杂的心理活动过程。审美评价具有主观性，它主要取决于审美主体的审美修养、思想水平和个人的生活情感好恶等。不同的人面对相同的审美对象，审美评价是不同的。即使是同一个人，面对相同的审美对象，在不同时期，也会随着身心状态的不同而产生不一样的审美评价。然而，在审美过程中，社会自觉或者不自觉地遵循着一个共同的以客观社会实践为前提的审美标准，因此，审美评价的真实与否、深刻与否、积极与否是有一个客观的标准的。

审美化教学强调鼓励、肯定等积极的审美评价。积极的审美评价有利于激发师生的积极情绪，能使教师产生轻松、自在、和谐的教学心理体验，能使学生产生自由、愉悦、积极的学习心理体验，从而减轻教师教学的心理压力和学生学习的心理压力，有效地促进师生心理的健康发展。

二、教学审美化设计的原则

教学审美化，要求教师按照美与审美的规律来设计和实施教学活动，来实现教学活动向审美活动的转化和融合，既要深入挖掘和科学揭示教学内容本身所蕴含的美，又要充分运用教学艺术形式的外在美

来改造教学，科学设计审美化的教学形式来组织教学的过程。要达到这一要求，需要教师在设计审美化教学时遵循一定的原则，主要从审美性、情感性、过程性、活动性、阶段性和创造性六个方面来进行考量。

（一）审美性原则

审美性原则是指教学要按美的规律进行，通过审美化的方法和技术，科学组织教学过程，使教学过程具有审美特征，达到艺术化、形象化、协调化的境界，从而实现教学审美化，产生教学审美心理效应。其基本内容主要包括按美的规律设计教学环境、呈现教学内容、展开教学过程、进行教学评价，以实现教学的审美发展目标。

1. 教学的艺术化

教学的艺术化是指通过艺术化的手段和方法，把一般的教学信息传递过程变成审美欣赏过程，激发师生积极的情感体验，产生情感共鸣，从而使单纯的教学活动转变为审美欣赏、审美表现和审美创造的活动。艺术手法可以使教学表达自由流畅、清晰准确，加强教学效果；可以美化教学环境，优化教学过程，提高教学吸引力和感染力；可以改善教学氛围，调动学生积极学习、热爱学习的情感。

教学艺术化使教学过程不再是纯粹的知识传递和获得的过程，而成为一种具有审美性的教育活动。教学成为师生双方主动投入又被深深吸引的联合活动，成为双方心灵共同创造的作品，成为双方本质力量的外化和现实化。它可以升华文学艺术中的理性，又可以活化理论中的感情，实现文理交融，使教学的每个环节都充满着审美的魅力。

教学艺术化使教学活动集科学性和艺术性于一体。既要遵循科学性原则，体现教与学的基本规律，追求教学的真；又要体现美的原则，深刻揭示教学内容所蕴含的美，并艺术化地表现教学内容，使教学具有美的特征，实现"真"与"美"的有机结合，并按美的规律育人，以达到善的境界。

2. 教学的形象化

教学的形象化是指运用现实的或艺术的美的形象，使学生直接感知到美的清秀、艳丽、和谐、匀称、奇特、雄伟等形式，受到美的熏陶，养成高尚的情操。教学形象化是由美的特点与规律所决定的。学生欣赏艺术，必须直接感知和鉴别艺术中的美丑形象，才能形成高尚的审美观念。这是审美化教学的基本要求。

教学形象化需要注意以下三点：一是要根据审美化教学的任务和特点选择美的形象。美有时代性、民族性、阶级性的特点，所以选择美的形象时，需要掌握美的特点和艺术评价标准，坚持艺术性和思想性的统一。二是要引导学生掌握美的规则和美的显现方式。美的规则有对称、平衡、对照、映衬、和谐、完整、部分与统一，美的显现方式有直接显现、间接显现、象征显现和模拟显现四种。如通过人的形体、仪表、言谈举止、音容笑貌，可以直接显现人的理想抱负和人格品行；通过广阔的田野、成片的树林、错落的楼宇、现代化的城市，可以间接地显现劳动创造的力量；通过颂扬松、柏、梅、兰的诗文，可以象征性地显现中华民族高风亮节的气概；通过艺术作品中绘画、雕塑的英雄模范，可以模拟显现其光辉的形象和榜样。三是要教育学生善于体会美的意蕴，发现审美价值。美的意蕴包含了思想情感和品格，如品味竹的坚韧、梅的耐寒、菊的淡雅、荷的高洁等，要让学生学会在欣赏艺术作品的过程中发掘其内在的思想意蕴。

教学形象化还要注意教学的趣味性。有趣味性的教学能够激起学生内在的学习兴趣，让学生带着兴趣走进课堂，并且在学习的过程中进一步地发展自己的兴趣品质。而这些兴趣品质如果能与教学任务、个体发展和社会进步相联系的话，就更能发挥其积极作用，收到良好的教学效果。

3. 教学的协调化

教学的协调化是指教学要协调审美化教学各种要素之间的关系，形成推动力，有效推进审美化教学的交互与合作，以促进各种条件与要素充分、全面地参与，从而最大限度地实现和激发学生个性潜能与审美兴趣。

从审美主体来看，教学协调化要做到两个方面：一是学生个体与群体关系的协调。学生个体有着不同的审美表现和反应，融合在一起的群体能不时闪出审美智慧的火花。要使学生个体和群体在协调的关系中均能受益，群体得益于个体的创造性思维和个性化的深入感知与判断，个体又得益于群体广阔的审美视野，进而提升审美的价值与意义。二是教师设定的教学目的与学生审美需求之间的协调。审美化教学需要一定的审美空间与平台以达成教学目的。如果教师教学目的设定过低或过高，则会影响审美空间与平台的建构层次，并直接影响学生审美经验、感知力和判断力的运用与展开，影响审美化教学的深入推进，从而使学生失去审美兴趣，进而演变成审美技能教学或模式教学。唯有保持“静观”的状态，与审美对象保持审美距离，方能不受功利性目的的影响，学会自由审美。

从审美资源来看，教学协调化也要做到两个方面：一是多种审美化教学资源之间的协调。因审美化教学深入开展的需要，其资源越来越趋向于多元选择和利用，不同的视角有不同的审美体验、审美判断与资源需求。不仅要对审美资源进行个性化的选择与整合，提供有代表性意义和引导意义的审美化教学资源库，而且要引导学生对审美资源进行个性化取舍，既支持个体意义的资源摄取与利用，又坚持加强学生合作开发不同视角的审美资源，以及师生之间、生生之间审美角度与思维方式的协调与共同提升。二是审美理性与感性的协调。审美化教学有其内在规律，它既不在纯粹的理性，也不完全在纯粹的感性，而在理性与感性之间的一种自由、协调的关系。审美理性决定了审美活动的深度与视野，审美感性决定了审美的领悟力和感染力。通过审美理性与审美感性的融合，实现审美理性对审美感性的超越，这是协调的终极意义所在。

（二）情感性原则

情感性原则是指教师对学生进行审美化教学时，要引导他们深入到现实的和艺术的美的意境中去，感知美的事物，激起情感上的共鸣，使学生处于积极的情感状态中学习，达到沉醉状态，使美融化于心灵。情感性原则既把调动、感化、激发学生的情感作为手段，又把培养学生各种良好的情感品质，特别是高级社会情感（道德感、理智感和美感）作为教学的目标。实施这一原则，需要关注情感的审美化、双重化和功能化。

1. 情感的审美化

情感的审美化是指教师在审美化教学时要引导学生融入自己的情感，形成审美感受，做出审美判断。只有对感受到的美有深刻的情感体验，才会产生对美的热爱、对真理的追求，才可能有美的创造。因此，教师对学生进行审美化教学要特别重视审美情感的培养。

情感是审美化教学的灵魂，要进行审美的训练与创造，需要有丰富的情感。自然美本身虽不表现情感，但它作为审美对象可以激发人的情感。所谓“触景生情”，便明确概括了这一道理。社会美本身蕴含着情感，但它需要挖掘和发挥。所谓“家国情怀”，便很好地说明了这个道理。

情感的审美化需要注意两点：一要正确掌握和运用各种形式美来调动、培养学生的审美情感。比如，崇高的人物形象可以使人荡气回肠、豪情万丈；优美的自然景观能给人以和谐、恬静、清新的喜悦。二要引导学生将审美情感投入生活，去发觉、彰显生活中的美。比如，单个的太阳、孤独的红绿灯很难令人产生情感，要使学生对太阳和灯光发生感情，就要引导他们去欣赏漫天红霞的日出或日落壮阔的、震撼的自然之美，去感受红绿灯指引下众多的车辆、人流繁忙而有序运转的都市之美，学生就会对太阳和红绿灯产生感情。感情的融入是教学审美化的根本。

2. 情感的双重化

情感的双重化是指环境的无意识刺激（如教室的人文装饰）和教师的表情、手势等有意识刺激给学生带来的双重交流。这些刺激对学生学习能力的形成具有重要影响，既有教学环境布置的暗示作用，也有教师愉快、热情、饱满精神状态的直接感染。教师在运用双重交流技术时，可以经常性地向学生渗透高期望信息，来提高学生对自身的期望效应，激发学生学习的自信。

情感的双重化既要求教师创造条件保证每一位学生在学习过程中都有成功的体验，在日常交往中都有自尊的体验，从而能够建立起积极的自我评价，产生积极的“自我接纳”；也要求教师自身要有自信，不仅有精深的专业知识、广博的知识结构，而且动作技术优美娴熟，有健康的人格，对学生的情感饱满而冷静、尊重而有边界，对情境的设置简约而有内涵、留白而有想象。

情感的双重化还要求教学内容的权威化，也就是那些经过时间考验后取得人们尊重、崇敬的人物、观念或素材。运用这种权威的影响力，能使学生乐于接受教育，易于接受暗示，增强学习能力。教师在运用这种权威时，要善于利用不同年龄学生的某些特点，对他们进行积极的暗示，或者帮助学生消除暗示，将他们从过去受到限制的、不利的暗示中解脱出来。暗示不是简单地做几个手势、放几段音乐，或是简单地说几句鼓励的话，而是需要掌握必要的心理学理论和心理暗示技巧，比如，如何把握有效的暗示时机，如何有效突破学生的反暗示防线，如何不留痕迹地达到暗示的效果，等等，这需要教师具有高超的教育智慧和教学艺术，必要时要进行相应的学习和培训。

3. 情感的功能化

情感的功能化是指教师要重视教学中情感因素作用和进行情感教育，逐步做到理性因素和非理性因素的融合，以促进情感的多种功能的发挥。苏联著名教育家斯卡特金提出了“积极的情感背景原则”，这一原则着重强调了教学气氛的情感状态和学生的学习态度。

情感的功能化体现在教学中，主要包含五个方面：一是对认知过程的调节功能，以情感的渗透来提高学生智力活动水平；二是对行为活动的动力功能，激发情感，提高学生学习的积极性；三是对个体行为的强化功能，通过情感上的支持来培养学生良好的行为习惯；四是对他人情感的感染和迁移功能，以情育情，发展学生情感，提高学生积极的课堂情绪，增强学生对所学知识的倾向性和接受度；五是表情传递信息的信号功能，通过情感的外在表现——表情，来提高教师的教学效果。

要实现情感的功能化，首先要确立情感教育的目标。教师需要根据教学内容的性质、特点，制定情感教育目标的内容、情感层次及评价标准，在教学中既考虑认知过程结构，又考虑情感过程结构，使认知行为与情绪感受统一起来，以情激情，以情引趣，以情育人。其次，要让学生体验成功的快乐。要依据学生发展现状与特点，确定合适的教学目标难度，激发学生对学习的积极的情感态度，使学生经过努力能够达到目标，提升其自尊、自信，以及体验成功的快乐。再次，要形成良好的课堂气氛。教师要善于创设情境，加强师生之间的情感交流，运用具体生动的场景来激起学生主动学习的兴趣，唤起他们的求知欲望，形成和谐向上的氛围，使学生受到熏陶感染，唤起学生的理智感、道德感和美感。最后，要坚持情感性与科学性、时代性和民族性的结合。围绕立德树人的根本要求，遵循学生的身心发展规律，将科学的理念和方法贯穿于教育教学工作的全过程，确保教学过程的科学规范；坚持与时俱进，充分反映新时期经济社会发展对人才培养的新要求、新思想和新观念；强调中华优秀传统文化的传承与发展，突出强调社会责任和国家认同，培育学生的人文素养和家国情怀。

（三）过程性原则

过程性原则是指教师对学生进行审美化教学时，注重审美过程，引导学生摈弃一些功利性目标的束缚，融入教学过程之中，通过一些可操作的方式，达成审美多个侧面的和谐发展。过程性原则主要表现为过程的融合性和过程的可操作性两个方面。

1. 过程的融合性

过程的融合性是指审美过程中审美个体与群体、审美感性与理性、学生审美素质与其他素质的和谐发展。

审美个体与群体的融合。由于审美对象的多样性、审美空间的广博性、审美角度的多元性，以及审美氛围的独特性，学生群体审美的角度与结论不尽相同，并且习惯于在一般意义的共识性的审美结论后，形成自己个性化的审美体验与结论。因此，教师在审美化教学时要关注审美个体与群体之间的相互影响，积极引导学生科学健康地审美，形成正确的审美观。

审美感性与理性的融合。审美化教学是审美情境、情趣、情感的教学，是审美情感不断丰富和完善的过程性教学。审美过程的动态变化有利于深化和拓展学生对美的领悟与鉴赏，有利于审美感性与理性的交融式发展。因此，教师在审美化教学时，要注重审美感性与理性分寸的把握，帮助学生正确地审美判断与评价，真正使课堂成为学生感受审美意义与收获的最佳平台。

学生审美素质与其他素质的融合。人的全面和谐发展是教育教学的主旨，也是审美化教学的主要体现。教学审美化追求的是学生审美素质和其他素质的完美和谐发展，以及师生素质的全面和谐发展，它体现的是发展的和谐美、综合美。因此，教师在审美化教学时，不仅要关注学生学业水平的提升，更要关注师生的综合素养与能力的提高。

2. 过程的可操作性

过程的可操作性是指审美化教学过程的量化指标的可视性，如可用的时间和空间、基本的设备和教具、专职教师，以及相应的、明确的措施与方法。

有可用的时间和空间。教师应留有充裕的时间和空间，让学生在审美化的氛围中学习、成长。在审美化教学中，教师不仅要考虑教学内容、教学结构，还要考虑审美的教学环境、教学气氛，给学生留出想象与表达的时间与空间。有必要时，在保证安全的前提下，带领学生开展一些审美欣赏、社会实践活动，使学生在发展智力、品德的同时，增强爱学习、爱生活的情感与美感。

有基本的设备和教具。在审美化教学中，基本的设备和教具主要包括三个方面：一是教师用来进行演示的设备，如投影仪、多媒体设备等；二是学生可以用于创作的器具或设备，如做手工的剪刀和纸材、画画的颜料、练习书法的笔墨宣纸等；三是记录和保存学生审美活动成果的器具和基本设备，如图册、相机、录像机以及展览室、收藏室等。

有审美化教学效果的鼓励措施和检测方法。审美化教学主要通过潜移默化的途径，达到提高学生精神境界及审美意识水平的目的。在教学中，教师可以通过问卷调查的方式，具体了解学生在实施审美化教学前后，审美鉴赏能力、对问题理解与思考深度、情感体验、想象力、创造力的发展与变化。此外，审美化教学的有效实施，需要教师有一定的美学理论基础和实践经验，能有效引导学生进行审美活动。

（四）活动性原则

活动性原则是指对学生进行审美化教学时应通过审美活动，让学生在活动中去发现美、感受美、鉴赏美、追求美、创造美，受到美的熏陶和感染，提升审美能力。活动性原则可以分为活动的方式美、活动的自由美和活动的主题美。

1. 活动的方式美

活动的方式美是指审美化教学中的活动方式是多种多样的，也是美的。学生正是在这样审美化的活动方式中得到了美的熏陶和感染，养成了对美的追求和向往，从而发展和提高了感知、鉴赏、创造美的能力。

审美活动的方式是多种多样的，可以有组织地听英模报告、观看影视录像、游览自然风光、参观艺术展览、参加大合唱或各种文艺比赛；也可以在教学过程中通过欣赏绘画、插花艺术、聆听音乐、即兴表演、书写美句、观赏视频和摄影图片等多种方式来增强审美效果。通过不同方式的审美活动，让学生的感受和情感得到真正的抒发，让他们尽情地看、尽情地听、尽情地书写、尽情地歌唱。在无拘无束的审美中，学生的心情是愉悦的，他们的感觉力、想象力、思维力、创新力都能得到培养和发展。

值得注意的是方式虽美，意义更为重要。教师在创设相关审美化情境时，要营造温馨的氛围，舍弃强制性的措施，对学生进行启发和诱导，使学生在一种自由愉快、轻松自然的状态下潜移默化地得到陶冶和滋养。同时，教师自身应学习一些美学、心理学等方面的知识，具有一定的审美素养，在教学过程中，善于根据不同阶段学生的身心发育特点，运用形象化的教学手段和富有感染力的语言，来实现对学生的审美化教学，达成审美素养的全面提升。

2. 活动的自由美

活动的自由美是指在审美化教学活动过程中，要体现自由感受与感受自由的原则。主要包括审美心理、审美方式、审美内容和审美评价的自由。德国古典美学提出“美在自由”说，即一切的美既不在纯粹的理性，也不完全在纯粹的感性，而在理性与感性之间的一种自由的关系。可以说，“美在自由”从一定程度上揭示了美的基本规律。

审美心理的自由。这里的“自由”不是指审美技能的简单练习，也不是指审美功利性目的下的审美，而是指给予学生自由的审美心理支持，引导和促进学生感受美的意义与价值，这是审美心理的自由，也是精神和理性的自由。所以，教师在审美化教学中，要重在鼓励和支持学生健康的审美心理和自由意识的形成，为后续的审美判断与评价奠定基础。

审美方式与内容的自由。审美化教学并不主张教学的模式化。固定的教学模式将使学生的审美思维与学习习惯形成定式，无法实现审美的创新与理性的超越，不适合审美化教学这种感性与理性相统一的教学。因此，教师要根据自身的教学个性与特点，针对不同的审美内容、不同的学生群体设计不同的教学方式与方法，要允许学生有自主选择学习方式和内容的权利与自由，允许他们根据自己的特点和兴趣自主开展审美学习活动，在开放性的时间与空间的保障中各展所长，激发审美潜在的能力，形成适合的审美氛围，提高审美实践的水平。

审美评价的自由。审美化教学带有一定的个性化视角，其审美评价的目的不是为了评价而评价，而是为了明得失、求提升，这就需要教师能及时诊断出学生在审美教学过程中的得失。因此，教师在支持和鼓励学生进行适合自身的、有发展意义的审美学习、活动的同时，要对他们的审美过程与判断进行引导、分析与促进，并为改进存在的问题提出中肯的、正面的建议，以帮助学生形成健康的审美判断与评价。

3. 活动的主题美

活动的主题美是指教学活动的主题有助于将学生审美对象清晰化，有助于在审美差异和共鸣中探索审美化教学的价值和意义。活动的主题美主要表现为同一或者相近内涵的主题，以及同一价值观的主题。

同一或者相近内涵的主题。在审美化教学中，教师设计同一或相近主题的审美问题，要为学生提供适合的学习空间，或者是科学地预留问题生成的空间。有时不同主题的审美对象会有对比性的审美学习，虽然主题不同，但并不意味着一定有不同的内涵。同一或者相近的审美内涵会使学生审美感受力受到相同的触动和启发，并从不同角度感受和判断同一审美问题，由此带来相似的审美愉悦。

同一价值观的主题。审美化教学中美的鉴赏角度是多元的，基于学生不同的审美素养和审美感受，导致了不同学生审美自由、审美判断、审美境界的差别。因此，教师要引导学生明确树立正确的审美价值观，既要合乎时代与社会的发展要求，也要合乎美的本质要求，合乎审美感性与理性相统一的要求，要鼓励学生在正确审美价值视角内开展自主、合作与探究式的审美学习，以促进审美素养的提高和审美人格的形成。

（五）差异性原则

差异性原则是指教师对学生进行审美化教学时，应当根据学生的个性特征、年龄阶段及审美群体的不同，选择相应的内容和方式进行，使他们的审美兴趣、审美情趣、审美情感得到自由、合理地发挥。

1. 个性特征的差异性

学生个性特征的差异性体现在审美化教学中，主要表现为审美感受、审美偏好、审美角度的不同。面对自然，不同个性的学生，因为其人生经历、知识储备和审美情趣的不同，会从不同角度进行鉴赏，产生不同的美感。如有人感到长城的雄伟，有人觉出长城的深厚；有人感到西湖的秀美，有人看出西湖的雅致。面对不同的自然景观，还会有不同的偏好。如有人爱赏春花，有人喜好秋月，有人酷爱冬雪，有人向往江河湖海、崇山峻岭，有人迷恋小桥流水、曲径通幽。

因此，教师在进行审美化教学时，要尊重和爱护学生爱美的天性，不仅内容要丰富多彩、途径要多样、方法要灵活，还要让学生有充分的选择自由，尽可能使他们以自己所喜爱的审美方式参与活动。比如，可以让学生自由半命题作画，自主选择合作选手或PK的对手进行审美活动。同时，教师要根据学生的个性差异进行审美化教学。学生作为审美主体，由于审美的情感、趣味与能力的不同，对于同一审美对象的感受和评价也会有所不同，甚至会截然相反。比如，对于山村景色，有的学生可能觉得平平无奇，有的学生则会做出极高的评价。

2. 年龄阶段的差异性

年龄阶段的差异性体现在审美化教学中，主要表现为不同年龄的学生在审美心理、审美类型上的不同。

审美心理上存在年龄差异。一般来说，孩子三岁开始涂鸦，四岁能命题作画；到了学龄儿童，审美意识已经有了发展；初中学生的审美感受力发展较为迅速，形象思维和抽象思维均有很大的发展；高中学生的审美观基本形成，审美意识与能力达到了新的水平。因此，在婴幼儿阶段，应侧重培养孩子的审美感觉力以及对色彩、音乐的兴趣，满足他们对纯正颜色、优美乐音的感性需要。在小学和初中阶段，审美化教学要注意让学生在充分的游戏中感觉、认识世界，激发他们的想象力和好奇心。同时，要培养他们对色彩和音乐的辨别力，以及对自己五官运动的控制能力。如动作的协调性、语言表达的流畅性等。到高中阶段，审美化教学应主要满足学生对色彩、音乐更为复杂多变的审美要求，使他们接触类型更为丰富的审美对象。在内容上，让他们有较多的机会了解历史与现实的变化，了解模范人物的健康人格与高尚情操，更深地了解、理解自然美和社会美。

审美类型上存在年龄差异。一般而言，小学或小学以前主要应以优美、滑稽、喜剧为主，如可以欣赏一些优美的风景图片、生活中的滑稽场面，以及轻松的、幽默的片段；初中生可以欣赏崇高，激起他们的审美情感，培养正确的审美观；高中生则可以真正地欣赏悲剧，引领学生多侧面地分析一件事，联系审美的时代性、民族性、历史性进行全面把握，进行正确的审美判断；到了大学阶段，才有可能真正欣赏荒诞，能从荒诞中看到艰辛、泪水、鲜花和坚强，形成健康的审美人格。

3. 审美群体的差异性

审美群体的差异性是指不同群体对同一审美对象的感知、体验、判断的差异。在审美化教学中，审美情感是审美感知的起点，通过激发富有自由意义的审美情趣，促进学生充分感受与体验美的情感与内涵。教师要引导学生用发自内心的、非功利性的、自然的情感审视审美对象的"美"，不论是自然美还是社会美，审美对象中都蕴含着不同侧面的美。不同的审美群体，具有不同的审美民主性和自由性，对审美对象的判断自然也就有所不同。

尊重审美群体的审美体验与判断。审美化教学是具有一定开放性的教学，教师在教学设计时，要引导学生主动参与审美学习与体验，给学生更多的审美空间与权利，激励学生积极表达审美情感，促进学生审美理性与审美感性的融合。在审美鉴赏活动中，要在学生群体对美的"善"与"真"追求的过程中体现一定的民主性和自由性，支持和鼓励学生多元化的审美参与，多角度深化美的本质性内涵，以及个性化的、健康的审美观与审美判断。

营造民主的审美情境与氛围。民主的审美情境与氛围，并不预设审美判断与结论，而是通过学生主动参与审美化教学得到的体验与思考，由学生自主形成审美判断，引导学生感受审美化教学中唯美、和谐的氛围，获得独特的审美感悟和愉悦，促进审美人格的形成。

（六）创造性原则

创造性原则是指教师对学生进行“三情三美”教学时应避免让学生消极、被动地接受美的形式，而应当引导他们积极主动、富有想象力地感知、理解美，并通过自己的实践、体验与分享，去创造美的成果。

自由创造是美育的灵魂，学校美育的目的在于使学生的个性得到充分自由的发展，成为具有创造精神的一代新人。贯彻这一原则需要注意：第一，要特别注意美的创造力的培养。要求学生在鉴赏美、表现美的过程中充分发挥想象力和创造性。第二，要鼓励学生的审美创造意向。一方面应鼓励、推动审美意向的发展；另一方面要指导、帮助学生进行美的创造。第三，要培养学生审美创造的技能技巧。如指导学生掌握音乐的声调旋律、绘画的线条色彩、舞蹈的基本动作，让学生不断集聚和发展自己的表现美、创造美的能力，能够把自己的审美意向与美妙构思创造出实际的美的成果。第四，要为学生创造良好的生活环境。优美的校园、窗明几净的教室、朴素美观的家庭陈设等，都有利于养成对美的追求和向往。

个人创造性审美教育强调个人的独特性和创造性。独特的审美认识、审美感受、审美创造，为人的个性的自我发现和健康发展提供了实际的空间和有效的途径。没有个性张扬的审美活动不是真正意义上的审美活动，而只是一种同化训练。美育的培养目标是个性化和个人创造性。它训练人的独特眼光、独特感受、独特思维和独特表达。审美不一定求同，相反，它为人的个性发展留下了足够的空间。因此，合理的学校素质教育结构，应该是将德育的求同和美育的创新求异有机地结合起来。

情感教育的创造性有两层含义：一是指情感教育没有一个统一的模式和固定的程式可以遵循，需要教师根据不同学科、不同年级和每一堂课的实际情况，在情感教育思想的指导下，创造性地开展工作；二是指情感教育有利于激发学生的创造精神，提高他们的创造性素质。

三、教学审美化设计的内容

教学设计是根据课程标准的要求和教学对象的特点，将教学诸要素合理安排，确定合适的教学方案的设想和计划。它不仅包括教学目标、教学内容、教学方法，也包括教学结构、教学评价与时间分配等环节。教学设计从“为什么学”入手，然后根据教学目标，确定“学什么”，再采取针对性的策略，解决“如何学”。教学审美化设计就是对各教学要素进行审美转化，制订审美化教学目标，确定达到审美化目标的教学策略，设计审美化的教学结构，适时进行审美化教学评价与反馈，以检查预期目标的达成与否。

（一）教学目标审美化设计

教学目标的审美化就是通过有效的手段使教学目标具体、清晰、生动，使之成为可测量、可观察和可体验的具体行为，激发学生对教学的最终结果产生向往和期待之情，进而感受到学习目标的诱人性和吸引力。教学目标包括知识与技能、过程与方法，也包括学科教学目标中的情感态度与价值观。

因此，在设计课堂教学目标时，要注意将课程需要关注的三个方面融入每一节课中去，要具有可实施性、可检测性。具体归纳为：知识目标中，可用“知道”“了解”“理解”等词语来表述；技能目标中，可用“学会”“掌握”“熟练掌握”等词语来表述；情感目标中，可用“体验”“感受”“认识”等词语来表述。

同时，不同学科的教学内容蕴含着丰富的审美因素。设计时注意：一是目标全面，各有侧重。既着眼于学生素质的全面、和谐、长远发展，又要进行思想品德教育和发展审美感悟、审美判断、审美创造能力，根据不同学科、不同内容，侧重不同。二是目标适中，着眼发展。既适合学生的发展需要，又适应学生的最近发展区，能最大限度地促进学生的身心发展，体现因人而异、因材施教的原则。三是表述行为生动。通过教学目标的具体行为描述，从动手、动脑、动口等多种感官的参与动作规定来增加学生的活动机会，使行为的表现多样化。同时，利用情感体验的描述动词来表达学习中的情感体验，使内在的丰富感受和情感体验外显化，激发其积极的情感，进而促使情感的内化与深化。

如在教师节前夕，可增加一个教学目标，结合学科知识撰写诗句，献礼教师节，鼓励学生以优美的语言表达内心的美好感受，激发师生之间的积极情感，促进学生的身心发展。同时，将文学、美学与学科知识结合起来，增强课堂的文化气息，培养学生的审美情趣和审美能力。

（二）教学内容审美化设计

教学内容审美化是教学审美化的基础。各科教材蕴含着丰富的审美内容，如自然美、社会美、艺术美、运动美、科学美、逻辑美等。教学内容审美化是指教师在教学中，充分挖掘学习材料中的各种审美因素，并通过各种直观方法和技术呈现出来。如教学内容的提要与精炼，使教学内容体现简洁美、表述美；教学内容的归纳与概括，揭示知识之间的内在联系，使教学内容体现规律美、结构美；教学内容的系统化与网络化，使教学内容体现形式美、和谐美。

教学内容的审美化设计时要注意：一是教学内容的结构化，即对教学内容所包含的知识精心组织，通过抽象、概括和归类，形成一定的层次网络结构或图式结构，以直观形象和具体化的形式呈现于教学之中。二是教学内容条件化与策略化，既要注重教学内容所揭示的知识发生发展的背景、过程和使用的条件，也要把教学内容本身和学习内容的方法性知识相结合。三是教学内容的形象化，即教学内容要形象生动、直观可感，引起学生的审美注意，产生审美期待，调动学习的认知潜能，达到最优化的教学效果。四是教学内容的人文化，既要揭示教学内容的真，教学内容要符合科学性的要求和学生身心发展的规律，实现知识逻辑与心理逻辑的统一，也要揭示教学内容的善，教师通过言传身教和教学本身蕴含的内容，向学生进行道德品质教育、理想情操教育、人格素养教育，并将真、善、美三者有机结合起来。五是教学内容的延伸化，教师在进行教学内容审美化设计时，要善于把静态的书本知识活化起来，将书本上凝固的文字与火热的现实生活、学生个体实际和人类文化的长链联系起来，使教学内容富有人文价值、个人意义和发展价值。

此外，在教学内容审美化设计时，要注意教学内容的地方性，能够根据学科内容与地方资源相结合；要注意教学内容的思想性，向学生呈现的内容应该是富有思想内涵的，而不是简单的、粗浅的形象化；要注意教学内容的思辨性与哲理性，如可以构建真实的、复杂的、质疑的、矛盾的、开放的、逻辑的问题情境，组织学生开展辩论赛，通过辩论，使问题指向清晰，或者创设多类别特色型审美问题情境，借助审美的空间、时间张扬个性，激发兴趣，感受美的存在，使学生的精神层面与思想境界都能够受益；要注意教学内容的艺术性与情感性，通过丰富多彩的艺术形式，凝练生动的优美词句，以及引人入胜的深邃意境，抒发情感；要注意教学内容的实践性与生活性，能够体现实践美学、生活美学的意旨，从教学审美化回归到"日常生活审美化”和“审美的日常生活化”这一“审美泛化”的过程之中，回到美对人和人的生活所具有的感官愉悦和身心愉快的功效上来，以此提高学生对当下生活、学习的美的感受，获得审美幸福感，提升课堂实效；要注意教学内容的自然化与人化，即教学内容与自然的和谐融合，并通过大自然中的人文景观、自然景观、自然界原生态的物体、形状、声音、色彩等的熏陶，归依到个人身上，启发学生认识人与自然的审美关系，理解欣赏自然美的“比德”“畅神”的审美观念，成为个人成长的依托，使人、自然、学科知识（如地理、历史、生物等）结合起来，以此实现知识的自然化与人化。“比德”是指将自然物看成具有德行，如以松柏喻坚贞，以竹菊喻高洁，将梅兰竹菊比作“四君子”。在生活中，我们常用“畅神”的审美观来看待自然万物，把自然景物都看成是畅神悦性、有情有义的东西。

（三）教学方法审美化设计

教学方法的审美化是教学审美化的载体，是教学审美化的外在条件。没有教学方法的审美化，教学过程的审美展示和教学内容的审美传递都不可能实现。教学方法包括教师教法和学生学法两大方面，是教法与学法的统一。因为教师在教学过程中起主导作用，所以在教法与学法中，教法居主导地位。常用的教学方法主要有讲授法、讨论法、直观演示法、练习法、读书指导法、任务驱动法、参观教学法、现场教学法、自主学习法。在课堂教学中讲授式教学方法包括讲解、谈话、讨论、讲读、讲演等，还有问题式、探究式、训练式、实践式、体验式教学方法等。不管哪一种教学方法，都涉及教学语言的运用、教学板书的书写、教学体态的展现和教学媒体的融合。因此，教学方法的审美化，离不开这四个方面的审美化设计。

教学方法审美化设计，一要讲究教学语言的审美化。在教学中，教师要善于运用声调的抑扬顿挫，准确、生动地表达思想和情感，要善于把教学语言的科学性、教育性、思想性、启发性用艺术化的优美形式和方法表达出来。如在讲解抽象的知识时要尽量用直观形象的语言，让学生在言语刺激下唤起表象或产生联想和想象；对问题的点拨、提醒、分析要注意语言的启发性和思考性，使学生产生一种似隐似现、若明若暗之美感；在讲解、谈话时语言要快慢适度，尤其要注意启发性、情感性、形象性、哲理性和幽默性。二要讲究教学板书的审美化。板书将教学内容系统化、条理化、形象化、简洁化，有助于突出重点、化解难点，使学生在感受板书的简洁形式美的过程中受到美的感染和熏陶。板书设计要注重形式（结构）美、简洁美、对称美、和谐美和时尚美，能够给人耳目一新、豁然开朗的感觉。三要讲究教学体态的审美化。教学体态又称教学行为语言，是指在教学过程中，教师用来传递教学信息的各种动作、手势、表情等。审美化的教学体态要求：表情开朗、亲切，手势准确、适度，眼神温和、坚定，动作干脆、利落。四要讲究教学媒体设计的审美化。现代化教学媒体技术不仅能形象生动地表现教学内容发生、发展的动态过程，而且具有声、形、色、光等的不同变化和恰当配合，产生丰富的视觉和听觉审美效果。

此外，教师在向学生提供学习资源和传授学习方法时，也要注意审美化。罗杰斯认为，关注促进学习而不是教学功能的教师，在组织安排自己的时间、经历方面，相当不同于传统的教师所采用的方式。他们不是把大量时间放在组织教案和讲解上，而是放在为学生提供学习所需要的各种资源上，把精力集中在简化学生在利用资源时必须经历的实际步骤上，而且这些学习资源和方法可能有助于激发学生兴趣，促进学生学习。

（四）教学评价审美化设计

教学评价是以教学目标为依据，按照科学的标准，对教学过程及结果进行测量，并对教学活动现实的或潜在的价值做出判断的过程。教学评价对教学活动起到诊断、激励、调节作用。既可以了解教学各方面的情况并对教学活动的质量和水平、成效和缺陷做出判断，也可以对教师和学生具有监督和强化作用，还可以使师生清楚地了解自己的教与学的情况，并根据反馈信息来修订计划，调整教学行为，以实现教学目标。

审美化的教学评价是以学生的发展而不是以教师教学任务的完成为标准，即注重以学生素质的全面发展来评价教学活动的效果。

在设计审美化的教学评价体系时要注意：一是教学评价的指标要具体，且以教学目标为依据；二是重视形成性评价，即学生发展过程的评价，以不断反馈和矫正教学目标的达成；三是注重正面、积极、肯定的评价，以激发学习的积极情感体验，培养学习的自信心，使学生把学习活动视为审美欣赏、表现和创造的活动，从而调动学习的积极性和主动性。四是坚持民主性和平等性，教师要以人格平等的态度对待每一名学生，给他们审美空间与时间，在学生审美学习过程中，发现学生的独特之处，引导他们根据自己的优势参与到审美活动中来，鼓励学生表达个性化见解、观点及想法，以促进审美教育氛围的形成。五是充分发挥榜样的力量，以榜样的审美综合素养、感性经验、审美理智活动、开阔的审美视野、丰富的审美意蕴，引导和激发学生对美的兴趣，多角度地交流与沟通，建构多元化的教学评价标准。

（五）教学过程审美化设计

教学过程审美化主要指教学过程、教学环节的审美设计，它是教学审美化的具体展现，体现了教学的动态美、思维美。教学过程审美化把教学的动态美、思维美通过具体的教学环节和灵活的教学结构具体、生动、形象地展示出来，使学生在不知不觉中获得了知识，培养了能力，并受到了美的熏陶与升华。《中庸》中提出的“博学之，审问之，慎思之，明辨之，笃行之”正是说明了这一过程。

教学过程审美化具体表现在三个方面：一是教学环节的合理、妙趣、简洁。通过故事吸引法、创设情境法、直观演示法、事实震撼法、激励肯定法、对比评讲法、温故知新法、陶冶情趣法、升华情感法等形式撑起各个环节，做到过渡灵活、缜密，结尾概括、精炼，留有空白和余味，增强环节的实趣和实效。二是教学氛围的自由、愉悦、畅快。通过师生之间形成的尊重、愉快、平等、合作的互动课堂气氛，营造一种审美化的课堂教学心理场，着重做到“三个统一”。恬静与活跃统一，既有良好的纪律、专注的思维、稳定的情绪，又有旺盛的求知欲、活跃的思维力、饱满丰富的情绪，形成静中有动、动中有静的和谐统一；热烈与凝重统一，既有活跃的教学气氛、浓厚的兴趣、热烈的情绪、踊跃的发言、敏捷的思维，又有冷静的分析、思考与欣赏，形成有张有弛、有起有伏的和谐统一；宽松与严谨统一，既有民主融洽的教学关系和轻松愉快的教学气氛，又有严谨的教学作风，形成宽松而不涣散、严谨而不威慑的和谐统一。三是教学媒体的恰当、科学、灵动。教学媒体是教学内容的载体，是教学内容的表现形式，是师生之间传递信息的工具，如实物、口头语言、图表、图像以及动画等。教学过程审美化需要教学过程的信息化，并在教学过程中通过师生的互动合作，实现教学信息化与审美化的融合。

附:《增强民族文化认同感》审美化设计

一、教学目标

1.情感、态度与价值观目标

增强民族文化认同感和自豪感；正确对待传统文化和外来文化；感悟文化之美（如服饰之美、建筑之美、饮食之美、文学之美、音乐之美等）；在实践中不断创新，做到知行合一，将美的感悟化为美的行动。

2.知识与能力目标

懂得民族、国家的命运直接影响着我们的情感，明确增强民族文化认同感的具体要求；了解外来文化对我们生活的影响，明确对待外来文化的正确态度，提高自己的辨别能力和审美判断力。

二、教学重点与难点

重点：增强民族文化认同感，正确对待传统文化与外来文化。

难点：增强民族文化认同感、自豪感以及审美情趣的培养。

三、教学方法与手段

合作探究，情境感染，情趣激发，体验生成，情感升华。

四、教学过程

（一）课堂引入

1.欣赏短片：苏州宣传片《时间的重量》，以优美的、富有地方特色的宣传短片营造苏州文化美的气氛。

2.欣赏图片：彭丽媛的着装，以服饰之美引入文化之美进而导入课题《增强民族文化认同感》。

（二）板块一：寻美之旅——寻找苏州文化之美

1.展示美句：“一个人的质量其实是与梅香相似，是无形的，是一种气息，我们如果光是赏花的外形，就很难知道梅花有极淡的清香……”（林清玄《心美，一切皆美》）然后带着一颗“心”，踏上一段寻美之旅，引入板块一，以优美的句子增强课堂的美感和文化底蕴。

2.欣赏图片：一组《苏州文化之美》的图片，伴随《苏州好风光》的音乐，让学生在美好的情境中感悟并表达出苏州各侧面的文化之美，引入苏州特色——苏绣之美。

3.感悟视频：播放《指尖上的传承》第三集苏绣，通过苏绣中的精品，感悟诗意的苏州，使学生从认识苏绣开始，体会苏州文化中的经典，以苏绣激起学生的自豪感和责任心，引入文化认同。

4.知识拓展：通过对民族认同与文化认同的解读，理清概念，拓展思路，引起情感共鸣。

（三）板块二：寻根之旅——寻找苏州文化之根

1.展示美句：“我们如果心灵够高，也可以这样看着世界。我们如果心情够细，也能体贴一棵树的心。”（林清玄《情深，万象皆深》）然后怀着一份“情”，踏上一段寻根之旅，以优美的句子再次增强课堂的文化底蕴。

2.解读图片：优秀的苏州文化图片（戏剧文化、饮食文化、茶文化），以优美的图片引发学生对寻根的兴趣。

3.找寻特点：用1—2个字概括、交流苏州文化的特点，以精炼语言增强学生的归纳能力和简约美的能力，引领学生爱上苏州文化，从而将寻找苏州文化之根引向深处。

4.讨论特质：通过讨论苏州人的特质，使学生更好地认识自己、认识身边人，爱上苏州人，从物质的美的苏州文化转向物质与精神兼具的创造美的苏州人，再次将寻找苏州文化之根引向深处。

5.提升精神：通过了解苏州城市精神，找出苏州文化之根，也就是苏州人崇文的特色。

6.知识梳理：通过对板块知识点的归类、整理与提升，将苏州文化引向民族文化，体现从局部到整体的思维之美。

（四）板块三：寻新之旅——寻找苏州文化之新

1.展示美句：“时间无古无今，无旦无暮，只不过是一段无始无终连绵不断的长远罢了。”（林清玄《境明，千里皆明》）然而悟着一种“境”，踏上一段寻新之旅，再次增强课堂文化底蕴。

2.交流生活：通过交流苏州生活中的外来文化，从中得出相关结论，引领学生要正确看待和对待外来文化，从而将生活大美学引入教学之中，帮助学生从生活中看见美、分析美、创造美。

4.聆听音频：苏州新博馆的设计与图片，真正感悟苏州文化中经典的传承与创新，在培养学生审美情趣的同时，增强学生的家国情怀。

5.拓展延伸：结合音频内容，体会“中而新，苏而新”的知识内涵，设计思辨问题，帮助学生学会分析，正确对待民族文化与外来文化之间的关系。

6.知识梳理：通过对板块知识点的归类、整理、提升，从苏州文化引向外来文化。

（五）学以致用，课后探究

1.走近昆曲：通过对青春版《牡丹亭》轰动的图片文字说明以及视频播放的形式，将理论联系实际，以实例来加深对书本知识的理解与运用，加深对文化之美的理解与认同，激起学生课后的进一步探究。

2.学说苏州话：通过对“苏州话保卫战”的调查，以及新苏州人现场学说苏州话的形式，以轰动事例与担忧事情进行对比，引起学生的思考和学习苏州话的决心与勇气，领悟语言之美与多样性。

3.课堂小结：对课堂知识点进行归类、整理、提升；对文化之美进行梳理、判断与升华。

4.课后探究：将课堂教学延伸到课外实践，体现“教育即生活”和“生活大美学”的理念，提升审美感悟力、审美判断力、审美执行力。

5.教学寄语：“我爱苏州，我爱苏州人，我爱苏州的优秀文化。”以寄语再次激发学生情感。

（苏州市评优课一等奖，晒课获部优课）

美育心理小课堂

“审美态度”是审美主体从关注客观对象的实用功利或理性认识上转变为对对象的感性特征进行直观把握，从而体味其蕴涵的情调、意味和精神的一种“观照”态度，是被审美对象的性质、形式结构激发和唤醒的，以审美需要为基础而产生的一种特殊的心理状态。

结束语

在教学中，我们时常可以看到这样的现象：有的老师表面上能有效遵循一套课程的目标，却并不知道这些课程目标最终会将孩子们引向何方；有的老师在讨论诗歌，却并不知道诗化生活；有的老师总是不断给别人打分，自己却不努力奋斗；有的老师总是努力使自己的学生喜欢自己，却忘却了真正的教学是什么；有的老师能很有效地将课程个性化，却不去真正了解学生；有的老师非常明确教育的重要目的和目标，却不能激发学生对未来的憧憬；有的老师问了学生很多问题，却不知该怎样让问题变成一种真正的探索；有的老师表现得很有权威，却不知是什么给予自己教育上的权威……种种现象，都在传递着一个疑问：什么样的教育是真正有利于学生并且能够促进师生共同成长的教育？

疑问的解决，有很多方式。桑代克认为问题解决是由刺激情境与适应反应之间形成的联结构成的，这种联结是通过试误逐渐形成的。格式塔心理学认为在问题解决的过程中，人们不是通过长时间的尝试与错误才获得解决办法的，相反，解决的办法是突然闯进脑子里，即通过“顿悟”实现的。信息加工论者把问题的解决看作是信息加工系统（即大脑或计算机）对信息的加工，把最初阶段的信息转换成最终理想状态的信息。智力结构模式认为解决问题的过程，始于来自环境和身体内部的输入，要先感受到问题的存在，接着是明确问题的各个方面，形成各种备选的问题解决办法，并根据结果和相对收效来评价已形成的各种备选的问题解决办法，最后实施某种行动，评判它的效用。这些理论和方法运用到教学之中，可以产生很多种不同的教学方式，“三情三美”教学是其中的一种尝试。

“三情三美”教学意在促进人的全面发展，尤其是学生审美情趣和审美能力的提高。在实际工作中，“三情三美”教学将美育心理学融于教学之中，对教学内容、教学目标、教学方法、教学过程、教学评价方面进行审美化设计。通过创设不同的情境，让学生从中觉察美的思想和思维；通过激发高雅情趣，陶冶学生美的态度和心理；通过师生之间的情感交流，增强师生的积极情感体验，升华美感，追求美的生命意义和行为。即通过创设情境、激发情趣、升华情感的方式，挖掘教学内容本身的内在美和运用教学形式艺术化的外在美，增强学生的审美情趣和审美能力，最终达到“行”的目标——追求美的生命意义和行为。

因此，我做了不少尝试。如将生活中的旅行小文通过配乐朗诵、图文并茂的形式运用于适当的教学内容之中；或将家乡一年四季变化的哲理小文，以及生活中真善美的感人瞬间、地方特色融入课堂；还有学科测试后的心情符号表达和分享会、辩论赛的组织等。通过分享促进师生之间、生生之间的交流和反思，激发学生对生活、对学习的热情和情趣，培养学生的家国情怀、人文素养、审美感知与情感，和谐师生关系，提升综合能力。下面是运用于课堂教学之中的部分美文与图片。

人文香港

虽然在香港的停留时间仅为三天，但每到一处，总能感觉到香港的与众不同，尤其在一些细节上。如人行道两侧设置了行人过马路的铃声，红灯时声音慢悠，绿灯时声音急促，提醒了行人快速通过，到了晚上声音变得柔和，怕惊扰了附近的居民；在商场、地铁内总能看到捧着书本的居民；公园里的雕塑也不同别处，随处可见读书的雕塑或是书堆的雕塑，在一些椅子上，不论早晨还是晚上，都能看到专注阅读的人们；在迪士尼乐园的童话园林里，随处可见的依然是书籍，每个景点旁，彩页书的雕塑说明了景点的出处与使用等知识，给人以文化的熏陶，使孩子在玩耍的同时学到了知识。

2月2日早晨，微雨，在一行其他人还在梦乡的时候，一个人悄悄出门，去宾馆旁的九龙公园走走，心中有一个愿望，想要见识一下香港居民原生态的生活。香港的公园没有大门与围墙，行人可以经过公园大道从一条街的入口到另一条的出口，反之亦然，这种开放式的公园口子很多，行人各色。走进一个入口，只见在某个角落或是公园的椅子上、台阶上，一个人或很少的三两个人在干着各自的活动，有人在专注阅报，

有人在打坐祈祷，两位老年妇女密友在开心聊天，声音却不响，似乎怕惊扰了神灵和他人。在出门的路上，见到一位女孩细心地搀扶着一位老人，从开满紫荆花的墙壁旁走过，画面太美，我忍不住赶紧按下了快门，收获了内心的满满感动。

三角咀的春天

三角咀的春天，开满了杜鹃花，红艳艳的一片，偶然夹杂了一些粉白鲜嫩的色彩，吸引了一群群前来观赏的人。

走进三角咀（虎丘）湿地公园的大门，经过一段不长的水泥路、一座普通的水泥桥，一片神怡的开阔地便豁然呈现在眼前，清水倒映着绿树，花草点缀着绿地。

左转，穿过一个桥洞，前面是一片清朗的水域，水域两旁，盛开着火红的杜鹃花，水域的中央，有一个小岛，上面种植着成片的池杉。每当夕阳西下，阳光从池杉的顶端顺势而下，在水面射下了串串橙色光芒的珍珠，使人流连于这片水域而不忍走开，想象着会不会有一个杜鹃花般的女子，从远处曼妙走来。

如果右转，顺着笔直的路面，赏着路旁的景色，一路前行，成片的树木，错落有致，零星的花朵，分散两旁，在一座小木桥的引导下，一排白墙瓦房收入眼底，还有一条古老的小木船，已经完成了它的光荣使命，停歇在小河的尽头，成了黄桥渔文化的一个缩影。如果凑巧，透过树的缝隙，还能看到有条小船，从自家旁边的小河驶来，一幅“农庄印象、水乡记忆”的画面便镌刻心底，挥之不去了，不由得使人想起童年的那段美好时光。

遥想我的童年，春天里，大片的油菜花，简单的瓦房，没有水泥黄沙的墙面，垒砌的砖缝间来了一位“不速之客”，孩子们拿着一只早已准备好的小瓶，在缝口静静守候，当蜜蜂嗡嗡的叫声从瓶中传出的时候，那压抑已久的欢呼声瞬间如山洪般爆发，传遍了整个村庄，大

家手拉着手、头挨着头，连着转几个圈，宣告着自己的快乐与幸福。

如果要到远一些的地方，水路、小船，便是出行的最佳方式了，条件好些的，还可以坐着较大的水泥船，两三个孩子趁机钻进暗仓，

玩起了躲猫猫，因为年久失修，暗仓洞口不时会有一些裸露的钢筋，让人开心之余不免有些担心。有一次，就在我和其他孩子玩耍的时候，这些裸露而又铁锈的钢筋，刮破了我的眼睑，鲜血顿时淌满了整个脸颊，在孩子们惊慌的神情下，我的哭声引来了大人的关注和紧张，父亲便抱起我，一路狂奔，来到了最近的虎丘医院，缝了四针，才算结束。孩子是易忘的，也是快乐的，以后的日子，这个游戏依然出现在孩子们的生活中。就在我回忆起这番情景的时候，虽然多少有些触动，但孩提时代的甜蜜依然充盈着我的内心，这份甜蜜，犹如春风轻拂着记忆，荡去了感伤，留下的却是春天般的温暖。

三角咀的春天，不止一季。傍晚时分，或近或远的人们，闻声踏来，三三两两，窃窃私语，一路交谈，一路欢笑。看着湖面上夕阳的波影，诉着生活中烦恼的余怨，不知不觉中，怨言随波而去，春天又一次回到了人们的生活中。

荷塘冬韵

一直想去看看冬天的荷塘，却一直没有成行。

原因说来简单，因为他人，更因为自己。当有人听说我要冬天去看荷塘的时候，几乎是千篇一律的惊讶与回答：“你没有发烧吧，冬天的荷塘有什么好看的……”我不是一个特别勇敢的人，也知道自己没有足够的能力去说服他人、说服自己，于是悄悄地躲进自己的内心，默默地做着一切如常的事情。

直到有一天，我的内心再次掀起了波澜。

那是一个下雪的早晨，经过了一晚上悄无声息地飞舞，早晨起来，推开窗户，满眼都是白白的雪花，白得耀眼，白得充满诱惑。我要出去，我一定要出去看看心中的荷塘，一颗躲避的心终于找到了依靠，借着看雪、看美景的正当理由，拉着家人一同前往，前往自己心心念念的荷塘。

来到荷塘，放眼望去，洁白的雪，横铺着每一个落脚地，柔柔的；枯黄的荷枝，竖立在自己原有的岗位，硬硬的。一横一竖，一柔一硬，一白一黄，自有风采，自成风景，我好像来不及似的，赶紧按下了快门，拍下了第一张荷塘全景。

顺着被白雪覆盖的路面，踩着不忍放下又提起的步伐，小心地绕过最美的小雪堆，我们一行来到了荷塘的中心地带，一个夏天时曾经灿烂、繁华的地方。

记忆中，一池的碧绿，大大的荷叶，面向太阳。荷叶下面，躲着几枝含苞待放的荷花，正惬意地享受着不冷不热的温暖；也有几枝长大了的荷花，带着青春期般的倔强，高高地露出荷叶，形成了一枝独秀的景象，给整个荷塘增添了一抹亮丽耀眼的红粉色，也给整个荷塘带来了一种立体的感觉。

“妈妈，快拍雪景呀！”身旁一个小女孩清脆的唤声把我的思绪拉回了眼前。

看着眼前不同以往的景象，碧绿不见了，红粉不见了，只有简单的黄白两色，心中不免有些凄凄的感觉。远远望去，大大的荷叶缩成了小小的一簇，上面盖着雪花，依然顽强地立在荷塘的最高处。

不知怎么的，看着浓缩版的荷叶，我想起了一个人、一句话，小小的个子，“浓缩的都是精华”，显示了一个人乐观的心态。想到此，原先凄冷的感觉似乎消失了大半，再看那一簇小小的枯黄的荷叶，不觉多了份欣赏、多了份期待，期待着来年的又一季灿烂，一如身旁穿着红衣、充满灵气的小女孩。

回头寻找女孩的身影，那一抹跳动的红色，一个可爱的精灵，已经站到了不远处的木桥上。“孩子，脚下有雪，小心！”正默念着这句话的时候，女孩跳了个鱼跃，落下时打了个趔趄后，结实地坐在了铺满白雪的桥面上，期待中的哭声没有出现，与此同时，甜脆的笑声远远地传入我的耳郭，冲击着一个成年人内心若有若无的悲凉情绪，我不由自主地拿起胸前的照相机，快速按动了快门，把女孩快乐的身影从此定格在了我的生活中。

荷塘，白雪，枯枝，女孩……不完美的荷塘，完美的生活……

主要参考文献

[1] 朱光潜. 西方美学史［M］. 北京：人民文学出版社，1963.

[2] 林清玄. 心美，一切皆美［M］. 北京：国际文化出版公司，2012.

[3] 李吉林. 情境教育：一个主旋律的三部曲［M］. 北京：中国人民大学出版社，2019.

[4] 陶国山. 西方马克思主义与中国当代美学［M］. 上海：上海人民出版社，2018.

[5] 王道俊，郭文安. 教育学［M］. 北京：人民教育出版社，2016.

[6]［美］罗森塔尔. 课堂中的皮格马利翁：教师期望与学生智力发展［M］. 唐晓杰，等，译. 北京：人民教育出版社，2003.

[7] 姜怀顺. 姜怀顺与全人教育［M］. 北京：北京师范大学出版社，2016.

[8] 李泽厚. 美的历程［M］. 北京：生活·读书·新知三联书店，2009.

[9] 李泽厚. 华夏美学·美学四讲［M］. 北京：生活·读书·新知三联书店，2008.

[10] 常生龙. 让教育更明亮［M］. 武汉：长江文艺出版社，2018.

[11] 汤勇. 教育可以更美好[M]. 武汉：长江文艺出版社，2018.

[12] 汪曾祺. 慢煮生活[M]. 南京：江苏凤凰文艺出版社，2017.

[13] 伍学明. 教育慢慢来[M]. 武汉：湖北教育出版社，2019.

[14] 李政涛. 重建教师的精神宇宙[M]. 上海：华东师范大学出版社，2014.

[15] 王延东. "认知·情境"教学[M]. 南京：江苏凤凰美术出版社，2017.

[16] 胡晓风，金成林，张行可，吴琴南. 陶行知教育文集[M]. 成都：四川教育出版社，2007.

[17] 施良方. 学习论[M]. 北京：人民教育出版社，2001.

[18] [加]马克斯·范梅南. 教育的情调[M]. 李树英，泽. 北京：教育科学出版社，2019.

[19] 黄希庭，郑涌. 心理学导论[M]. 北京：人民教育出版社，2015.

[20] 张大均主编. 教育心理学[M]. 北京：人民教育出版社，2015.

[21] 丁立梅. 等待绽放：一位高考母亲的陪考笔记[M]. 北京：金城出版社，2010.

[22] 郭成，赵伶俐. 美育心理学：让教与学充满美感和生机[M]. 北京：警官教育出版社，1998.

[23] 王国维著，徐调孚校注. 人间词话[M]. 北京：中华书局，2009.

[24] 贺乐凡，周韫玉，黄泰山. 自我教育——教育的至高境界[M]. 北京：北京师范大学出版社，2012.

[25] 刘翔平主编. 当代积极心理学[M]. 北京：中国轻工业出版社，2010.

[26] 古典. 拆掉思维里的墙：原来我还可以这样活：百万经典版[M]. 北京：北京联合出版公司，2016.

[27] 章诗雯. 小艺术：现代生活美学[M]. 成都：四川人民出版社，2015.

[28] 姜野军. 追寻教育之美[M]. 上海：华东师范大学出版社，2019.

[29] 周芳. 思想政治教育审美研究[M]. 北京：人民出版社，2012.

[30] 林格. 教育是没有用的：回归教育的本质[M]. 北京：北京大学出版社，2009.

[31] 王怀义. 论周来祥的实践和谐论美学[J/OL]. 豆丁网，2010-11-02.

[32] 朱志荣. 论朱立元的实践存在论美学观[J]. 上海师范大学学报（哲学社会科学版），2008(3).

[33] 朱志荣. 论张玉能的新实践美学观[J]. 广西师范大学学报（哲学社会科学版），2008(3).

[34] 徐岱. 有无之境：价值论美学辨析[J]. 浙江学刊，1999(6).

[35] 顾润生. 德育学科“知行合一”教学模式的建构[J]. 教学月刊（中学版）政治教学，2018(11).

［36］方雯．从认识论到实践论：朱光潜美学转向研究［D］．湖南理工学院，2017.

［37］刘涛．英国：多方参与形成美育互动圈［N］．中国教育报，2019-11-08.

［38］余莉，刘睿．坚定中国文明"生态化"发展的自信［N］．中国教育报，2019-11-14.

［39］李小伟．让每个孩子心里都有动人的音符——顺序性音乐教学研究掀起的课堂变革［N］．中国教育报，2019-11-16.

［40］黄治琮．心中有数 眼中有美——听华应龙"阅兵中的数学故事"一课有感［N］．中国教育报，2019-11-27.

［41］谢惠媛．以道德情感培育推进公民道德建设［N］．中国教育报，2019-11-28.

［42］罗曼．创新教学方式 提高学生审美能力［N］．中国教育报，2019-12-05.

［43］邢成云．整体化教学：课堂直指学生思维发展［N］．中国教育报，2019-12-11.

此外，本书还参考了南通市教科院吴勇教授《以专业情怀做教师》、苏州市教科院朱开群教授《基于核心素养的深度学习》的讲座内容。

后 记

终于到了要说再见的时刻了，虽有不舍，但总算了了一桩心愿，就如自己的孩子，即使有着令人不满意之处，心中还是十分欢喜。

美好，一直是我想要的。很幸运的是，在我30余年的教育教学生涯中，我遇见了很多美好的人、事、物，有来自领导和老师的督促与引导，有来自家人和朋友的鼓励与支持，有来自学生的信任，有来自大自然的召唤，还有来自社会的责任和教师的使命。有责任感本身就是一种美好，我愿意这么想，也愿意这么做。不同的是，对我而言，40岁是个分水岭，之前的我是糊里糊涂行着职责、受着美好，之后的我开始慢慢地清楚自己应做什么、能做什么、想做什么。

1989年8月，我从江苏教育学院（今江苏第二师范学院）大专毕业，回到母校——黄桥中学。因为大专读的是生物学教育，所以，工作第一年，学校安排我任教生物，同时兼任初一女生的青春期教育课和一个班的班主任。第二年，又兼任学校少先队大队辅导员的工作。几年后，因为学校缺思想政治课教师，我被学校看中，在之前工作的基础上增加了思想政治课的教学任务。以后的十多年，我成了思政课专职教师，从初一到初三，再到多年留任初三；从大专学历到本科学历；从学校的少先队大队辅导员到共青团总支书记，再到团队办主任、工会女工主任，一直坚守在教育教学的第一线。变的是岗位，不变的是内心，因为对教师职业的热爱，在工作中我没有怨言，只是用心地做着自己的分内事，努力经营好自己的生活和心情。

2008年7月，女儿初中毕业，考入苏州中学就读。在她就读的三年时间里，是我内心蜕变的三年。我突然发现，那些孩子的家长怎么懂得那么多、想得那么远，相比自己，我的安于现状的观念已经无法给予孩子更多的引导了，我想，我应该做些什么。差不多就在那时，我因为参评区学科带头人，遇见了刚刚就任相城区政治教研员的曹丽萍老师和郭凤良主任，他们对我的肯定和鼓励给了我莫大的勇气，我想要去努力，想要往前走。在以后的时光里，我有幸遇见了苏州市教科院的朱开群教授，他的指点和提醒使我不断反思，我还能做些什么。2017年4月，我幸运地成为苏州市首届名师领航高研班的学员，成为江苏省教研室政治教研员顾润生导师的学生，成为钱月琴校长、王延东主任、朱永元老师的同学，正是苏州市教师发展中心提供的平台，以及顾老师的认真负责和悉心引领，还有同学们的榜样力量，使我越来越清晰地意识到想要做的事情，并激励着喜欢慢生活的我努力付之行动。在此，真挚地感谢你们一直以来对我专业成长的付出和帮助。

我还要感谢前行路上遇见的沈雪春书记、曹卫星校长等老师的指导。

感谢我的同事和学生们，你们的信任和尊重是我前行的动力。

感谢我的家人和朋友们，你们的理解和支持是我努力的坚强后盾。

感谢参与本书的编辑们，你们的细致和负责成就了此书的呈现。

感谢一切帮助过我的人，你们无意中的一个眼神、一句话语、一个动作都会在我心中留下温暖的印记，相伴着从前、现在、以后的某个瞬间。

感谢遇见的一切美好。

此为后记，实为30余年的小记，送给你们，也送给依然享受着工作和生活的自己。